**당신의 비즈니스를
변화시킬 이야기**

일러두기 ───

본 책에서는 자폐 스펙트럼 장애를 가지고 있는 사람을 신경다양인nurodivergent으로, 가지고 있지 않은 사람을 신경전형인neurotypical으로 표기했다. 신경다양인과 신경전형인은 자폐 유무를 비정상과 정상의 기준으로 나누기보다는 신경다양성의 관점에서 중립적인 표현으로 지칭하자는 뜻에서 새롭게 부각되고 있는 명칭이다.

어떤 구성원이 와도 성과를 내는 조직의 비밀

당신의 비즈니스를
변화시킬 이야기

토머스 디에리 지음 | 박슬라 옮김

THE POWER OF POTENTIAL

알에이치코리아

자폐가 있는 직원들로 구성된 사업체를 만들어 성공시킨다면 그 비결은 과연 무엇일까? 이 책에는 자폐 자녀를 둔 가족이 자폐가 있는 직원들을 고용하여, 수많은 악조건을 극복하며 고객들이 응원하고 직원들도 일하고 싶어 하는 수익성 높은 성공적인 서비스 조직을 창조한 비결이 있다. '극단적 영역에 있는 이들의 잠재력을 발휘시켜 최상의 결과를 발휘하게 할 수 있다면, 덜 극단적인 직원들에게는 훨씬 쉽게 적용할 수 있지 않을까?' 와 같은 궁금증을 해소시켜 준다.

읽는 동안 탄성을 뱉을 정도로 곳곳에 와우 포인트가 넘치며, 그동안 내가 얼마나 게으르게 경영했는지 크게 반성했다. 저자는 이렇게 말한다. "직원들이 우리 회사에서 잘하지 못한다면 그들이 문제가 있어서가 아니라 우리가 그들이 잘 해낼 수 없도록 만들고 있는 게 아닌가?" 그리고 이를 증명하듯, 평범한 이들이 영웅이 되는 환경을 구축하는 방법을 제시한다. 어떻게 직원들에게 동기부여하고 즐겁게 일하게 하며 고성과를 내게 할 수 있을까를 고민하는 리더들과 경영자들에게 특히 이 책을 추천한다.

_신수정(임팩트리더스아카데미 대표, 《일의 격》《커넥팅》 저자)

토머스는 게임 체인저다. 그의 접근 방식은 우리의 삶을 바꾸고 있다. 채용 프로세스를 구축하거나 팀을 관리해 본 적이 있는 모든 사람을 위한 책.

_세스 고딘(《보랏빛 소가 온다》 저자)

올해 최고의 경영서다. 이 책은 궁극적으로 기업을 비롯해 비영리 단체, 정부의 모든 관리자에게 가장 필요한 조언을 제공한다. 채용에 관한 조언만으로도 당신이 어떤 포지션을 채용하든 절반의 시간으로 두 배의 성공을 거둘 수 있게 해 줄 것이다.

_칩 히스(스탠퍼드 경영대학원 교수, 《스틱!》 저자)

모든 이에게 최고의 성공 기회가 주어지는 사회를 위한 템플릿이다. 이 책은 기업이 직원들이 빛을 발할 수 있는 기회를 창출함으로써 직원들의 숨겨진 잠재력을 발휘할 수 있는 포용적인 미래를 담고 있다.

_스티브 실버만 (《뉴로트라이브》 저자)

자폐 스펙트럼을 가진 이들의 채용에 관심이 있다면 이 책을 읽어야 한다.

_템플 그랜딘(《나는 그림으로 생각한다》 저자)

토머스가 라이징 타이드를 설립한 과정과 비전통적인 인력을 고용하고 관리하면서 얻은 교훈은 매우 흥미롭다. 기업 확장에 걸림돌이 되는 가장 뿌리 깊은 문제를 극복하는 방법을 찾게 될 것이다.

_크리스 예(실리콘밸리 기업가, 《블리츠스케일링》 저자)

이 책의 주인공은 라이징 타이드$^{Rising\ Tide}$의 성공을 이끈 근면하고 열성적이며 충성스러운 직원들이다. 책을 쓰면서 나는 옛 직원들의 사생활 및 개인정보 보호를 위해 가명을 쓰거나 때로는 세부적인 사항들을 변형했다. 현 직원들은 각자 익명이나 실명 중 어느 쪽으로 표기할지를 직접 선택했으며, 실명을 밝힌 직원은 모두 본인으로부터 허락을 받은 것임을 밝힌다.

신경발달장애를 가진 이들을 지칭하는 데 있어 그들이 어떤 용어를 선호하는지에 대해서는 자폐 커뮤니티 내부에서도 아직 합의가 이뤄지지 못했다. 우리 직원들을 대상으로 설문조사를 실시한 결과 '자폐인$^{autistic\ people}$'보다는 '자폐가 있는 사람$^{people\ with\ autism}$'을 선호했기에 본서에서는 해당 용어를 주로 사용하기로 했다. 또한 자폐가 있는 사람들의 뇌가 열등한 것이 아니라 독특하다는 사실을 고려해 '신경다양인^{nurodivergent}'과 '신경전형인^{neurotypical}'이라는 표현을 사용했다('자폐인'은 장애를 개인의 일부로 여기는 정체성우선언어$^{IFL,\ identity\-first\ language}$, '자폐가 있는 사람'은 개인의 부족한 점이 아닌 인간성에 중점을 두는 사람우선언어$^{PFL,\ person\-first\ language}$이다. 정식 명칭에 대해서는 아직 의견이 분분하다-옮긴이).

자폐 커뮤니티 사람들은 종종 "자폐가 있는 사람 한 명을 안다는 것은 자폐가 있는 사람 한 명을 아는 것"이라고 말한다. 자폐증 자기옹호self-advocate 활동가이자 아델피대학교의 특수교육학 교수인 스티븐 쇼어가 한 이 말은 자폐 스펙트럼에 속한 모든 이가 본인이 지닌 장점과 어려움 그리고 지원을 요하는 지점에 있어 모두 다르다는 점을 지적한 것이다. 라이징 타이드 직원들이 자폐를 가진 모든 이를 대표한다고 간주해서는 안 된다. 우리 직원들 중 상당수가 지적장애를 갖고 있지만 심지어 우리처럼 작은 집단에서도 자폐증이 발현되는 방식은 매우 다양하다.

이 책은 자폐가 있는 사람들과 함께 일함으로써 어떻게 모든 사람에게 이로운 더욱 훌륭한 비즈니스를 설계할 수 있었는지를 설명한다. 그리고 나는 여러분이 이를 넘어서 더 큰 진실을 깨달을 수 있길 바란다. 즉 인간의 삶에 존재하는 아름다운 다양성을 포용하는 차별 없는 환경을 조성한다면, 우리 모두에게 더욱 이롭고 바람직한 결과를 얻을 수 있다는 것이다. 확신하건대, 가능성의 힘을 활용하면 우리 모두의 삶을 개선할 수 있다.

Contents

Part 01
가능성을 가로막는
4가지 숨은 문제

Part 02

가능성을 발휘하는
4가지 성공 비결

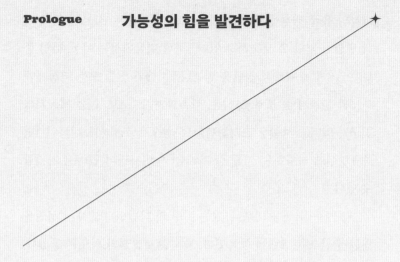

Prologue ## 가능성의 힘을 발견하다

사람이 사업을 시작하는 이유는 그저 돈을 많이 벌어 잘살기 위해
서가 아니다. 그보다는 무언가 소중하게 여기는 것이 있기 때문이
다. 관심을 기울이고 아끼는 무언가, 또는 누군가가 있기 때문이
다. 우리 가족도 그랬다. 우리가 세차 사업을 시작하게 된 것은 내
동생 앤드루 때문이었다. 앤드루는 자폐증이 있었다.

　앤드루는 자폐 아동 중 지적장애를 동반한 31퍼센트에 속하지
만¹ 자폐가 있는 사람은 '누구든' 직장을 얻을 가능성이 그리 크지
않다. 권리 옹호 단체에서는 자폐가 있는 사람들의 실업률이 80퍼
센트에 이른다고 자주 언급하지만, 사실 종합적인 데이터는 구
하기 어렵다. 그러나 〈폴리티코Politico〉는 '현존하는 데이터에 따르
면 자폐 스펙트럼에 속하는 성인 중 약 3분의 1만이 주당 15시간

이상의 유급 직장에서 일하고 있으며, 이 비율은 1991년 이래 거의 변함이 없다'고 보도하고 있다.[2] 한편 미국에서는 아동 44명 중 1명이 자폐 스펙트럼 진단을 받는다.[3] 자폐가 있는 모든 아동에게 부모와 형제자매, 조부모, 사촌, 삼촌과 이모, 고모, 돌봄 제공자와 친구가 있다는 사실을 고려하면, 보수적으로 추정해도 미국인 3명 중 1명에게 사랑하는 이들 중 자폐를 가진 사람이 있다고 가정할 수 있다.

앤드루는 최선을 다했다. 그는 어릴 적 다녔던 학교에서 성인을 위한 주간 프로그램에 등록했다. 물론 프로그램의 의도는 좋았다. 하지만 동생이 그곳에서 보낸 3년 동안 그나 다른 학생들은 끝내 유급으로 일할 기회를 얻지 못했다. 그들은 일주일에 두어 번 정도 버스를 타고 레스토랑 체인점에 가서 식기를 정리하거나 근무 외 시간에 청소를 하는 등의 일을 했는데, 이는 급여도 없고 정규직으로 전환되지도 않는 잡무였다. 앤드루가 성인으로서 온전한 삶을 영위하며 사회로부터 인정받고 존중받으며 독립심과 목적의식을 키울 수 있는 길로 나아갈 방법은 없어 보였다.

우리 아버지 존 디에리는 뉴욕에서 20년이 넘는 세월 동안 소송 지원 사업을 하셨다. 그는 Y2K 이후 법률업계가 종이 문서를 디지털 문서로 전환하는 과정을 이끌며 늘 경쟁사보다 한발 앞서 가셨다. 아버지는 법률 문서를 복제하는 번거로운 과정을 간소화하는 사업으로 시작해 저명한 맞춤형 소프트웨어 회사를 성공으로 이끈 후 은퇴하셨다.

　미래에 초점을 맞추는 아버지의 성향은 좋은 아버지로서의 책임감에도 똑같이 적용되었다. 아버지는 앤드루가 성인이 되어 맞닥뜨릴 어려움에 대해 걱정하느라 밤잠을 설쳤다. 그는 앤드루가 어린 소년이나 20대 초반의 젊은이를 지나 40대나 50대의 중년 남성이 되었을 때의 모습을 상상하기 시작했다. 그때 앤드루는 무엇을 하고 있을까? 앤드루가 스스로 생계를 책임질 수 있을까? 어떻게 이 아이를 도와줄 수 있을까?

　한 가지 분명한 것은, 앤드루에게 살 집을 마련해 주고 혼자 조용히 살게 생활비를 대줄 수는 없다는 것이었다. 앤드루는 다른 평범한 사람들처럼 일을 하고 지역사회나 공동체에 참여할 기회를 가질 자격이 있었다. "나는 앤드루에게 온종일 방 안에 머물면서 치토스나 먹고 비디오게임이나 하는 돌봄 시설 축소판 같은 환경은 만들어 주고 싶지 않다. 그렇게 사는 건 안 돼." 아버지는 내게 이렇게 말했다.

　2009년, 대학교 3학년 초반의 일이다. 아버지가 전화를 걸어 잔뜩 흥분한 목소리로 말했다. "토머스, 내가 지금 세차를 하러 왔거든. 그런데 그거 아니? 이 일이라면 앤드루도 할 수 있을 것 같다."

　아버지는 일단 아이디어가 떠오르면 포기하지 않는 분이다. 2년 뒤에 나는 대학교를 졸업하고 집으로 돌아갔다. 앤드루는 평소처럼 나를 안아 주었다. 나 역시 졸업가운과 학사모가 만들어 낸 흥분을 잊고 평소처럼 울컥하는 기분을 느꼈다. 앤드루는 가슴이 답답할 만큼 아무 변화도 없이 그대로였다. 동생은 매일 저녁 방에서 나와 식사를 하고, 식사를 마치면 다시 자기 방으로 사라졌다. 앤드루가 자신의 삶에서 레벨을 올릴 수 있는 것이라곤 날마다 몇 시간씩 붙들고 있는 비디오게임이 전부인 것 같았다.

맨해튼에서 함께 하루를 보내고 집으로 돌아오는 길에 아버지가 사업 계획에 대해 이야기를 시작했다. 아버지는 앤드루와 또 그와 비슷한 사람들에게 미래를 가져다 줄 비즈니스를 만들 방법을 알아낼 생각이라고 했다. 그것이 세차 사업일 수도 있고 아닐 수도 있지만, 계획을 현실로 만들려면 문제를 해결하고 본인을 도와줄 사람(아마도 나)이 필요하다고도 했다. 아버지는 최대 100만 달러까지 투자할 의향이 있었다.

"최악의 경우라고 해 봤자 사업에 실패하는 게 고작 아니겠니. 하지만 적어도 우리가 최선을 다했다는 걸 알 수 있을 거고, 너도 그토록 바라는 MBA에 입학할 수 있는 좋은 이야깃거리를 얻게 될 거다." 아버지가 말씀하셨다. "그리고 최상의 경우엔 앤드루에게 미래가 생기고, 우리는 잘나가는 사업체를 운영하게 되고, 너는 MBA에 들어가는 게 아니라 그곳의 학생들을 가르치게 되겠지."

여기서 알아 둬야 할 것이 있다. 바로 우리 아버지는 굶주린 뱀에게도 입 안에 든 쥐를 뱉게 설득할 수 있는 분이라는 점이다. 내가 아버지의 설득에 넘어가는 데에는 그다지 오랜 시간이 걸리지 않았다. 사실을 말하자면, 아버지는 나를 설득할 필요가 없었다. 내게는 매일 밤 본인의 방으로 향하는 앤드루의 모습만으로도 충분했으니까.

"할게요. 다만 한 가지 조건이 있어요." 나는 아버지에게 말했다. "아버지도 이 일에 100퍼센트 완전히 전념하셔야 해요. 다른 사업도 다 내려놓으시고요."

결국 아버지는 당시 운영하던 사업체를 매각했고, 그렇게 우리는 일에 착수했다.

평균을 넘어서기 위한 여정

우리 두 사람의 결심은 자폐인 고용에 대한 1년 이상의 연구조사로 이어졌다. 아버지와 나는 매일 서류 가방을 들고 공유 사무실로 출근해 종일 인터넷을 검색하고 전화를 돌렸다. 우리가 가장 먼저 깨달은 사실은 신뢰를 얻어야 한다는 것이었다. 그래서 8주라는 시간을 들여 자폐가 있는 사람들을 고용해 현상 유지를 타파하는 혁신적 투자자라는 우리만의 브랜드를 창조했다. 처음에는 웹사이트와 로고가 다였지만, 시간이 흐르고 몇 개월이 지나자 실제로 우리가 주장하는 만큼의 지식이 쌓이기 시작했다. 나중에는 조직 설계와 인재, 팀워크와 관련된 최신 학계 및 경영이론 분야의 글들까지 전부 섭렵하게 되었다. 내 책장은《평균의 종말》같은 미래 지향 서적부터《사업의 철학》같은 영원한 고전 그리고《구글의 아침은 자유가 시작된다》 같은 조직관리의 판도를 바꾼 책은 물론, 수십만 독자들이 자폐증을 장점으로 인식하고 자폐증 그 자체보다 이 사회가 자폐가 있는 사람들에게 더 큰 해를 끼칠 수 있음을 깨닫게 해 준《뉴로트라이브》에 이르기까지 온갖 종류의 서적들로 채워졌다.

솔직히 프랜차이즈 체인점처럼 이미 존재하는 해결책을 사들일 수 있었다면 당장 그렇게 했을 것이다. 그러나 불행히도 현실은 우리가 우려하던 것과 정확히 일치했다. 세상에는 자폐가 있는 사람들의 강점을 활용할 수 있는 방안이 많지 않았다. 우리는 밑바닥에서부터 직접 쌓아 올려야 했다.

불리한 상황이었다. 사업을 시작하기 1년 전, 심지어 개업을 하고 1년 후까지도 나는 실패할지도 모른다는 생각에 밤마다 식은땀을 흘렸다. 우리가 가려는 길을 이미 앞서 걸은 이조차 없었다. 직원의 80퍼센트 이상이 자폐가 있는 사람들로 구성된 영리 사업이라니! 나머지 20퍼센트는 비자폐인 관리자로 채울 작정이었다. 고객을 직접 응대하는 현장 서비스와 감독 및 관리직에는 다양한 사회적 상황에 맞춰 대처하는 능력이 필요했기 때문이다. 신경전형인이 자폐가 있는 이들의 사회적 신호를 오해하거나 잘못 해석할 수 있는 것처럼 자폐가 있는 이들은 신경전형인의 사회적 신호를 오해하거나 잘못 해석할 수 있다. 물론 자폐가 있는 직원도 고객과 직접적인 소통이 가능하지만 신경전형인 관리자가 있으면 잘못되기 쉬운 고객과의 상호작용을 옆에서 도와줄 수 있다. 예를 들어, 낡아빠진 볼보를 몰고 세차장에 들어와 반짝반짝한 새 메르세데스를 운전하는 기분으로 떠나고 싶은 고객들은 세차 결과에 만족하지 않을 수도 있기 때문이다.

또 우리는 많은 시간을 들여 이러한 비즈니스가 자폐가 있는 사람들에게 만족스럽고 지속 가능한 일자리를 창출하는 동시에 사업적으로도 성공을 거둘 수 있다는 발상을 검증해 줄 전문가를 찾고자 애썼다. 자폐가 있는 직원을 교육할 방법을 가르쳐 줄 전문가도 채용해야 했다. 대개 나는 의사나 자폐인 고용 전문가에게 전화를 걸어 우리가 하는 일을 설명하고, 그다음엔 직접 찾아갔다. 그러고는 의자에 앉아 꿈지럭거리며 마침내 상대방이 "잠깐만요, 당신 지금 '뭘 하려는' 거죠? 그리고 누구예요?"라고 물을 때까지 기다렸다. 우리의 아이디어를 듣고 흥분한 사람은 많았지만, 우리가 해낼 것이라고 확신하는 이는 거의 없었다.

그러다 또 다른 작은 문제가 발생했다. 아버지와 나 둘 다 세차 사업에 대해서는 문외한이라는 사실이었다. 심지어 나는 고객의 입장에서도 이 사업에 대한 지식이 전무했다. 나는 자동차에 쌓인 까만 먼지에 누군가가 손가락으로 낙서할 때까지 버티고 또 버티다가 세차를 하러 가는 인간이었기 때문이다. 게다가 경영에 대해서도 전혀 몰랐고 그런 미숙함과 자존심 때문에 사업을 시작하고서도 수개월, 심지어는 몇 년 동안 내 방식만을 고집했다. 다행인 것은 비즈니스의 미래가 불확실할 때에도 내 곁에 나의 성장과 발전을 뒷받침해 줄 아버지라는 파트너가 있었다는 점이다.

하지만 정말로 흥미로운 점은 이 모든 악조건에도 불구하고 우리가 성공을 거두었다는 것이다. 그것도 아주 크게 말이다. 결코 쉬운 일이 아니었지만, 우리는 가족에 대한 사랑의 힘으로 버티며 끝까지 포기하지 않았다. 아버지와 나는 파산한 세차장을 인수해 다음 장에서 설명할 수많은 우여곡절을 거쳐 '어디서나 흔히 볼 수 있는 형편없는 세차장'을 고객들이 응원하고 직원들도 일하고 싶어 하는 유능하고 수익성 높은 서비스 조직으로 변모시켰다. 우리 세차장의 재방문율은 경쟁사의 다섯 배나 된다. 2012년 우리가 경영에 어려움을 겪고 있던 세차장을 매입했을 때, 이 사업장의 연간 세차 대수는 3만 5000대였다. 반면에 2021년 라이징 타이드 본점은 한 해에 17만 대 이상의 차량을 세차하는 성공적인 비즈니스를 운영했다. 오직 우리만의 힘으로 개업한 두 번째 지점은 2017년에 처음 문을 연 후 고작 2개월 만에 손익분기점 매출을 달성했으며 심지어 라이징 타이드 본점보다도 더 큰 성공을 거두었다. 현재 우리는 세 번째 지점을 준비 중이다. 라이징 타이드는 〈앙트레프레너Entrepreneur〉의 표지를 장식했고 〈Inc.〉와 '더 투데이 쇼(The Today Show)', 'NBC 나이틀리 뉴스(The Nightly News)'에 소개되었다. 우리 비즈니스에 관한 동영상은 페이스북에서 바이럴되었다. 다른 주에서 찾아온 고객들이 공항에서 렌터카를 빌려 라이징 타이드를 찾아와 직접 세차를 체험하기도 한다.

인정하기 부끄럽지만, 처음 이 일을 시작했을 때에는 나도 자폐가 있는 이들의 고용에 있어 다른 사람들이 취하는 태도에 물들어 있었다. 성공적인 고객기반 비즈니스를 견인하기에 자폐가 있는 사람들은 '너무 지나치거나(너무 특이하고, 너무 변덕스럽고, 너무 간절하고)' '너무 부족하다고(믿고 맡길 수 없고, 지적 능력이 떨어지고, 사회성이 부족하고)' 말이다. 나는 그들이 우리를 실망시키거나 우리가 그들을 실망시킬까 봐 두려웠다.

10년이 지난 지금 내가 이 책을 쓰는 것은 놀라운 진실을 알리기 위해서다. 우리는 비전통적인 인력에도 '불구하고' 성공한 것이 아니라, 바로 '그 덕분에' 성공을 거뒀다. 우리가 그 과정에서 배운 것들이 단순한 평균에서 벗어나려는 모든 비즈니스에 도움이 되리라 확신한다.

자폐가 있는 사람들을 고용한 덕분에 우리는 비즈니스를 실패로 이끄는 보이지 않는 문제들에서 탈출할 수 있었다. 이러한 문제를 발견하고 바로잡는 것은 결코 쉬운 일이 아니다. 하지만 세차 사업에 대해 아무것도 모르던 두 사람이 오늘날 가장 성공적인 세차장을 운영할 수 있게 된 이유는 바로 거기에 있다.

당신의 비즈니스를 변화시킬 이야기

비즈니스가 어렵게 되는 가장 큰 이유는 사업을 못해서가 아니다. 대개는 평균에만 머무르고 있는데 평균을 유지하는 것만으로는 충분하지 않기 때문이다. 생각보다 많은 사람이 눈에 보이지 않는 사소한 문제 때문에 어려움을 겪는다. 그러한 문제들은 너무 고질적이라 해결하기가 여간 어려운 게 아니다. 이렇게 감지하기 어려운 문제들이 끼치는 해악은 부지불식간에 일산화탄소에 중독되는 것과 비슷하다. 그래서 비즈니스를 접게 될 때조차도 비난의 화살이 다른 요인들로 향하게 된다. 극심한 경쟁, 수요 부족, 시기를 잘못 탄 난관 같은 것들 말이다.

라이징 타이드가 성공할 수 있었던 것은 자폐가 있는 우리 직원들이 이 모든 숨은 문제들을 놀랍고 때로는 가히 아찔한 속도로 적발해 냈기 때문이다. '이 정도면 괜찮은' 관리자의 경우를 예로 들어 보자. 신경전형인들이 주도하는 비즈니스에서 평범한 관리자는 보이지 않는 살인자다. 신경전형인 직원들은 그런 관리자를 만나더라도 어떻게든 한동안은 버틸 수 있다. 하지만 유능한 관리자가 적절한 코칭이나 역할에 대한 명확한 지시를 제공하지 않으면, 직원은 업무에 능숙해지거나 고객을 위해 최선을 다하겠다는 결의를 다지지 못한다. 그렇게 잠재적인 생산성과 매출, 창의성이 사라진다. 여러 명, 수십 명, 또는 수백 명에 걸쳐 이러한 효과가 반복되면 앞서가는 기업과 고전하는 기업을 가르는 차이가 될 수 있다.

자폐가 있는 사람들의 관점을 일종의 탄광 속 카나리아로 여겨야 한다. 보통 직원(과 비즈니스)을 천천히 망가뜨리는 일들은 신기할 정도로 빠르고 명백하게 발생할 수 있고 비즈니스는 이를 신속하게 바로잡아야 한다. 로버트가 감정적 폭발을 일으키자 우리는 유지보수 월요일에는 직원들에게 보다 명확한 지시를 내려야 한다는 사실을 깨달았다. 그래서 직원들이 해야 할 역할을 구체적으로 지정해 주는 직무표를 만들었다. 그 결과 로버트뿐 아니라 모두가 만족스러운 월요일 저녁을 보낼 수 있게 되었고 더 많은 일을 할 수 있게 되었다.

자폐가 있는 이들도 다른 모든 사람과 같이 기본적인 니즈를 갖고 있다. 다만 그러한 니즈가 더욱 '구체적이고 상세할' 뿐이다. 그들 역시 직장에서 성공하려면 당신에게 필요한 것과 똑같은 것이 필요하다. 그저 '더 많이' 필요할 뿐이다. 예를 들어, 노동자가 일터에서 성공하기 위해 자신의 역할을 명확히 인식해야 한다면, 자폐가 있는 직원은 그런 역할을 상세히 알지 못하는 경우에 아예 직무 자체를 수행하지 못할 수 있다. 해결책을 강요받았을 때 자폐 직원이 감정적인 폭발을 일으킨다면, 신경전형인 직원들은 부정적인 감정 상태에서도 어떻게든 그럭저럭 버틸 수 있다. 하지만 과연 그들이 잠재력을 발휘하거나 최상의 결과를 이끌어 낼 수 있을까? 천만의 말씀이시다.

조직 설계 이론에서 자폐가 있는 사람은 '극단적 사용자'의 한 종류로 간주된다. 극단적 사용자는 일반 대중과 동일한 기본 니즈를 갖고 있지만 사용 빈도나 범위가 극단적이고 사용 강도 또한 높다. 설계 및 디자인을 통해 폭넓은 분야에서 혁신적인 솔루션을 고안해 내는 디자인 사고design thinking 분야를 주도하고 있는 스탠퍼드 대학교 디스쿨Stanford d.School은 학생들에게 극단적 사용자와 함께 일할 것을 장려한다. 디스쿨에서 출간한 문헌에 따르면, '(극단적 사용자와 협업하면) 종형 곡선의 중간 구간에서는 나타나지 않는 유의미한 니즈를 이끌어 내는 데 도움이 된다. 극단적 사용자를 통해 발견된 니즈는 종종 더 많은 이가 공유하는 니즈일 수 있다.'[4] 마찬가지로 보편적 디자인universal design 운동은 장애인을 포함해 모두를 포용할 수 있는 물리적 공간(예를 들면, 휠체어 접근이 가능하고 사람들이 걸려 넘어지지 않는 턱이 없는 샤워실 입구)을 설계하면 모든 이에게 더 나은 경험을 제공할 수 있다고 주장한다.

세계적으로 유명한 디자인 컨설팅 회사인 IDEO 또한 극단적 사용자를 높이 평가한다. IDEO는 극단적 사용자를 연구하면 모두에게 적합한 솔루션을 찾을 수 있을 것이라 권고한다. 더욱 중요한 것은 '상상치도 못한 사용 사례, 기발한 해결책, 디자인 기회 등에 노출됨으로써 창의성을 촉발'할 수 있다는 점이다.[5]

그러나 전통적으로 조직 시스템과 대부분의 상품은 '평균적인' 사람을 위해 디자인된다. 평균적인 사람은 '실제'로는 존재하지 않는데도 말이다. 평균을 위한 디자인의 한계와 관련해 내가 제일 좋아하는 사례는 토드 로즈가 《평균의 종말》에서 언급한 것이다. 제2차 세계대전 당시 전투기 조종사들이 유독 고전을 겪자 군대가 원인 규명에 나섰다. 조사 결과 전투기 조종석이 177센티미터 신장의 남성에게 맞춰 설계되어 있었다는 사실이 드러났는데, 그것이 당시 남성의 평균 신장이었기 때문이다. 문제는 실제로 그런 신장을 가진 조종사가 거의 없었기에 기기 조작에 어려움을 겪을 수밖에 없었다는 점이다. 결국 군대는 조종석의 높이를 조절할 수 있도록 재설계에 착수했다. 결과가 어땠을까? 조종사들이 승리를 거두기 시작했다. 심지어 거의 무적에 가까워질 정도로 말이다.

대부분의 기업, 특히 인사부에서는 평균이 아닌 가장자리에서 보는 관점에도 가치가 있다는 사실을 잘 이해하지 못한다. 우리는 사람들에게 집단에 순응하고 맞출 것을 요구한다. '네모난 말뚝끼리는 더 쉽게 정렬할 수 있기' 때문이다. 전통적인 시장 조사에서도 마찬가지다. 하버드 비즈니스 스쿨^{Harvard Business School} 부교수이자 질레트^{Gillette}와 새뮤얼 애덤스^{Samuel Adams}, AT&T에서 브랜드 매니저로 근무한 질 에이버리^{Jill Avery}는 "전통적인 시장 조사는 평균적인 고객만을 연구하며, 이는 대다수 고객을 연구하기 위해 잡음을 제거하는 것이다"라고 말한다. 그러나 에이버리는 이어서 이렇게 말한다. "(이러한 관행은) 또한 잠재적으로 해당 분야를 선도할 수 있는 사람들을 배제한다. 정규분포의 꼬리 부분에 해당하는 고객들을 살펴볼 때만 극단적 사용자를 이해할 수 있고… 그들은 종종 중간층에 영향을 주어 평균적인 고객들의 생각에도 영향을 미친다."[6]

시간이 지나면서 우리는 일터에서 직면하게 되는 여러 어려움이 단순히 '자폐증으로 인한 문제'가 아니라, 보편적인 문제라는 사실을 알게 되었다. 비즈니스 규모에 상관없이 이를 악화시키는, 눈에 보이지는 않으나 해로운 문제들 말이다. 결론적으로 라이징 타이드의 성공 스토리는 이처럼 비즈니스로서의 잠재력을 최대한 발휘하지 못하도록 가로막는 숨겨진 제약을 찾아 제거하는 방법을 알려 주는 운영 매뉴얼이라고 할 수 있다.

가능성을 가로막는 4가지 숨은 문제

자폐가 있는 우리 직원들은 비즈니스가 가능성을 최대한 발휘하지 못하게 방해하는 4가지 숨은 문제점을 밝혀냈다. 이 책의 전반부는 각각의 문제점을 설명하고 해결을 돕는 데 초점을 맞춘다. 이러한 문제들은 대개 보이지 않는 곳에 숨어 있을지 모르나 그 징후는 그렇지 않은 경우가 많다. 다음 중에서 본인의 비즈니스에 해당하는 상황은 없는지 살펴보라.

1. 면접에 높은 비중을 두는 채용 방식

징후

• 좋은 사람을 찾을 수 없다.

- 비용 문제로 좋은 사람을 채용할 수 없다.
- 지원자에 대한 잘못된 판단으로 인해 채용 결과가 실패하는 경우가 많다.

2. 뛰어난 인재가 성공의 비결이라는 인식

징후

- 상품이나 서비스에 일관성이 없다.
- 직원들이 느리게 행동하거나 시간을 낭비한다.
- 내가 우리 조직에서 가장 뛰어난 직원이다.
- 일의 연계성이 떨어지고 주먹구구식으로 느껴진다.

3. 관리자에 대한 낮은 기대치

징후

- 직원들이 같은 실수를 반복해서 저지른다.
- 직원들이 권태에 젖어 있으며 열의가 없다.
- 직원들이 승진에 필요한 자질을 갖추지 못했다.

4. 최악의 직원을 해고 조치하는 규정

징후

- 직원들이 불만을 느끼고 규정을 무시한다.
- 고객 경험이 평균이거나 평균 이하이다.
- 동일한 문제를 반복해서 해결하고 있다.

이러한 징후를 하나라도 경험했을 경우, 원인을 잘못 판단하거나 해결책이 없다거나 해결이 불가능하다고 생각했을 가능성이 크다. 하지만 그렇지 않다. 우리 라이징 타이드 세차장이 실질적이고 고무적인 개념증명proof of concept, PoC이자 비즈니스의 숨겨진 잠재력을 이끌어 내는 가이드북이 되어 줄 수 있다.

놀랍게도 이 4가지 문제를 해결하고 나자 우리 회사도 현저한 변화를 경험할 수 있었다. 또 그 결과가 4가지 성공 비결로 이어져 뛰어난 직장 문화를 구축하게 되었다. 하지만 진정으로 중요한 부분을 강화하려면 리더십을 발휘해야 한다.

가능성을 발휘하는 4가지 성공 비결

---

1. 모든 직원이 안전하게 느끼는 조직 문화

우리가 사용하는 모든 전략이 최소한 부분적으로나마 효과적인 이유는 모든 직원이 안전하다고 느낄 수 있기 때문이다. 심리적 안전감이 우수한 성과의 핵심이라는 사실은 이미 밝혀진 바 있다. 리더가 취약한 모습을 내보이고, 대부분의 실수를 학습을 위한 경험으로 인식하고, 팀원 모두가 소속감을 느끼게 되면 일종의 폭포효과가 발생한다. 숨은 문제를 해결하기 위해 열성을 다해 노력하고 이 책의 조언을 실천한다면 안전한 문화라는 보상을 얻을 수 있다.

2. 책임감이라는 성장 도구

4가지 문제를 해결하면 모든 직원이 성공하는 데 필요한 도구를 갖추게 되며, 따라서 공정하게 책임을 맡을 수 있는 환경이 조성된다. 책임 문화는 사람들이 실수를 통해 배울 수 있을 만큼 안전하다고 느낄 때 발전한다.

3. 확고한 목적의식

직원들이 개인적인 목적의식을 갖게 하는 데 필요한 것은 단 3가지다. 그중에 사회적 가치를 추구한다는 사명이 필요하지는 '않다.' 그 3가지란 바람직한 인간관계, 통제감 그리고 성장 기회이다. 4가지 숨은 문제를 해결하면 이 3가지 모두가 자연스럽게 발달한다. 그러나 비즈니스에 보다 고차원적인 목적을 엮으면 잠재력을 더 크게 발휘할 수 있다.

4. 만족스러운 고객 경험

이 책에서 전하는 조언에서 알 수 있듯이, 라이징 타이드에서 하는 모든 일은 뛰어난 제품과 서비스를 지속적으로 제공하고, 따뜻하고 세심한 배려로 고객을 감동시키며, 소속된 공동체에 투자하게 하는 등 굴지의 고객 경험을 통해 정점에 달한다. 우리는 간판이나 마케팅을 통해 무엇보다 직원이 최우선이며 그들이 직장과 삶에서 최고의 잠재력을 발휘할 수 있게 지원하고 있다는 사실을 고객에게 미리 알린다. 이를 똑같이 실천한다면 당신의 고객들도 알게 될 것이다. 더욱 중요한 것은 고객들이 이를 체감할 수 있어야 한다는 것이다. 그렇게 되면 고객들이 더 많은 경험을 하기 위해 다시 찾아올 것이다.

내가 이 책을 쓴 이유는 2가지다. 첫째, 나는 비즈니스 소유주와 채용 담당자 들이 자폐가 있는 사람도 매우 독특하고 훌륭한 직원이 될 수 있음을 깨닫게 되어, 앤드루 같은 이들이 스스로 생계를 유지하고 자신도 충분하다는 자신감을 얻을 수 있는 공동체를 발견하는 존엄성을 누리길 바란다.

하지만 이 책을 쓴 또 다른 이유는 모든 창업자의 성공을 돕기 위해서다. 자기 소유의 비즈니스를 운영한다는 것은 수익을 올리는 한편 개인적인 성취감을 충족하기 위한 것이다. 하지만 많은 비즈니스 소유주(및 직원)에게 이는 길고 힘들며 수도 없이 좌절하는 과정이 될 수 있다. 평균에서 벗어나 탁월한 수준으로 전환할 수 있는 도구나 경험이 부족하기 때문이다. 따라서 우리가 라이징 타이드를 운영하며 배운 것들이 부디 독자 여러분의 성장에도 도움이 되길 바랄 뿐이다. 만일 그렇게 된다면 다음과 같은 성공을 거둘 수 있다.

- 까다로운 노동 시장에서 뛰어난 직원을 채용하고 유지할 수 있다.
- 비즈니스를 성장시킬 시스템을 개발할 수 있다.
- 직원들의 참여를 이끌어 비즈니스를 개선할 수 있다.
- 포화 상태의 시장에서도 충성도 높은 고객을 유지할 수 있다.

이러한 이점을 얻고자 당장 자폐인이나 신경다양인 채용 프로그램을 시작할 필요는 없다. 다만 기존의 사고방식을 버리고 앞으로는 다르게 행동할 의지를 가져야 한다. 마음을 열고 새로운 운영방식을 받아들이면 비즈니스와 직원의 발전을 가로막는 시스템적 문제를 함께 해결해 나갈 수 있을 것이다.

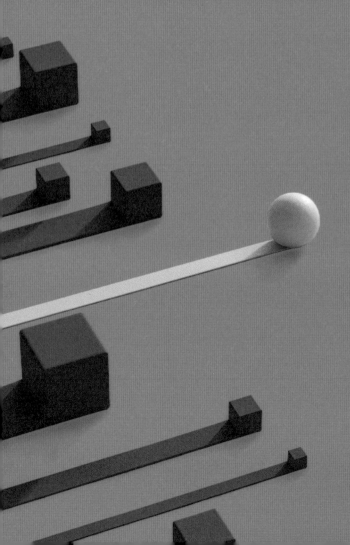

Part 01

가능성을 가로막는
4가지 숨은 문제

우리가 이룩한 최고의 개선과 혁신은 거의 항상 '누군가가 일을 망쳐서' 이뤄졌다. 우리는 일터에서 마찰이 발생하면 직원을 비난하는 대신 어떤 부분에 개선이 필요한지 묻는다. 우리는 직원들의 도움으로 온갖 터무니없는 문제들을 해결할 수 있었다.

1

면접에 높은 비중을 두는
채용 방식

✦ **혹시
당신의
회사도?**

직원들이 금세 지쳐서 나가떨어진다. 근면하고 성실
한 직원을 찾기 힘들다. 그래서 자주 이런 생각을 한다.
'좋은 사람을 찾을 수가 없어. 비용 때문에 좋은 사람을
채용할 수도 없어.' 여기에 숨은 문제는 인재 부족이 아
니라, 인재를 찾고 정의하는 방식에 있다. 이 장에서는
채용 절차를 재설계하는 방식에 대해 알아본다.

비즈니스를 운영할 때 가장 흔한 불만은 아마 좋은 사람을 찾을 수
없다는 점일 것이다. 이 같은 토로는 코로나19 팬데믹의 여파로 기
업들이 신입 사원 쟁탈전에 뛰어들면서 완전히 새로운 수준의 공
황에 이르렀다. 한편 사무직 근로자들은 현 고용 상태에 대해 손익
분석을 해 보고는 '대퇴사^{大退社, Great Resignation}'라는 거대한 물결에 편
승해 새로운 기회를 찾아 나섰다.

라이징 타이드를 창업했을 때 아버지와 나는 대부분의 사람이

과소평가하거나 간과하는 특정 부류의 인재를 고용하는 비즈니스를 설립했다. 그리고 그 과정에서 알게 된 것이 있다. 바로 "좋은 사람을 찾을 수가 없다"라고 말하는 사람들이 대부분 진짜 문제를 잘 못 알고 있다는 것이다.

사실 우리 주변에는 좋은 사람들이 아주 많다. 아니, 좋은 정도를 넘어 탁월한 이들도 많다. 지구상에 인구가 부족하지 않은 것처럼 인재는 결코 부족하지 않다. 그저 우리가 그렇다고 '생각할' 뿐이다. 인재를 발굴하고 채용하는 기존의 전통적인 방식이 훌륭한 직원이 될 수 있는 이들을 배제하고 있기 때문이다. 그렇게 '한정된' 후보들만 놓고 경쟁하고 있으니 좋은 사람을 찾을 수가 없게 된 것이다.

생각해 보면 참으로 기가 막힐 노릇이다. 내 친구 중에는 대형 회계법인에서 근무하는 이가 있다. 그 회사에 지원하려면 무조건 상위 6개 대학교 중 하나를 졸업하고 평균 학점이 3.8 이상이어야 한다. 하지만 이처럼 높은 학력 기준에도 불구하고 막상 채용된 직원들의 부족한 자질을 목격한 친구는 경악하지 않을 수 없었다. 그는 명단에 없는 대학교를 졸업하고 평균 학점이 3.0에 불과한 가족의 지인을 채용하기 위해 열심히 뛰어다녔고, 결국 경영진으로부터 그를 인턴으로 받아들이겠다는 동의를 받아냈다. 결과가 어땠을까? 인턴으로 채용한 그 지인이 그해 채용된 직원 중에서 가장 뛰어난 인재로 인정받았다. 연고주의로 채용된 직원이 개중 가장 뛰어나다면, 뭔가 아주 잘못됐다는 의미가 아닐 수 없다.

기준을 낮추라는 의미가 아니다. 어떤 기준이 비즈니스에 차이를 가져오는지 좀 더 비판적이고 독창적으로 생각하라는 뜻이다. 인재란 상황과 맥락에 따라 결정된다. '당신'의 비즈니스에서 최고의 스타가 될 수 있는 조건과 내가 운영하는 회사에서 최고 스타가 될 수 있는 조건은 다르다. 빤한 소리가 아니냐고? 그렇다면 왜 모집 및 채용 절차를 각자의 상황에 맞게 다듬고 개선하지 않는 것인가?

내 친구의 회사가 채택한 채용 방식은 다른 많은 회사의 것과 유사하다. 우리 라이징 타이드도 처음 신경전형인 직원을 고용할 때는 같은 방법을 활용했다. 이력서와 자기소개서를 받고 필요한 기술과 경험 그리고 높은 학점이나 명문대 학위, 또는 유명 회사에서 일한 경력이 있는지를 살핀다. 그렇게 서류로 선별한 몇 명에게 연락해 면접을 본다. 그런 다음 구체적인 정보는 별로 없더라도 그보다 훨씬 중요하게 생각하는 것, 즉 직감을 바탕으로 팀에서 원하는 사람을 선택하는 것이다.

방금 설명한 '전형적인' 채용 절차에는 심각한 결함이 있다. 개인적인 의견이 아니라 데이터로 입증된 사실이다. 2005년에 2만 명의 신규 채용자를 대상으로 실시한 리더십 IQ의 설문조사에 따르면, 전체 채용 중 46퍼센트가 18개월 이내에 실패했다.[1] 비즈니스 소유주나 투자자가 성공률이 절반도 안 되는데 만족하는 경우가 있는가? 오늘날 비즈니스에서 널리 활용되고 있는 이 같은 채용 절차는 기업과 직원을 실패하게 만들고 훌륭한 직원이 될 수 있는 많은 노동자를 배제한다.

그리고 이는 다시 골치 아픈 문제로 이어진다. 경영자는 직원을 찾는 데 어려움을 겪는다. 사람을 고용해도 많은 경우 기대에 미치지 못하고 오래 근무하지도 않는다. 당신은 직원을 탓하고, 비즈니스를 탓하고, 좁은 고용시장을 탓한다. 물론 이 모두가 원인일 수도 있지만 만일 그 진짜 범인이 채용 절차 그 자체라면 어떨까?

라이징 타이드는 극단적인 사용자에게 초점을 맞춘 덕분에 대부분 직원을 전형적인(잘못된) 채용 절차에서 벗어난 방식으로 고용할 수 있었다. 우리 회사에 지원한 자폐가 있는 사람들은 직장 경험이 전무한 경우가 많고, 상당수가 표준과 다른 교육적 배경을 보유하고 있다. 하지만 일반적인 면접 방식은 어떤가? 의도한 것은 아닐지 몰라도 마치 자폐가 있는 지원자들을 '걸러 낼' 목적으로 설계된 것처럼 보인다. 일단 기본적으로 면접은 신경전형적 사회성 기술을 테스트하는데, 이는 자폐가 있는 사람이 힘들어하는 영역이다. 예를 들어, 면접관은 눈 맞춤을 신뢰성 또는 유능함의 표시로 받아들이지만, 자폐가 있는 사람은 이와 전혀 관련 없는 이유로 눈 맞춤을 피할 수 있다.

이처럼 극단적 사용자의 경우에는 기존 채용 방식의 한계가 극명하게 드러났다. 하지만 신경전형인 직원에 대해서는 그렇지 않았기에 우리는 그들을 채용할 때는 여전히 전통적인 방식을 고수했다. 그러지 않을 이유가 없었기 때문이다. 당시에 나는 자폐가 있는 사람들을 채용하는 방식이 잘못되었다는 것은 알았지만, 모든 이들의 채용 방식이 잘못되었다고는 생각지도 못했다.

1년쯤 지나자, 이력서를 기반으로 하는 채용에 숨어 있는 문제점이 뚜렷하게 드러나기 시작했다. 자폐가 있는 직원의 경우 신중하게 설계한 채용 절차 덕분에 채용 성공률이 97퍼센트에 달했다. 반면, 전통적인 방식으로 채용한 신경전형인 6명의 경우 개업한 지 1년 이내에 그들 모두가 퇴사했다. 4명은 해고되었고 2명은 자진해서 그만두었다. 놀랍지 않은가? '표준적인' 방식으로 일을 처리했더니 '표준적인' 결과가 도출된 것이다. 이는 우리가 '모든' 직원의 채용 방식을 바꾸는 계기가 되었다.

여기서 잠깐 당신의 비즈니스에 대해 생각해 보자. 당신의 비즈니스에서 직원들이 재능과 기술, 또는 그 조합을 통해 처리해야 하는 독특하고 고유한 도전과제는 무엇인가? 일단 그것부터 파악한 다음 이를 찾아낼 수 있는 채용 절차를 설계하라. 가령 가장 기본적인 대기업의 사례로 비즈니스와 첨단기술의 교차점에 있는 아마존을 들 수 있겠다. 예전에 아마존은 미국 최고의 MBA 프로그램에서 많은 인력을 채용했다. 하지만 〈월스트리트저널〉의 보도에 따르면, 최근에는 그 전략을 수정해 80개 학교로 모집 범위를 넓히고 비즈니스 감각 외에도 기술 및 엔지니어링 배경을 갖춘 졸업생

을 대상으로 하고 있다.[2]

이제 우리의 비즈니스에서 채용 방식에 대한 발상의 전환이 어떤 식으로 이뤄졌는지 살펴보자. 라이징 타이드가 독특해 보일 수도 있지만, 보다 객관적이고 결과 지향적인 채용 절차를 설계하는 것이야말로 가능성의 힘을 이끌어 내는 첫 번째 단계이다.

직원 선발 방식 개선하기

우리와 비슷한 방식으로 인재를 모으는 비즈니스는 드물 것이다. 우리는 과정을 거꾸로 거쳤다. 즉 자폐가 있는 사람을 먼저 선택한 다음 그들이 성공적으로 일할 수 있는 비즈니스 환경을 찾아낸 것이다. 우리의 사업은 아버지가 세차를 하다가 얻은 영감에서 시작됐지만, 그 이유만으로 수백만 달러를 투자한 것은 아니다. 당시의 우리는 세차 사업에 관해서는 완전히 깜깜한 문외한이었다. 약간의 조사를 거친 후, 우리는 세계 최대의 세차장비 제조업체인 소니스 엔터프라이즈Sonny's Enterprises를 발견했다. 그들은 플로리다주 타마락에서 세차 대학CarWash College이라는 프로그램을 운영하고 있었는데 타마락은 우리 가족의 별장이 있는 포트 로더데일에서 그리 멀지 않았다. 우리는 소니스의 사장인 폴 파지오(회사의 설립자인 소니의 아들)를 만났고, 나는 정성스럽게 준비하긴 했지만 다른 사람 앞에서는 한 번도 발표한 적 없는 파워포인트 프레젠테이션의 첫발을 쏘아 올렸다.

내가 프레젠테이션을 마치자마자 폴이 고개를 절레절레 저었다. "두 사람 다 미친 것 같지만, 이 업계에서 좋은 일을 할 수 있다면 저도 동참하고 싶군요." 그는 우리에게 세차 대학의 2주짜리 단기 교육 과정에 무료로 참가할 기회를 주었다.

그 교육 프로그램에서 배운 것들은 내게 아버지의 직감이 옳았음을 믿을 만한 강력한 근거를 제공해 주었다. 세차 사업과 자폐증은 그야말로 천생연분이었다. 폴의 팀은 전문 세차장이 매우 일관되고 꼼꼼한 프로세스로 작동된다고 설명했다. 첫 수업은 구체적인 작업 절차와 이를 수행할 수 있도록 팀을 교육하는 데 초점을 두고 있었다. 이런 구체적인 맥락은 자폐 스펙트럼을 가진 많은 사람에게 적합했다. 일반적인 노동자들은 종종 엄격한 프로세스를 지겨워하지만 자폐가 있는 많은 이는 도리어 그런 환경 속에서 성공을 거두기 쉽다(그렇다고 자폐가 있는 직원들이 세차 환경에서만 탁월한 능력을 발휘할 수 있는 것은 아니다. 비디오게임 제작자부터 이스라엘 방위군에 이르기까지 많은 고용주가 자폐가 있는 직원들이 특정한 업무에 탁월한 자질을 갖추고 있음을 발견했다).[3]

우리는 그 즉시 전통적인 인재 평가 방식을 내다 버렸다. 이력서? 우리 회사의 지원자들은 이력서 같은 걸 갖고 있지도 않았다. 그중 상당수가 지금껏 일을 해 본 경험조차 없었다. 대학 졸업장?

그런 게 있을 리가. 면접? 그건 또 뭔데?

우리는 자폐인 직원 채용의 선구자인 아스피리테크^Aspiritech와 스페셜리스테른^Specialisterne의 직원들과 함께 머리를 맞대 의논하고, 기업체 전문 장애인 컨설턴트인 제임스 에밋과 크리스 심러를 고용했다. 그렇게 모두가 힘을 합친 결과 어떤 비즈니스에든 적용할 수 있는 채용 방식이 탄생했다. 우리는 취업 지원자를 면접하지 않고 훈련 프로그램을 통해 오디션을 진행한다. 우리의 잠재 직원들은 세차장에서 실제로 자동차를 세차하는 연습을 통해 자신이 해당 직무에 적합한지 입증한다. 이를 통해 우리는 지원자가 지시에 잘 따르는지, 업무를 수행할 신체적 능력을 지녔는지, 근무 환경에 적응할 수 있는지 등의 중요 사항을 실시간으로 확인할 수 있다. 뿐만 아니라 이 과정은 지원자들이 자신이 세차장에서 일하길 원하는지 본인의 마음을 확인할 기회가 되기도 한다. 나중에 나는 직원 선발과 관련해 이처럼 획기적으로 접근 방식을 개선한 비즈니스가 우리뿐만은 아니라는 사실을 알게 되었다.

우리의 첫 번째 훈련 프로그램은 채용 이상의 의미가 있었다. 바로 자폐가 있는 직원들이 일하는 세차장이 과연 성공을 거둘 수 있을지를 테스트하는 일종의 개념증명이라는 것이었다. 세차 대학을 통해 희망을 북돋는 정보를 얻긴 했지만, 우려는 여전히 남아 있었다. 우리를 믿고 지지해 주는 사람들도 나름 있었으나, 조언을 구한 많은 자폐증 전문가가 신경다양인 직원들은 짝을 지어 일할 때 결코 성공할 수 없다고 말했기 때문이다. 세차 업계에서는 짝을 지어 팀으로 일하는 것이 관행이었기에 그들의 조언은 상당히 골치 아픈 문제였다. 비즈니스의 생존과 유지를 위해 충분한 수의 차량을 세차하려면 둘씩 짝을 지어 최대한 빨리 일하는 것이 유일한 방법이었다. 한 명이 조수석 쪽을 맡으면 다른 한 명은 보다 까다로운 운전석을 담당했다. "절대로 안 될 겁니다." 몇몇 컨설턴트는 이렇게 말했다. "자폐가 있는 사람들은 혼자 일해야 해요." 우리가 알기로도 그들의 말이 옳았다. 하지만 지레짐작으로 미리 포기하기 전에 데이터를 통한 확인이 필요했다.

자폐증 전문가의 경고도 문제였지만, 또 걸리는 것이 있었다. 바로 자폐가 있는 사람들을 중심으로 조직된 직장이란 아이디어가 이론적으로는 멋지게 들린다 해도, 아직 실행에 옮긴 사람이 아무도 없다는 사소한 문제였다. 우리는 보다 큰 기업에서 자폐가 있는 이들을 대상으로 채용 프로그램을 시행해 본 경험자들을 만나 의견을 나누었다. 그리고 그때마다 "너무 파격적인 발상이라 어떻게 생각해야 할지 모르겠군요"라는 말을 수없이 다양한 변형으로 들었다.

그리고 마지막 문제가 있었다. 직원들의 오디션을 보고 세차 사업 그 자체에 대한 베타 테스트를 해야 하는데, 막상 실행에 옮길 수 있는 세차장이 없었다. 그때 폴이 또다시 구세주가 되어 주었다. 본인이 보유 중인 유일한 세차장이자 회사 장비 테스트용으로 사용하고 있는 장소를 빌려주겠다고 나선 것이다. 폴이 "초여름쯤이면 준비가 끝날 거예요"라고 말했을 때 내 머릿속에서 화려한 불꽃이 터졌을 정도다.

세차장을 열기 위해 우리는 1년 넘게 연구조사를 하고 네트워크를 구축했다. 수백 개의 기사와 파일, 스프레드시트를 모으고 전국의 자폐 커뮤니티에서 수십 명의 사람들을 만났다. 하지만 우리가 꿈꾸던 것이 아버지가 '알찬 상상'이라고 부르던 것에서 만질 수 있는 현실로 변모한 때는 장소를 확보한 바로 그 순간이었다. 우리는 이제 16주 안에 자폐가 있는 사람들을 위한 세계 최초의 세차 오디션과 훈련 프로그램을 설계하고 첫 직원이 될 사람들을 모집해야 했다. 솔직히 겁이 났다. 매일 밤 잠자리에 들 때마다 '만약 그들이 갑자기 흥분해서 감정적으로 폭발하면 어쩌지? 내가 그들을 실망시키면 어쩌지? 여기까지가 우리의 한계라면 어쩌지?' 같은 생각들이 머릿속을 맴돌았다.

기대 이상의 성공

채용 방식을 모든 비즈니스에 적용하려면 재구성이 필요하다. 이를 위한 첫 번째 단계는 특정 역할 또는 직무에서 성공을 거두는 데 필요한 기술이나 자질을 파악하는 것이다. 어쩌면 당신에겐 아마존처럼 2가지 기술이 만나는 독특한 교차점이 필요할 수 있다. 또 고객 서비스를 위해 압박감 속에서도 침착할 수 있는 공감 능력이 뛰어난 직원이 필요할 수도 있다. 맥락에 따른 직무의 필수 요건을 정확히 파악하는 것이 어려운가? 그렇다면 이전 직원이 실패한 요인이나 현재 어떤 직원이 성공을 거두고 있는지를 분석해 보라. 이 두 집단의 차이점은 무엇인가? 당신 비즈니스의 고유한 니즈를 파악하고 나면, 그러한 특성을 보유한 직원을 발굴할 채용 절차를 설계할 수 있다.

우리의 직무 오디션 목표는 아주 단순했다. 자폐가 있는 직원들이 세차 업무에 독특하게 적합하다는 이론을 테스트하는 것이었다. 우리가 세차 대학에서 배운 정보 중 하나는, 훈련 환경에서 차량 내부 청소에 걸리는 표준 시간이 6분이라는 것이었다. 소니는 우리가 사용할 수 있는 기준 프로세스를 제공해 주었다. 훈련생들은 훈련 과정에서 이를 해낼 수 있음을 증명하고 나아가 실제 고객을 대상으로도 성공해야 했다.

우리는 컨설턴트들과 함께 7주 과정의 훈련 프로그램을 설계했다. 이 일에 관여한 모두가 시간당 수당을 지급받았고, 직원들의 급여와 우리를 도와준 자폐 전문가들에게 지출된 전체적인 비용만 약 7만 달러였다.

우리가 설계한 프로그램은 3단계로 진행되었다. 그사이에도 우리는 사업을 시작한 후 계속해서 채용 프로그램의 중심이 될 '직무 오디션'을 개발하고 다듬었다. 그리고 각 단계가 끝날 때마다 데이터를 수집하고 분석하며 발전시켰다. 처음 2주 동안에는 4명의 지원자에게 조수석과 운전석 쪽의 세차와 손 왁스 과정을 교육했는데, 각 과정은 약 40개의 단계별 행동으로 구성되어 있었다. 시험을 통과하려면 이 40개의 세차 행동을 6분 이내에 세 번 연속 100퍼센트의 정확도로 수행해야 했다. 어느 한 곳에서라도 실패한다면 매번 처음부터 다시 시작해야 했다.

2단계에서는 지원자를 13명으로 늘려 규모를 확장하고 프로세스를 개선했다. 그다음은 가장 두려운 마지막 단계였다. 앞선 두 단계에서 합격한 지원자들이 드디어 고객들의 자동차를 직접 세차하는 것이었다.

인생에는 절대로 잊지 못할 감동의 순간이 있다. 그 7주의 기간 동안 나는 그런 순간들을 수도 없이 겪었다. 그 모든 시간을 나와 함께했던 아버지도 같은 말씀을 하실 거다.

훈련을 받으러 온 젊은이들을 책임져야 한다는 생각에 눈앞이 아찔할 정도였다. 우리가 모집한 이들 중 대부분이 10대 후반이었는데 전부 자신이 일을 할 수 없을 것이라는 확신에 젖어 있었다. 평생 직장을 갖지 못할 것이고, 최저임금을 받을 만큼 자신의 가치를 인정받지도 못할 것이라고 말이다. 지금껏 살아온 그들의 삶이 바로 그 증거였다. 그들 중 몇몇은 자폐 외에도 불안장애나 우울증 병력이 있었다. 지적장애를 가진 사람도 많았다. 이들 대부분이 우리의 프로그램에 참여한 유일한 이유는, 마이애미대학교 자폐 및 관련 장애 센터의 마이클 알레산드리 박사와 직원들이 그들과 가족에게 열성적으로 권유했기 때문이었다. 우리의 가장 초기 지지자 중 하나인 알레산드리와 그의 팀은 수십 명의 잠재 지원자들에게 일일이 전화를 걸어 우리 프로그램에 신청하라고 설득했다.

2단계에서 합류한 열일곱 살의 제이는 언어적 소통이 거의 되지 않았다. 목수인 제이의 아버지는 아들을 직접 여기 데려왔지만 제이가 직업을 갖기는커녕 프로그램을 수료할 수도 없을 것 같다고 슬프게 털어놓았다. 그는 자상하고 애정 넘치는 아버지였으나 희망을 잃고 있었다. 제이를 막상 마주하자 나는 아들과 아버지를 모두 실망시키게 될까 봐 두려웠다. 제이는 나와 눈을 마주치지도 않았고 내가 인사를 건네며 손을 내밀었을 때는 살짝 손만 대는 악수를 돌려주었다. 잘할 마음이 있는지는 차치하고 이 일을 수행할 신체적인 능력이 있을지조차 의구심이 들었다.

훈련 첫 주에 접어들었지만, 결론을 내릴 수 없었다. 그때까지도 제이는 조수석 과정을 한 번도 제대로 통과한 적이 없었다. 다른 팀원들에 비해 크게 뒤처진 속도였다. 하지만 우리는 계속해서 그를 훈련했다. 우리의 훈련 프로그램이 개인의 발전 속도에 맞추도록 설계되어 있었기 때문이다. 간단히 말해, 누구든 조금씩이나마 발전하고 있다면 개인적인 속도에 맞춰 꾸준히 나아갈 수 있었다. 이는 지원자의 훈련 종료 시점을 결정하는 가장 간단하고 객관적인 방법처럼 보였다.

나흘째 되는 날, 제이가 처음으로 세차 프로세스를 완수하는 데 성공했다. 속도가 아주, 아주 느리긴 했지만 말이다. 하지만 우리는 그를 축하해 주었다. 미소와 환호, 하이파이브가 이어졌고 그 순간 나는 변화가 일어나는 것을 목격했다. 마치 축 늘어져 있던 근육에 갑자기 힘이 불끈 들어가는 것 같았다. 얼마 후 제이는 우리 모두를 다시 한번 놀라게 했다. 창문을 닦으면서 케이시 앤드 더 선샤인 밴드의 노래를 흥얼거리기 시작한 것이다. "춤을 조금 춰 봐요… 작은 사랑을 해 봐요… 오늘 밤엔 신나게 놀아요!" 그 후로도 제이는 노래를 멈추지 않았고, 바퀴에서 창문으로 옮겨 갈 때는 춤을 추었으며, 그날 하루가 끝날 무렵에는 세차에 걸리는 시간을 절반으로 줄였다. 섭씨 35도의 무더위 속에서 이 청년은 1970년대 디스코 동작을 선보이고 있었다. 결국 제이는 상위 25퍼센트 내 성적으로 훈련 과정을 수료했다. 그날 제이보다 더 크고 자랑스러운 미소를 지은 사람이 있다면 그건 바로 그의 아버지였다.

역시 10대 후반이었던 마커스도 빠뜨릴 수 없다. 극도로 수줍음이 많던 마커스는 언어장애를 갖고 있었는데, 본인이 고객과 소통해야 한다는 생각만으로도 넋이 나간 듯 보였다. 고객에게 건네야 할 "대기실에서 기다리시면 세차가 끝났을 때 알려드리겠습니다"라는 인사말을 연습하다가 울먹거릴 정도였다. 그는 몇 번이고 나와 아버지에게 말했다. "난 못해요. 못하겠어요."

난생처음으로 스스로가 유능하다는 느낌을 받는 경험이 마커스를 어떻게 변화시킬지 예상한 사람은 아무도 없었을 것이다. 마커스는 팀원들 중 가장 빠르게 배우는 학생이었고 순식간에 훈련 과정을 돌파했다. 첫날에는 말 한마디 꺼내는 것조차 주저하던 아이가 주말 즈음에는 고객들에게 말을 걸고 싶어 안달이 날 정도가 되었다.

이런 개인적인 변화 속에서 또 다른 놀라운 깨달음도 있었다. 우리가 고안한 세심한 구조 속에서 자폐를 가진 직원들이 짝지어 일하는 것을 꺼리지 않을 뿐만 아니라, 실제로 그중 상당수가 오히려 더 뛰어난 능력을 발휘한다는 것이었다. 특히 다른 사람과 짝지어 일하는 것을 무척 좋아하는 직원이 있었다. 그녀는 열성적인 데다 업무 수행 속도도 빨랐는데, 그래서 우리는 그녀를 손이 느린 직원과 짝지은 다음 그녀가 파트너의 속도를 향상시키는 모습을 흐뭇하게 지켜보았다. 이러한 사례는 전문가의 의견도 중요하지만 통념을 거스르는 최고의 깨달음은 대개 학구적인 전문가보다 극단적 사용자에게서 나온다는 사실을 다시 한번 일깨워 주었다. 당시는 자폐가 있는 성인에 대한 연구가 드물었고 업무 환경에 대한 연구도 거의 없을 때였다. 자폐가 있는 사람들이 짝지어 일하는 업무에 어떻게 반응하는지에 대한 전문가들의 의견은 대부분 추정과 편견에 기반하고 있었다. 반면 자폐가 있는 사람들을 고용하는 우리와 다른 고용주들은 일부 자폐를 가진 사람들이 집단 환경에서도 훌륭하게 일할 수 있다는 사실을 일관되게 발견했다. 신경 전형인뿐 아니라 누구든지 편안하고 능력을 발휘할 수 있는 업무 환경만 조성된다면, 기꺼이 다른 사람과 협동하고 사회적인 관계를 맺을 수 있다.

우리 직원들이 그들 자신의 기대를 훨씬 뛰어넘는 성과를 내는 이유는 무엇일까? 바로 본인의 역량에 맞는 역할에 그들을 채용했기 때문이다. 당신도 그렇게 할 수 있다. 그리고 그 과정에서 당신은 직원들의 성장을 목도하는 아주 뜻깊은 경험을 하게 될 것이다 (그들이 신이 나서 디스코를 추게 될지는 장담 못하지만, 누가 알겠는가?).

잘못된 채용 관행 바로잡기

우리의 첫 직무 오디션은 때로는 엄격했지만 항상 명확했다. 결과적으로 내 동생 앤드루를 포함해 훈련 프로그램 참가자의 80퍼센트(14명 중 12명)가 차량 내부 청소 프로세스에 완전히 숙달하게 되었다. 그들이 여기까지 도달하는 데 걸린 평균 훈련 시간은 8시간 이하였다. 또한 실제로 고객들을 접했을 때도 팀원들은 시간 기준을 준수하면서 작업 정확도를 98퍼센트에서 거의 100퍼센트까지 끌어올렸다. 개념증명으로서 우리의 첫 훈련은 의심할 여지없이 성공적이었다. 우리는 세상 많은 사람이 고용이 불가하다고 정의하고 최고의 인재에 대한 어떤 정의에도 포함되지 않을 직원들을 고용해, 이들의 업무 능력이 매우 탁월하다는 사실을 입증했다.

지난 7년간 직무 오디션을 시행한 결과, 자폐가 있는 직원 중 업무 수행 능력이 부족하여 채용에 실패한 경우는 단 3명뿐이었다. 실제로 우리 세차장은 몇 년간 채용 실패를 겪은 적이 없다. 직무 오디션의 효율성 역시 크게 향상되었다. 먼저 지원자는 30분 내에 자동차 한 대를 세차해야 한다. 차체 건조와 창문 닦기, 타이어 광택제 바르기 그리고 발판 위에서 균형 잡기 등 주요 작업을 수행하고 80점 이상의 점수를 받으면, 우리의 채용 전 훈련 프로그램에 참여해 1~4일 동안 조수석 쪽 세차 프로세스를 배운다. 이 과정에 합격하려면 지난 훈련과 마찬가지로 6분 이내에 3가지 절차를 연속적으로 완벽하게 소화해 내야 한다. 이제 우리는 일단 조수석 세차에 숙달한 예비 직원은 입사 후에 다른 세차 프로세스를 배울 수 있다는 것을 안다. 채용 전 훈련 프로그램의 목표는 직원에게 업무 수행에 필요한 모든 것을 가르치는 것이 아니다. 채용 후에도 나머지 과정을 수행(또는 학습)할 수 있다고 확신할 수 있을 만큼 가르치는 것이다.

우리와 같은 훈련 프로그램과 수습 기간, 부트캠프, 실무역량평가 등은 기존의 '인재' 평가 방식에서 크게 발전한 것이다. 입사 후 직원이 과연 훌륭한 성과를 낼 수 있을지 알아보는 가장 좋은 방법은 실제로 회사에서 일해 보도록 하는 것이다. 시험 평가를 활용하면 해당 직무에서 수행할 업무의 종류와 필요 기술을 직무 설명이나 면접 질문으로는 달성하기 힘든 수준으로 자세하고 명확하게 파악할 수 있다. 또한 직무 오디션은 예비 직원에게도 교육이나 경력, 패기 등 자신이 어떤 장점을 갖췄는지 보여 주고 일이 마음에 들지 않으면 "다음에 봐요"라고 말할 수 있는 기회를 제공한다.

구시대적 채용 방식에 대한 대안을 성공적으로 도입한 회사가 라이징 타이드만은 아니다. 토드 로즈가 《평균의 종말》에서 들려준 클라우드 컴퓨팅 회사 조호Zoho의 이야기는 내가 가장 좋아하는 사례이다. 오늘날 조호는 인도 최대의 IT 기업 중 하나가 되었지만, CEO인 스리다르 벰부가 회사를 창립할 당시만 해도 신입 사원을 모집하는 데 있어 인도의 수많은 거대 IT 기업들과 나란히 경쟁할 수 없었다. 하지만 이런 대기업들은 높은 학점이라는 엄격한 기준을 갖고 있었다. 만일 벰부가 '최고의 인재'만을 놓고 벌이는 경쟁을 그만두고 어디서든 인재를 찾을 수 있다는 믿음을 실천했다면 어떨까?

내게 가장 와 닿았던 부분은 벰부가 그러한 사고방식으로 가장 먼저 영입한 첫 '직원'이 그의 동생이었다는 사실이다. 벰부의 동생은 학교 성적이 별로 좋지도 않았고 심지어 컴퓨터 코더도 아니었다. 당시에만 해도 말이다. 벰부가 동생에게 배울 기회를 주기로 결심하자 동생은 매우 빠르게 훌륭한 코더이자 직원으로 성장했다. 동생이 성공적으로 발전하는 모습을 본 벰부는 비전통적인 채용에 대한 자신감을 얻었다.

오늘날 조호는 학업 성적이 아닌 3주 과정의 부트캠프 성과에 따라 신입 사원을 선발한다. 부트캠프 과정을 통과하면 최종적으로 채용될 수 있다. "나는 시험은 시험 수행 능력을, 면접은 면접 수행 능력을 측정한다고 생각한다. 그래서 우리는 학생들이 실제 업무 환경에서 어떻게 대처하는지를 본다." 〈포브스〉와의 인터뷰에서 벰부가 한 말이다.[4]

2005년 벰부는 조호대학교를 설립했다. 이 학교는 조호의 인재 파이프라인으로 전통적인 교육을 거의 받지 못한 경제 취약 계층의 청년들을 모집한다. 첫 강의에 참석한 학생은 고작 6명이었지만, 지금은 강좌마다 약 250명의 학생들이 수강 중이다. 조호 직원의 약 15퍼센트가 조호대학교를 통해 채용되고 있으며, 회사는 앞으로도 대부분의 인력을 이 파이프라인에서 공급받을 계획이라고 밝혔다.

워드프레스WordPress의 개발사인 오토매틱은 직원 채용 시 간단한 실무역량평가에 중점을 두는 많은 기술기업 중 하나다. 그들에게는 코딩 능력 외에도 완전히 탈중앙화된 업무 환경에서 원활하게 일할 수 있는 직원이 필요하다. 직원 대부분이 외부 감독이 거의 없는 환경에서 원격 근무를 하기에 기술적인 능력을 넘어 특정 유형의 사람들이 성공할 수 있기 때문이다. 원격으로 진행되는 역량평가는 이미 완벽한 평가 도구임이 입증된 바 있다. CEO인 맷 멀런웨그는 〈Inc.〉와의 인터뷰에서, 이 도구가 단순히 코딩 기술뿐 아니라 "지원자가 얼마나 자기 동기부여에 뛰어난지, 서면을 통한 의사소통에 얼마나 능숙한지(대다수가 인스턴트 메시지에 의존해 원격 근무를 하므로), 실수를 어떻게 처리하는지"를 보여 준다고 말했다.[5]

오토매틱의 채용 절차는 다른 기업들과 마찬가지로 이력서와 자기소개서를 제출하는 것으로 시작된다. 하지만 여기서부터 지원자는 텍스트 기반 메시지를 통해 1차 면접의 중심이 되는 간단한 연습 과제를 실시하게 된다. 결과가 좋으면 다음 단계로 코딩 과제를 부여받는데, 이에 대해 시간당 25달러가 지급되고 과제를 완료하는 시점도 본인에게 달려 있다(지원자 대부분이 다른 직장에 재직 중이므로 대략 한 달가량이 소요된다). 멀런웨그나 다른 최고경영진이 참여하는 최종 면접 또한 텍스트 메시지를 통해 진행되므로 면접관은 지원자의 인종이나 성별이 바로 드러나는 시각적 정보를 얻지 못한다. "최종 면접까지 통과한 이들 중 95퍼센트가 채용 제의를 받는다. 우리의 접근 방식이 효과적이라는 증거다." 멀런웨그는 〈Inc.〉에 이렇게 말했다.

기존의 면접 방식을 버릴 것

이제 신경전형인에 대한 우리의 채용 절차로 관심을 돌려 보자. 앞서 언급했듯이 우리도 처음에는 이력서와 공개 면접에 의존했고 그 결과 장엄하게 실패했다. 그것도 여러 번이나.

중간관리자인 파트장을 구할 때 우리는 이력서에 특수교육이나 사회복지와 관련된 경력이 있는 사람들을 우선적으로 선택했다. 그런 이들이 자폐가 있는 직원을 관리하는 데 필요한 경험과 기술을 갖추고 있을 것이라 생각했기 때문이다.

장애인, 특히 자폐가 있는 이들의 직업상담사로 일했던 렉스의 경우를 보자. 처음 렉스를 면접했을 때, 우리는 감격에 젖었다. 그는 따뜻하고 명랑한 데다 우리의 사명에 개인적으로도 헌신적이었다. 불우한 환경에서 자란 터라 힘든 일도 낯설지 않다고 했다. "이렇게 잠재성이 뛰어난 일에 기여할 수 있다니 매우 기대됩니다!" 그는 힘차게 고개를 끄덕였고 아버지와 나는 똑같이 신나서 흥분한 눈빛을 교환했다. 30년 이상 사업을 운영하면서 무수한 면접 경험이 있는 아버지도 나만큼이나 우리가 꿈에 그리던 직원을 찾았다고 확신했다.

하지만 '고용된 렉스'가 일을 시작한 후부터 우리는 '면접 때의 렉스'를 다시 볼 수 없었다. 적극적인 감독이 없는 한, 렉스는 해야 할 책임을 다하기보다 저 멀리 뒤편에 앉아 아이폰에만 정신이 팔려 있었다. 직속 직원이 일을 성공적으로 해내도록 돕는 데에도 전혀 관심이 없었다. 자폐가 있는 사람들과 함께 일했다는 경력은 사명감에서 우러난 것이 아니라, 근무시간이 짧고 유연하며 관리 감독이 거의 없는 직장에서 시간만 때우며 얻은 것 같았다. 라이징 타이드는 그런 곳이 아니었기에 나는 그를 해고해야만 했다.

그 후에도 우리는 채용에서 많은 실패를 겪었고 그제야 '뭔가 잘못하고 있다'라는 생각이 들기 시작했다. 그즈음 나는 면접에 관해 조사하기 시작한 참이었는데 그 과정에서 알게 된 사실에 깜짝 놀랐다. 한 연구에 따르면, 81퍼센트의 사람들이 면접 중에 거짓말을 한다. 대부분의 사람이 자신의 능력을 부풀리거나 심지어 완전히 거짓으로 꾸며내기도 한다. 평균적으로 사람들은 면접 시 15분마다 2.19번의 거짓말을 하며 거짓말을 가장 많이 하는 사람은 외향적인 사람과 기술직 면접을 보는 사람들이다.[6]

전통적인 방식의 비구조화 대면 면접은 거짓말을 가장 많이 조장할 뿐만 아니라 그에 대해 '보상'까지 지급하기 때문에 사실상 그러한 부정행위를 보장하는 것이나 다름없다. 잠시 면접자가 되어 생각해 보라. 특정 기술을 보유하고 있는지에 대한 질문을 받았을 때 정직하게 없다고 대답하면 취업할 확률이 낮을 것이라는 건 매우 합리적인 추측이다. 그러니 고용주는 면접 과정 전반에 걸쳐 정기적으로 부정확한 정보를 받게 된다.

부정확한 정보라는 문제점은 면접관이 합리적이지 않다는 점에서 더 악화된다. 털리도대학교에서 심리학을 전공하는 두 학생 트리샤 프리키와 네하 가다자인이 담당 교수 프랭크 버니에리와 합작한 연구 조사에 따르면, 대부분의 면접관은 면접을 시작한 지 10초 이내에 무의식적으로 지원자에 대한 평가를 내린다.[7] 남은 면접 시간은 앞선 편견으로 형성된 의견을 다시 확인하는 과정일 뿐이다. 별도의 연구에서 심리학자 론 프리드먼은 잘생기고 키가 크며 목소리가 굵은 지원자가 더 유능하고 지적이며 신뢰할 수 있는 사람으로 평가된다는 사실을 발견했다.[8]

무의식적 편견에 의한 성급한 판단은 구조화되지 않은 대면 면접의 효과를 떨어뜨린다. 채용 선발 방법을 다룬 지난 85년간의 연구에 대한 메타 분석에 따르면, 면접으로 지원자의 성공 여부를 정확하게 예측한 경우는 14퍼센트에 불과하다.[9] 잘못된 채용의 69퍼센트가 면접에서 기인하는 것도 이러한 관행이 널리 사용되고 있기 때문인지 모른다.[10] 면접에 의한 성과 예측 실패는 신입 사원에서부터 시간제 직급, 관리자, 심지어 CEO에 이르기까지 거의 모든 역할에 적용되는 듯 보인다.

효과적인 면접 설계하기

그렇다고 면접을 완전히 없앨 필요는 없다. 우리도 그러지 않았으니까. 우리는 신경전형인 직원을 구할 때 훈련과 구조화 면접을 병행한다. 구조화 면접이 면접의 모든 한계를 없애는 건 아니어도 최소한 면접 과정에서 주관성을 일부 제거할 수 있기 때문이다. 구조화 면접은 모든 지원자에게 동일한 질문을 던지기 때문에 그들이 업무에 적합한 기술을 보유했는지 아닌지를 비판적이고 객관적으로 평가할 수 있다. 각 면접관은 지원자의 답변을 독립적으로 평가하며, 때로는 공정한 평가를 위해 면접에 참석하지 않은 사람이 녹취록을 바탕으로 채점을 하는 경우도 있다.

라이징 타이드는 신경전형인 채용을 위해 구조화 면접으로 전환하면서 면접 과정을 개선할 수 있는 강력한 발판을 마련했다. 우리의 구조화 면접은 처음에는 매우 기초적인 수준에 불과했다. 15분 동안 겨우 질문 5개를 제시했는데, 항상 내가 질문을 던졌고 때때로 면접 자체를 나 홀로 진행하기도 했다. 하지만 지금은 문항 수가 거의 60개까지 늘었고 2~3명의 면접관으로 구성된 팀이 45분 동안 면접을 진행한다. 답변마다 점수가 할당되어 있으며 면접관이 1점부터 5점까지의 차이를 일관되게 구분할 수 있는 채점 기준을 제공한다. 덕분에 구체적인 점수를 매겨 평가하고 나면 해당 면접자가 우리의 특수한 환경에 잘 어울리는지 아닌지를 명확하게 파악할 수 있다.

예전에는 어떻게 면접을 개선할 수 있을지에 관해서도 혼자 고민했고, 내 직감과 기억에만 의존했기에 일관성이 부족했다. 하지만 이제는 면접 그 자체가 일종의 사내 지식창고로 이용되고 있다. 전 직원이 면접 과정을 보다 효율적이고 공정하게 만들 아이디어를 제공할 수 있으며, 정보가 쌓일수록 채용 성공 여부를 추적하고 가설을 세우고 개선 사항을 테스트할 수 있게 되었다. 최근에는 기존의 평가 기준이 명확하지 않다고 생각한 한 매니저가 직접 고안한 새 점수표를 가져와 제안하기도 했다(60쪽 참조).

현재 우리의 면접 과정은 '반드시 채용해야 하는 사람', '채용 가능한 사람', '채용하고 싶지 않은 사람'을 더욱 잘 분류할 수 있게 되었다. 채용 절차 데이터를 유용하게 활용하는 것은 이제 겨우 겉핥기 수준이지만, 우리가 이룬 진정한 성과는 나날이 조금씩 발전하고 있다는 점이다.

직무 오디션과 구조화 면접은 우수한 인재를 채용하는 데 있어 어느 회사에나 도움이 된다. 하지만 풍부한 사례를 지닌 기술업계를 제외하고는 아직 생소한 개념이다. 텍사스주 댈러스(즉 기술인접 지역)에 본사를 둔 크레데라Credera는 경영 및 IT 컨설팅 회사로, 채용 방식과 팀 개선을 위해 구조화 면접과 맥락 행동적 사고를 활용하고 있다. 크레데라는 매년 약 160명의 컨설턴트를 채용한다. 인재개발총괄인 알렉산드라 바소 무어가 회사에 합류했을 당시, 크레데라는 지원자의 출신 대학, 평균 학점, SAT 수학 점수 등과 같은 데이터를 기반으로 후보를 선발한 다음, 커피나 식사를 함께하는 '인성 면접'을 통해 최종 결정을 내렸다.

솔직성&정직성 문항

- 교사나 코치, 또는 상사로부터 심한 피드백을 받은 경험에 대해 말씀해 주시겠습니까? 그 상황이 어떻게 느껴졌나요? 그 후 어떤 부분에 변화를 주셨습니까?
- 팀원이 세차 프로세스를 준수하지 않아 이를 지적하고 바로잡아야 한다면 어떤 방식으로 처리하시겠습니까?
- 누군가 잘못을 저질러 시정해야 할 경우가 있었나요? 그 상황을 어떻게 처리하셨습니까?
- 최근에 잘못한 일이 있다면 말씀해 주십시오. 어떻게 대응했나요?
- 다른 사람에게 도움을 요청한 경험에 대해 말씀해 주십시오.

솔직성&정직성 채점 기준

낮음

❶ 피드백 제공자를 비난하거나 피드백을 무시 / 피드백을 제공한 예시를 들지 못함 / 피드백을 제공하는 종합적인 전술이 없음 / 잘못을 저지른 경험을 기억하지 못함 / 일반적으로 도움이 필요하지 않다고 말함

❷

보통

❸ 피드백이 중요하다는 데 동의 / 피드백을 제공한 경험에 대해 구체적이지 않은 사례 제시 / 피드백을 제공하는 전술이 세련되지 못함 / 잘못을 저지르거나 도움이 필요했던 경험에 대해 막연하고 통상적인 답변만 제시

❹

높음

❺ 피드백을 받는 데 대해 긍정적 관점 / 피드백을 통해 자신이 어떻게 향상되었는지 구체적으로 설명 / 피드백을 제공한 경험에 대해 구체적인 사례 제시 / 좋은 피드백을 제공하기 위해 구체적인 전술 사용 / 잘못을 저지르거나 도움이 필요한 경험을 쉽게 회상

무어는 구조화 면접이 2가지 문제점을 해결하기 위해 필요하다고 주장했다. 첫 번째 문제는 기존의 채용 절차가 기술적으로 숙련된 지원자를 식별하는 데에는 효과적이지만, 고객을 성공적으로 응대할 때 필요한 특정 '소프트' 스킬을 파악하는 데에는 미흡하다는 점이다. 크레데라 직원에게 필요한 것은 다재다능한 사회성 기술이었기 때문이다. "우리는 컨설팅 회사입니다. 우리의 제품은 바로 사람이죠." 인터뷰 당시 무어는 이렇게 말했다. "우리는 주로 고객 서비스를 제공하며, 컨설턴트가 고객을 대하는 방식 같은 요소야말로… 우리만의 차별화를 만드는 특이점이죠. 하드 스킬은 당연한 거고요."

무어가 생각한 두 번째 문제는 다양성이었다. 보다 총체적인 평가 절차를 사용하면 더욱 다양한 지원자에게 채용의 문을 열어 줄 수 있고 구조화 면접을 통해 누가 크레데라에 더 알맞은 인재인지 주관적 편견을 피해 판단할 수 있기 때문이다.

무어의 강력한 요청에 따라 회사는 지원자를 더욱 면밀히 파악하기 위한 명목으로 '인성 면접'을 없애고 구조화 면접으로 전환했다. 현재 크레데라의 채용 절차는 두 단계로 구성된다. 첫 번째는 하드 스킬 평가에 초점을 맞춘 일련의 구조화 면접이다. 이 단계가 끝나면 소프트 스킬을 평가하는 최종적인 구조화 면접이 진행된다. 모든 지원자는 정확히 동일한 질문을 받으며 면접관에게는 답변을 평가하는 데 도움이 되는 채점 기준이 제공된다.

고위직 임원들은 처음에 이러한 변화를 꺼렸다. 무어는 "오랫동안 유지해 온 기존의 면접이 더 낫다고 여기는 사람들이 있었습니다"라고 말했다. 그러나 이 새로운 절차로 효율성이 얼마나 향상되었는지 보여 주자 사람들의 인식도 바뀌기 시작했다. 기존에는 지원자당 7~9회의 면접이 진행됐지만 새로운 채용 절차에서는 4~6회로 줄었다. 이에 따라 필요한 면접관의 수도 8명에서 4~5명으로 줄었다. 면접 시간도 짧아졌다. 이 새로운 면접 방식을 통해 2021년에 크레데라는 채용담당 팀의 규모를 확장하지 않고도 전년 대비 94퍼센트나 많은 직원을(157명에서 305명으로 증가) 새로 고용했다. 이는 생산성이 확연하게 향상되었음을 의미한다.

소규모 비즈니스의 입장에서도 이는 반가운 소식이다. 나의 가장 큰 고충은 나 자신을 복제할 수 없다는 점이다. 우리 회사에는 나보다 높은 사람이 1명뿐이기 때문이다. 하지만 다행히도 이제는 제대로 설계된 구조화 면접과 이를 사용할 수 있는 적절한 훈련과 지원을 받은 직원들 덕분에 예전에는 불가능하다고 생각한 방식으로 면접 절차에서 한발 물러나 있을 수 있게 되었다.

크레데라의 새 프로그램은 아직 초기 단계다. 이를 통해 채용된 직원들이 예전 방식으로 채용된 직원들보다 더욱 성공적으로 업무를 수행하고 있는지에 관한 유의미한 데이터를 얻기까지는 시간이 다소 소요되기 때문이다. 다만 회사가 할당량을 지정하거나 채용 목표를 명시하지 않았음에도, 직원 유지율이 이미 개선되었고 인종 다양성도 증가했다는 점은 주목할 만하다.

채용 개선은 다양성 개선

직원의 다양성을 높이는 일은 대다수 비즈니스 소유주의 목표다. 비즈니스에 있어 동질성이 좋지 않다는 사실은 많은 연구 결과를 통해 밝혀졌을 뿐 아니라, 현실에서도 경험을 통해 상식이 되었다. 일부 기업들은 다양성을 위한 변화를 촉진하고자 채용 시 목표나 할당량을 지정하기도 한다. 그러나 할당제는 결과에만 집중하는 해결책일 뿐 숨어 있는 원인, 즉 잘못된 채용 방식 때문에 고용이 불평등해졌다는 사실을 무시하는 처사다. 반면 주어진 역할을 성공적으로 해낼 수 있는 개인의 능력을 정확하고 객관적으로 측정하는 시스템을 고안하여 그에 따라 채용 방식을 수정한다면, 다양성이 자연스럽게 실현될 것이다. 일부 비즈니스 업계는 '파이프라인 문제'로 지원자가 부족하다고 투덜댄다. 하지만 사실은 조악한 채용 관행 때문에 양질의 파이프라인을 구축하지 못한 것이다.

나 역시 우리 신경전형인 직원들이 지녀야 할 특수한 '역량'이 무엇인지 확실하게 이해하고 나서야 이를 깨달았다. 구조화 면접을 통해 신경전형인 중간관리자를 채용하는 데는 성공했지만 그보다 더 중요한 도약은 훌륭한 중간관리자가 될 수 있는 자질을 명확히 파악하게 된 것이었다. 오늘날 라이징 타이드의 구조화 면접은 이를 매우 효과적으로 평가할 수 있다.

나는 수년간 세차 전문가나 자폐가 있는 사람과 함께 일한 경험이 있는 지원자 등 우리의 비즈니스를 성공적으로 수행하는 데 필요한 '적절한' 직무 배경을 가진 인재들을 찾으려고 애썼다. 하지만 다른 많은 신생 사업체처럼, 그리고 많은 이가 말한 것처럼 우리는 기존의 틀에서 벗어나 있었다. 우리는 '전문가가 없는 영역'에 발을 들여놓고 있었던 것이다.

경력을 기준 삼아 직원을 채용했을 때는 실패했다. 이를테면, 초창기 매니저였던 마지는 30년 동안이나 높은 수준의 지원을 필요로 하는 자폐 아동을 돌보는 일을 했다. 그녀는 진심으로 사람들을 챙겼고, 세차라는 업무에 있어서도 포기할 줄 몰랐다. 일단 세차장에 들어온 자동차는 무슨 일이 있어도 완벽히 깨끗한 상태로 나가야 했다. 문제는, 그러기 위해서 그녀가 직접 세차를 해야 했다는 점이다. 적어도 그녀의 견해에 따르면 그랬다. 30년 동안 돌봄이 필요한 아동을 위해 모든 것을 다 해 주면서, 마지는 신경다양인 직원들을 의존적이고 가르칠 수 없는 존재로 여겼다. 마지가 그들을 무력한 존재로 대한 탓에 그녀가 감독을 맡을 때면 실제로 그들 모두가 무력해졌다. 그것이 마지를 내보낼 수밖에 없는 이유가 되었다.

이와 같은 현실 경험을 거치며 어느 시점에 문득, 깨달았다. 어떤 유형의 신경전형인 직원이 라이징 타이드에서 성공할 수 있는 지에 관한 '약간'의 데이터를 우리가 이미 보유하고 있다는 사실이었다. 당시 우리 회사에서는 정확히 3명의 상급 직원들이 자신감 있고 유능한 매니저로 성장하고 있었다. 그런데 이 중 누구도 세차 사업에 대한 경험이 없었고, 자폐를 가진 이들과 함께 일해 본 전문적 배경을 갖고 있지도 않았다. 셋 모두 학창시절의 성적도 좋지 않았다. 만일 우리가 학점을 선발 기준으로 사용했다면, 이들의 이력서는 쓰레기통에 버려졌을 터였다. 하지만 우리 세차장에서 가장 뛰어난 관리자들에겐 몇 가지 공통점이 있었다. 그들은 배움을 갈망하며 라이징 타이드에 들어왔다. 그들은 겸손하고 회복탄력성이 뛰어났다. 셋 중 둘은 거칠고 힘든 동네에서 자랐고, 자신을 인정해 주고 리더가 될 기회를 주는 직장에서 일하고 있다는 사실을 감사히 여겼다. 이 같은 자질이 그들을 좋은 결과를 얻기 위해 더욱 열심히 노력하는 훌륭한 코치로 만들어 주었다.

그들이 라이징 타이드의 성공적인 채용 사례가 될 수 있었던 것은 그들이 전문 기술이나 경험을 지녔기 때문이 아니라, 우리의 문화적 가치를 공유했기 때문이다. 우리의 문화는 회사의 성공에 매우 중요한 요소였다. 자폐가 있는 직원들에게 힘을 실어 주고 역량을 강화하려면, 연민과 인내심이 강하고 다른 이들의 성장을 돕기 위해 헌신하는 리더가 필요하다. 이러한 리더십을 갖춘 사람이 우리 회사의 문을 열고 들어오는 경우는 드물기 때문에, 이러한 자질을 중시하고 기꺼이 배우고자 하는 의지가 있는 사람을 찾는 것이 핵심이다. 시간이 흐르면서 나는 지원자가 우리 회사에 강력한 힘이 되어 줄 것임을 시사하는 15가지 행동 특성을 파악하게 되었다. 바로 근성, 겸손, 솔직함과 열린 마음openness, 신뢰성, 전문성, 성숙도, 목적의식, 규율성, 진취성, 적극성, 자기표현, 자기의식, 서비스 지향성, 기계적인 성향 그리고 사회 지능이다. 이것들이 바로 우리 회사의 '성패를 가르는' 기술이며, 그 외에 직원에게 필요한 다른 모든 것은 훈련으로 습득할 수 있었다(이러한 성격적 강점이 우리에게 중요하다고 해서 모든 회사에 중요하다는 의미는 아니다. 중요한 것은 회사의 고유한 니즈를 파악하고 이를 객관적으로 걸러 낼 절차를 만드는 것이다). 우리는 지원자의 강점을 평가하기 위해 각 특성마다 3~7개의 질문을 던진 다음 팀에 가장 중요하다고 생각되는 순서대로 각 항목에 가중치를 부여한다. 예를 들어, 다음 3가지 문항은 근성을 평가할 때 사용한다.

- 처음에는 잘하지 못했지만 나중에 잘하게 된 경험에 관해 말해 주세요.
- 심한 좌절감을 느꼈던 경험에 대해 말해 주세요. 그 일에 어떻게 대처했나요?
- 교사가 될 자질은 선천적이라고 생각하나요, 아니면 학습을 통해 기를 수 있다고 생각하나요?

기술 중시 프로필에서 행동 중심 프로필로 전환하자마자 우리는 곧바로 새로운 인재풀을 찾을 수 있었다. 나는 구인 게시판에서 대졸자를 찾는 대신, 구직자와 시급 일자리를 연결해 주는 웹사이트를 통해 직원을 모집하기 시작했다. 또한 학생들에게 취업 알선과 함께 고졸 수료증을 딸 수 있게 돕는 지역 프로그램도 활용했다. 한때 끊임없는 골칫거리였던 채용 파이프라인은 순조로운 흐름을 타기 시작했고, 그 뒤로 줄곧 원활하게 유지되고 있다. 기록적으로 낮은 실업률을 기록한 2017년과 팬데믹으로 다른 세차장들이 문을 닫고 차량 내부 세차팀을 해체하거나 좋은 직원을 찾지 못해 영업시간을 줄였을 때도, 라이징 타이드는 회사가 성장하면서 생겨난 자리를 충분히 채울 수 있었다. 지역 실업률이 3.4퍼센트를 기록했던 시기에도 마게이트 지점을 새로 오픈하자 500명이 넘는 지원자가 몰릴 정도였다.

많은 기업이 문화적 가치의 공유를 채용에서 중요한 성공 요인으로 인식하기 시작했다. 한 집단을 지배하는 일련의 사회 규범과 행동의 집합을 의미하는 조직 문화는 직원이 기술적으로 동일한 요건을 갖추고 같은 직무를 수행하더라도 어째서 어떤 회사에서는 성공을 거두고 어떤 회사에서는 실패하는지를 설명해 준다. 문화는 업무와 관련된 각각의 맥락을 구분하는, 정확히 규정하기는 어려우나 모든 것을 포괄하는 힘이다. 우리와 크레데라를 비롯한 많은 기업이 기술과 경험이 아닌, 성격적 특성을 기준으로 직원을 선발하기 시작한 것도 이 때문이다.

그러나 의도치 않은 결과가 발생할 수도 있다. '대단히' 명확한 정의와 구조를 마련하지 않은 채 '문화 적합성'을 평가하려 한다면 채용 절차가 굉장히 주관적으로 흘러갈 수 있기 때문이다. 공개 면접에서 기술 능력을 지나치게 경시하다 보면 종종 '내가 이 사람과 공항에 같이 갇혀 있고 싶을까?'라고 자문하는 구시대적인 테스트로 전락하게 된다. 또한 면접관이 기존의 조직 문화에 익숙하다는 점을 감안하면 조직 적합성이라는 것이 그들처럼 보이고, 말하고, 생각하는 것을 의미한다고 여기는 함정에 빠질 수 있다.

한편 라이징 타이드의 채용은 정반대의 결과를 가져왔다. 처음부터 끝까지 최대한 객관적이고 결과 지향적으로 설계된 대규모 채용 절차라는 맥락에서, 근성과 진정성 등의 문화적 특성을 추구했기 때문이다. 우리는 인종과 계급, 성적 지향에 있어 매우 다양한 직원들로 구성되어 있다. 우리 직원들 중 상당수는 라이징 타이드 울타리 밖에서라면 서로 의미 있는 방식으로 교류하기는커녕 얼굴을 마주칠 일도 없었을 것이다. 이들은 모두 다른 배경을 지니고 있고 서로 다른 방식으로 여가 시간을 보낸다. 그럼에도 불구하고 일단 일터에 오면 모두가 똑같이 끈끈한 소속감을 느낀다. 가치와 사명 그리고 모두가 함께 성장하고 있다는 공통된 인식으로 묶여 있기 때문이다.

표준 이력서와 면접에 의존하는 전통적인 채용 방식은 '인재'를 상황에 맞게 정의하지 못한다. 따라서 많은 비즈니스가 동일한 지원자를 놓고 경쟁하는 한편, 충분한 자격을 갖춘 다른 많은 인재를 고려 대상에서 배제하게 된다.

가능성 상자를 여는 실행 과제 1: 채용

실무역량평가 설계하기

- 역할을 수행하는 데 기능적으로 가장 중요한 기술(예: 차량 내부 청소, 직원의 문제 행동 지도, 영업상담 등)을 중심으로 훈련 과정 또는 실무역량평가를 설계한다.
- 명확한 합격 기준이 있어야 한다(예: 6분 이내에 3회 연속 세차 프로세스를 완벽하게 완수할 것, 적극적인 경청을 연습하고 개방형 질문을 사용해 직접적인 피드백을 제공할 것, 영업 절차를 준수하고, 평정심을 유지하고, 잠재고객을 대했을 때 40퍼센트 이상의 거래를 성사시킬 것 등).
- 실무평가를 훈련 과정으로 활용하여 선발되지 않은 지원자도 이러한 경험의 혜택을 누리게 할 수 있다.

면접 방식 개선하기

- 구조화 및 점수화된 면접은 평가나 오디션 없이도 훨씬 객관적인 채용 절차로 나아갈 발판을 마련해 준다.

- 기술과 행동 양쪽 모두의 측면에서 객관적인 채용 기준을 개발한 다음, 면접 중에 신중하게 평가하고 점수를 매긴다.
- 모든 면접에서 표준으로 사용할 비유도적 질문의 초안을 작성하여 지원자의 주요 행동이나 특성이 기준에 부합하는지 확인한다. 가령 성장형 사고를 하는 사람을 찾고 있다면 "교사가 될 자질은 선천적이라고 생각하나요, 아니면 학습을 통해 기를 수 있다고 생각하나요?" 같은 질문을 던질 수 있다.
- 질문을 작성할 때는 어려운 전문 용어를 피한다. 성장형 사고, 공감, 또는 투명성 부문에서 만점을 받을 수 있지만 이러한 추상적 단어가 무슨 뜻인지 모르는 직원이 있을 수 있다!
- 과거 행동 질문("~했던 때에 관해 말해 보세요"와 가정적 질문("사이가 좋지 않은 사람과 함께 일해야 할 상황에 놓인다면 어떻게 할 건가요?")을 모두 활용하라. 직장에서 일해 본 경험이 없는 지원자를 객관적으로 채점하는 데 도움이 될 수 있다.
- 1점부터 5점까지 각 점수를 명확하게 정의하는 채점 기준표를 작성한다(60쪽의 라이징 타이드의 솔직성&정직성 채점 기준 참고). 우리가 사용하는 채점 기준표는 구체적이고 상세한 답변을 할수록 높은 점수를 부여한다. 지나치게 일반적이거나 모호한 답변은 지어내기 쉽다. 반면 구체적인 사고 과정이나 경험에는 진정성이 반영되는 경향이 있다.
- 각 면접관이 지원자에게 독립적으로 점수를 매긴다.

행동 평가하기

직책에 필요한 기술 요건을 작성할 때 행동 요건을 함께 파악한다.

어떠한 성격 특성이나 가치관이 일터에서의 성공을 이끌 수 있을까?
회사에서 가장 뛰어난 직원의 도움을 받아 이 같은 목록을 작성하고
다듬어라.

Chapter

뛰어난 인재가
성공의 비결이라는 인식

✦ **혹시
당신의
회사도?**

- 훌륭한 상품이 있지만 이를 제대로 홍보할 수 있는
  사람은 나 하나뿐인 것 같다.
- 내가 손을 떼는 순간 상품과 서비스의 일관성이 떨
  어진다.
- 직원들은 행동이 느리고, 세세한 부분까지 신경 쓰
  지 않으며, 회사의 목표를 뚜렷이 이해하지 못한
  다. 일의 연계성이 떨어지고 주먹구구식으로 느껴
  진다.

세차장 개업이 어제 일처럼 기억난다. 그 순간을 '준비'하기 위해
우리는 수개월 동안 연구조사와 테스트에 매달렸다. 세차의 핵심
성과 지표와 모범 실무, 자폐증이 있는 직원들을 지원하는 구조의
필요성을 숙지했다. 직원들에게 차량 내부 청소와 왁싱, 디테일링
(자동차 본연의 모습을 최대한 복원 및 유지하는 세심한 세차 서비스-옮긴
이)에 대한 세분화된 프로세스를 한 달 이상 교육하고 훈련시켰고,
그러한 훈련 과정을 연구하고 설계하는 데에만 1년을 투자했다.

CCO인 내 역할은 일상적인 회사 운영이었고, CEO인 아버지의 역할은 우리가 성공의 길로 나아가게 하는 것이었다. 2013년 4월 2일 아침, 나는 15명으로 구성된 직원들을 둘러보았다. 그들은 라이징 타이드의 새 유니폼인 폴로셔츠와 카키색 반바지를 입고 있었다. 드디어 일을 시작할 만반의 준비를 갖춘 채 한껏 들뜬 표정이었다. 아버지도 우리와 함께 계셨다. 앤드루는 어머니와 뉴욕에서 플로리다로 이사 올 준비를 마무리 짓고 있어서 7월까지는 우리 직원으로 합류할 수 없었다.

아버지와 나는 얼굴을 마주 보며 고개를 끄덕였다. '그럼 시작해 볼까?' 나는 우리 세차장이 있는 하얀 테라코타 지붕 건물에서 나와 주차장을 가로질러, 고객들이 차를 몰고 들어올 입구에 세워 놓은 안전 고깔을 치웠다. 그렇다, 드디어 라이징 타이드가 영업을 시작한 것이다. 나는 고객에게 서비스를 제공하고 자폐가 있는 이들을 고용하여 신경다양인에 대한 사회의 관점을 바꿀 수 있을 거란 생각에 한껏 신이 나 있었다!

그와 거의 동시에 하늘에 먹구름이 밀려왔다. 잠시 후 우르르 쾅쾅 천둥소리가 들리더니 번개가 번쩍였다. 나는 생각했다. '이것이 미래를 암시하는 징조라면 큰일인데.' 세차 업계에서 비는 곧 고객이 오지 않는다는 뜻이다. 지금 돌이켜보면 4월에 비가 자주 내린 것은 그로 인해 현금을 불쏘시개처럼 태우게 되긴 했어도 우리에게 커다란 축복이나 다름없었다. 왜냐하면 해가 '나서' 고객이 세차장에 줄을 설 때마다 난리가 났기 때문이다. 마이크 타이슨의 말이 옳았다. "누구나 얻어맞기 전까진 다 계획이 있다."

세차장 운영을 배우는 일은 무척이나 벅찼고, 내게는 과분한 일이었다. 소규모 자영업자라면 알겠지만 어떤 업계이든 표면 아래에 미묘한 문제들이 숨어 있는 법이다. 나는 막 그 현실 속에서 헤엄치기 시작한 참이었다. 나는 기계를 다룬 경험이 전혀 없었다. 말 그대로 렌치를 돌리거나 펜치를 잡을 줄도 몰랐다. 세차장에 얼마나 많은 기계 장비가 있는지를 생각하면 그야말로 불행한 일이 아닐 수 없었다. 나는 모든 것을 빨리 배워야 했다. 장비가 작동하지 않으면 돈을 벌 수 없고, 그러면 자폐가 있는 직원들에게 지속적인 일자리를 제공할 수 없기 때문이었다. 처음 몇 달간 나는 수없이 많은 긴 밤을 보내고 이른 아침을 맞거나 허다하게 렌치를 집어 던지곤 했다. 매일 밤 잠자리에 누우면 '한 달 안에 망하고 말 거야'라는 말이 머릿속을 떠나지 않았다. 이 말은 내가 한 생각이 아니라, 실제로 어떤 고객이 내게 한 말이었다.

하지만 가장 끔찍한 문제는, 우리 신경다양인 팀원들이 일을 제대로 해내지 못하고 있다는 사실이었다. 그들은 손이 느렸고, 스트레스를 받았으며, 작업 결과도 좋지 않았다. 신경전형인 직원들은 그것이 자폐가 있는 이들이 할 수 있는 최선이라고 생각하며 동료들이 한 일을 바로잡느라 정신이 없었다. 이는 우리 직원의 80퍼센트(엉망진창 리더인 나를 포함해)가 제대로 기능하지 못하고 있다는 문제를 더욱 악화시켰다. 나 자신의 무력함에 일부 책임이 있는 것도 사실이었지만, 그 모든 연구조사와 엄격한 훈련에도 불구하고 자폐가 있는 직원들이 대량의 세차 수요를 처리할 능력이 되지 않는다는 사실은 크나큰 걱정거리였다.

하지만 완전히 틀린 생각이었다.

내가 모든 것을 다시 생각하게 된 것은 직원 댄이 큰 소리로 외친 말 때문이었다. 댄은 우리의 입사 최소 기준 연령인 열여섯 살이 된 지 며칠도 안 되어 우리 회사의 로비로 걸어 들어왔다. 그는 훈련 프로그램을 뛰어난 성적으로 마치고 바로 세차 직원으로 일하기 시작했다. 댄은 신체능력이 뛰어났고 장시간의 교대 근무에도 빠르게 적응했다. 하지만 우리의 작업 환경은 그를 감정적 위기에 빠트렸다. 댄은 혼란스러운 분위기와 내 조바심 그리고 조용했다가 갑자기 분주해지는 급작스런 변동성을 견디지 못했다. 그럴 때마다 댄은 고래고래 악을 쓰며 울화통을 터뜨렸다. "고객들이 우리 삶을 힘들게 하려고 한꺼번에 몰려오는 것 같아!" 댄은 이런 식으로 고함을 질렀다. 댄의 넋두리 중에 내가 개인적으로 가장 좋아하는 말은 이것이었다. "왜 다들 자기 차를 직접 청소하지 않은 거야? 이렇게까지 더러운데!" 힘들어하는 직원들은 많았지만 실제로 목소리를 내어 불평하는 것은 그뿐이었다. 그러다 보니 나도 지쳐서 댄의 말을 무시하는 버릇이 생겼는데, 어느 날 유독 바쁜 시간대에 댄이 또다시 화를 벌컥 냈다. 어느 차량의 골든리트리버 털로 뒤덮인 바닥 깔개를 청소해야 했는데 반려동물 털 제거기를 찾을 수 없었던 것이다. 그때 문득 댄이 화를 내며 소리친 말이 내 귀에 들어왔다. "전부 다 엉망이야! 이런 데서 내가 어떻게 일을 해?"

댄의 입장이 되어 주위를 한 바퀴 둘러보니 우리의 일터가 새로운 관점으로 눈에 들어왔다. 세차가 한창인 현장을 상상해 보라. 시끄러운 소음, 사방에 튀기는 물방울, 위험하게 움직이는 부품들. 곳곳에 널려진 수건과 사람이 북적거리는 좁은 공간에 어지러이 팽개쳐져 있는 공구들까지. 컨베이어에서 나온 차량은 내부 청소를 받으려면 어디로 가야 할지 몰라 헤매고 있었고 직원들도 예외가 아니었다. 게다가 나도 별반 다를 바가 없었다!

댄이 분통을 터뜨리긴 했어도 그의 말은 전적으로 사실이었다. 모두의 스트레스를 불러일으키는 근본 원인은 바로 무질서와 비체계적인 행동에 있었다. 이를테면, 일이 정신없이 바쁜 와중에 깨끗한 수건이 떨어지거나 유리세정제를 찾지 못하면 직원들이 하나씩 정신적인 붕괴를 일으키기 시작했다.

자폐가 있는 직원들은 일을 못해서 실패한 게 아니었다. 그들이 실패한 것은 '우리'가 비즈니스를 올바르게 운영하지 못해서였다. 나는 이제 어떤 규모의 비즈니스에서든 흔히 발생하는 근본적인 실수가 무엇인지 안다. 그것은 바로, '최고를 고용하면 최고가 될 것이다'라는 사고방식이다.

그러나 라이징 타이드에서의 내 경험(사회과학과 데이터로 보완된)은 다른 이야기를 들려준다. 그건 앞뒤가 바뀐 생각이다. 성공의 조건은 오히려 그 반대다.

훌륭한 비즈니스 → 훌륭한 인재

물론 모든 개인에게는 각각의 강점과 한계가 있다. 하지만 그러한 강점과 한계가 어떤 모습으로 발현되느냐는 온전히 업무의 상황과 맥락에 달려 있다. 특히 비즈니스와 그 운영이 가장 기본적인 수준에서 얼마나 잘 설계되어 있는지가 중요하다.

인재 확보에 집착하는 조직은 채용에 많은 에너지를 쏟는 반면, 직원 경험에는 상대적으로 관심을 덜 주는 경향이 있다. 어떤 부문에서든 약 50퍼센트의 노동자가 '역할 모호성'을 경험한다. 간단히 설명하자면, 자신의 업무와 책임을 정확히 이해하지 못하고 이를 성취하기 위해 어떤 프로세스를 사용해야 하는지도 알지 못하는 것이다.[1] 이러한 명확성 부족은 조직에 큰 타격을 준다. 학계의 연구에서도 일관되게 동일한 결과가 나타나는데, 자신의 책임을 이해하지 못하고 어떤 결과를 달성해야 하는지 명료한 지침을 받지 못하면, 스트레스를 많이 받고, 업무참여도가 떨어지며, 협동성이

하락하고, 생산성이 줄며, 서비스 수준이 감소한다.[2] 자신의 책임을 알지 못하거나 업무 수행에 필요한 지원을 받지 못하면 자신이 일을 잘하고 있는지 확신할 수 없고, 엉뚱한 곳에 에너지를 집중하게 되기 때문이다. 반면 지난 10년간 다양한 연구조사 및 사례 연구에 따르면, 반복 작업을 정해진 프로세스대로 수행하도록 요청할 경우 직원들의 업무 효율성이 향상했다.

우리는 세차장을 개업하기 전에 예비 직원들에게 세차 프로세스를 훈련시켰지만, 이는 세차장을 원활히 운영하는 데 필요한 하나의 조각에 불과했다. 게다가 그밖에 다른 부분에는 신경 쓰지 않아 일관성이 없었고, 그런 혼란 속에서 이미 존재하던 프로세스마저 무너지고 있었다. 이 사실을 가장 먼저 알아차린 사람은 아버지였다. 우리의 작업 라인을 면밀하게 지켜본 아버지가 나를 자신의 사무실로 불렀다. "우리가 만들어 놓은 프로세스를 따르지 않고 있잖아!" 아버지는 노련한 기업가이자 사업자금을 대는 투자자로서 우리가 총체적인 시스템 붕괴에 직면해 있음을 실감하고 계셨다. 우리의 비즈니스가 위기에 놓인 것은 가장 기본적인 것, 즉 비즈니스를 원활하고 효율적으로 운영하는 데 필요한 수많은 결정을 무시했기 때문이었다. 우리는 직원들에게 채용 절차에 해당하는 것 외에는 다른 아무것도 교육하지 않았다. 모든 것을 실전으로 가르쳤기 때문에 일관성과 효율성도 극도로 떨어졌다.

직원 고용과 상관없이 성장과 규모 확장에 어려움을 겪고 있다면 우수한 성과를 내기 위한 비즈니스 설계에 실패했을 가능성이 매우 크다. 신경전형인 직원들은 어수선한 업무 환경에서 그럭저럭 일을 해낼 수 있지는 몰라도 최고의 성과를 내지는 못한다. 상품이나 서비스가 이론적으로 얼마나 독창적이든 결과는 늘 평범할 것이다.

팀의 80퍼센트가 신경다양인으로 구성되어 있는 우리는 늘 비즈니스의 생존을 위해 싸워야 하므로 모두의 역량을 강화해 주는 시스템을 설계해야 했다. 비즈니스 운영 초기, 혼란스러운 환경 속에서도 신경전형인 직원들은 어떻게든 버텨 나갔다. 만일 우리 회사가 100퍼센트 완전히 신경전형인으로만 구성되어 있었다면 앞서 존재했던 다른 수많은 회사처럼 크게 번창하지는 못한다 해도 그럭저럭 살아남았을 것이다. 그러나 우리는 모든 비즈니스 영역에서 비효율성과 형편없는 서비스, 또는 기타 문제점을 야기할 수 있는 모호한 절차를 명확한 프로토콜로 대체해야 했고, 그 덕분에 결국 성공을 거둘 수 있었다.

혼돈에서 명확함으로

댄의 불평이 내게 경종을 울려 주었다면, 마이클 거버가 쓴 《사업의 철학》은 우리가 나아갈 길에 관한 건설적인 비전을 제시해 주었다. 이 책에서 거버는 파이가게의 주인인 사라를 돕는다. 사라는 파이 굽는 것을 좋아해 가게를 열었지만, 사업을 운영하는 것이 녹록치 않자 파이를 싫어하게 되었다. 책장을 넘길 때마다 마치 거버가 내게 말을 하고 있는 듯한 착각이 들었다. '내가 사라였다.' 내가 바로 '조금씩 미쳐가는' 자영업자였다. 매일같이 일을 그만두고 싶었다. 내 동생의 미래와 우리 가족의 재정이 걸려 있었기에 그럴 수 없었지만, 대체 어떻게 해야 이 사업을 성공시킬 수 있을지 알 수가 없었다.

거버가 해답을 알려 주었다. 나는 우리의 비즈니스를 특이하고 고유한 것이 아니라, '복제 가능한' 것으로 간주해야 했다. 우리는 이미 훈련 프로그램을 통해 이를 해낸 바 있었다. 앞장에서 말한 것처럼 우리는 훈련 프로그램을 여러 차례에 걸쳐 조금씩 수정하고, 문서화하며, 테스트하여, 다듬었다. 이제는 비즈니스의 다른 부문에도 똑같은 일을 해야 했다. 턴키turnkey 프랜차이즈를 구축하듯 모든 세부사항을 철저하게 고려하면서 말이다.

생각해 보면 너무도 당연한 일 아닌가! 게다가 신기하게도 우리의 사명 및 비전과도 완벽하게 일치하는 일이기도 했다. 우리 팀원들에게는 정립된 구조가 필요했고 우리 회사에는 비즈니스를 확장할 구조가 필요했으며, 솔직히 내게는 제정신을 유지하기 위해서라도 구조가 필요했다. 심지어 거버는 기술적 지식이 부족하다는 내 문제를 잠재적인 강점으로 여겼다. 이제 나는 모든 일에 직접 손을 대기보다 비즈니스를 운영하는 법을 배워야 했기 때문이다. 거버는 수백만 소규모 비즈니스 소유주들의 자구책이 될 수 있을 뿐만 아니라 신경다양성 직원을 지원할 기반이 될 전략을 개발한 셈이다.

하지만 이토록 빤한 일을 왜 그동안 나는 못한 것일까? 어째서 오직 소수의 비즈니스 소유주만이 이를 해낼 수 있었던 걸까? 사업에 뛰어든 많은 이가 나와 비슷했기 때문이다. 우리는 비즈니스를 복제 가능하게 만들어 주는 것이 아니라 독특하고 고유하게 만드는 것에만 초점을 맞췄다. 만약 나에게 사업 '운영 매뉴얼'이 있었다면 대부분이 백지였을 거라는(그것도 더러운 얼룩 때가 묻은) 사실을 깨닫는 데에는 그리 오래 걸리지 않았다. 나는 '아마추어는 전략을 논하고 전문가는 병참을 논한다'라는 오래된 군대 격언의 본보기나 다름없었다. 나는 정말로 아마추어에 불과했다. 다른 창업가들이라면 프로세스를 만들고 준수하는 것을 거부하게 만드는 믿음에 관한 아툴 가완디의 말에 공감할 것이다. "진정으로 위대한 이들은 대담하다. 그들은 즉흥적으로 행동한다. 프로토콜도 체크리스트도 없다."[3] 그들은 창의성과 독창성, 배짱을 중시한다. 프로세스 지향적이고 체계적이라고? 그건 좀. 그런 건 '사업가'들이나 하는 짓이 아닌가.

하지만 '체계적이고 신중하게 설계하는 것'은 기질이나 특성이 아니다. 그것은 '최종 상태'의 결과물이다. 모든 책상 서랍에 서류

를 쉽고 안전하게 보관할 수 있는 폴더가 가득 찰 때까지 그 책상
은 제대로 정리된 게 아니다. 어떤 사람이나 비즈니스도 프로세스
지향적이 될 수 있다. 다음 세 단계로 시작해 보라.

❶ 시간을 할애한다: 먼저 앞에서 비유한 것과 같은 폴더를 만들어야
한다. 거버의 말처럼 비즈니스 자체가 아니라 비즈니스를 운영하는 데
전념할 시간을 따로 마련하라. 이를 최우선 순위로 여겨본 적이 없다면
지금이 바로 그래야 할 때다. 매주 운영에 필요한 시간을 따로 떼어 놓
아야 한다. 처음에는 매주 금요일 단 30분이라도 좋다. 다만 반드시 구
체적인 시간을 정해 놓아야 한다.

❷ 기본적인 것부터 시작한다: 프로세스를 개발하는 것은 힘든 일이므
로 가장 기본적인 것에서부터 시작하는 것이 좋다. 고객에게 정기적으
로 영향을 끼치거나, 일터를 안전하게 만들 수 있거나, 직원들 사이에
가장 큰 마찰을 일으키는 사항들을 해결하는 프로세스에서부터 시작하
라. 일단 본인의 입장에서 한 발짝 뒤로 물러나 근본적인 문제를 파악
한다. 가버는 특히 고객의 시선으로 비즈니스를 살펴볼 것을 권고한다.
물론 이것도 중요하지만 그 전에 직원의 눈으로 비즈니스를 평가해 보
길 바란다. 댄이 감정을 폭발시킨 일은 제대로 기능하지 못한 직장 환경
을 맞닥뜨리면 모든 직원이 극단적일 순 있어도 정상적인 반응을 보인
다는 사실을 깨닫게 된 유레카의 순간이었다.

❸ **문서화한다:** 그렇다. 프로세스는 문서화하여 기록을 남겨야 한다. 머릿속에만 존재한다면 다른 이들과 공유할 수 없고 일관성을 유지하거나 반복적인 개선을 일구기도 힘들다. 그중에서 최악은 '적어 두지 않으면 잊어버린다'는 것이다. 항상 인지적인 부담이 되다 보니 한시라도 마음을 내려놓고 편안한 시간을 보낼 수가 없다. 비즈니스의 이상적인 운영 방안에 대해 반드시 문서화하여 남기기 바란다.

다시 라이징 타이드로 돌아와서, 나는 비즈니스를 운영하는 데 몰두했다. 솔직히 말하자면 잠시라도 손을 뗐다간 사고가 일어날 것 같아서 일부러 더 오래 일했다. 잠을 제대로 못 자는 날도 있었다. 우리는 조금씩 배의 방향을 바로잡아 나가기 시작했다. 일단 무엇보다 먼저 세차 프로세스가 제대로 준수되는지 감독했다. 그러자 자폐가 있는 직원들의 작업 수준이 곧바로 향상되기 시작했다. 움직임이 빨라졌고, 눈에 띄게 스트레스가 줄었으며, 세차의 질 또한 극적으로 개선되었다. 정해진 프로세스나 지시를 따르지 않거나, 일을 제대로 하지 않는 신경전형인 직원들의 문제도 드러났다. 그들은 신속하게 해고되었고 그 자리는 자폐가 있는 직원들로 대체되었다.

이후 체계적인 조직화가 이뤄졌다. 가장 먼저 확실한 차량 대기 시스템을 설계해 세차가 끝난 차량을 애프터케어를 위해 정확히 어디로 안내해야 하는지 알 수 있게 했다. 분실을 방지하기 위해 고리와 클립을 이용하는 시스템을 구축함으로써 자동차 키와 영수증을 정리했고, 덕분에 각 차량에 어떤 서비스를 제공했는지 항상 알 수 있었다. 또 업무 환경을 재구성해 일관적이고 시각적으로 만들었다. 세차에 사용하는 유리세정제와 다용도병, 수건과 수건보관함, 빨래 주머니에 이르기까지 모든 것을 색깔로 구분하고 빨래 주머니를 정확히 어디에 배치해야 하는지에 관한 규정도 만들었다. 모든 도구가 있어야 할 올바른 위치와 정리 방법 및 정확한 개수도 그림을 통해 지시했다. 그러자 세차 속도가 향상되고 훨씬 더 전문적인 느낌이 풍겨 고객들도 좋아했다. 우리는 가능한 모든 것을 단계별로 구축하고 일정표에 포함했다. 심지어 노동효율성을 실시간으로 측정하는 맞춤형 앱을 구축함으로써 인력 관리가 얼마나 잘되고 있는지 이모지를 사용해 표시했다.

마침내 올바른 방향으로 나아가고 있다는 느낌이 들기 시작했다. 우리는 아침에 매장의 조명을 켜는 방법부터 밤에 문을 잠그는 법, 작업 환경을 설계하고 직원들을 지도하고 훈련하는 방법, 훌륭한 서비스와 피드백을 제공하며 어려운 대화를 다루는 방법에 이르기까지 운영의 모든 측면을 아우르는 새로운 구조와 구체적인 프로세스 그리고 새로운 훈련 방식을 매일 같이 실행했다. 시간이 지나면서 이처럼 구조화된 업무 환경은 자폐가 있는 직원들의 역량을 강화했을 뿐만 아니라, 신경전형인 직원들의 빠른 성장을 도왔으며, 이러한 절차를 존중하는 일관된 문화가 조성되었다. 공정화 및 체계화는 모든 사람이 능력을 발휘하게 돕고 직원들의 빠른 성장을 가능케 한다. 이제 우리는 3~6개월이면 신입 사원을 유능한 매니저로 성장시킬 수 있다.

당시에는 구조와 명확성이 조금씩 향상될 때마다 강한 성취감이 들었다. 팀 전체가 자신이 하는 일에 더 큰 자부심을 갖기 시작했고, 같은 언어를 공유하며 고객들의 감탄을 이끌어 냈다. 불확실하고 스트레스로 가득했던 엉망진창 일터가 어느새 매일 출근해 자신의 가치를 증명하고 싶은 곳으로 바뀐 것이다.

라이징 타이드에서 업무 프로세스를 구축할 때 가장 큰 도움을 준 것은 2가지 도구, 바로 시각적 시스템과 체크리스트였다.

시각적 시스템

비즈니스에서 사람들이 문서화된 프로세스나 시스템을 구축하지 않는 이유는 무엇일까? 고유성이라는 '마법'에 지나치게 초점을 맞추는 것 외에도 또 다른 이유가 있다. 많은 이가 그것을 이를 뽑는 것과 비슷하게 여기기 때문이다. 프로세스를 구축하려면 아주 세세한 부분에까지 넌더리가 날 정도의 세심한 주의와 집중이 필요하다. "이쪽 방향으로 닦나요, 아니면 저쪽 방향으로 닦나요?" "왼쪽에서부터 시작하나요, 오른쪽에서부터 시작하나요?" 우리 팀원 중 몇몇은 이런 과정에 참여하는 것을 고문처럼 여긴다. 어쩌면 문서화에 대한 이런 태도가 마침내 매뉴얼이 완성되었을 때 종종 발생하는 일을 설명해 주는지도 모른다. 공들여 만든 매뉴얼이 영원히 책장에만 꽂혀 있거나, 교육 과정이 끝난 뒤로는 무시되거나, 아니면 영원토록 제대로 숙지되지 못하는 것 말이다.

프로세스 매뉴얼은 사실 형편없는 도구다. 일단 사용자 친화적이지 못하다. 일반적으로 매뉴얼은 실제로 그 정보가 필요한 상황이나 맥락과 동떨어진 경우가 많다. 솔직히 바쁘고 급할 때, 정말로 그 정보가 필요할 때 길고 장황한 설명서를 뒤적이는 건 불가능하다. 또 매뉴얼은 작성자 중심의 언어로 쓰여 있기에 읽는 사람에게 혼란과 어려움을 초래할 수 있다. 우리 팀의 경우 일부 직원들은 문자를 읽는 것 자체를 어려워한다. 이는 자폐가 있는 사람들에게만 해당되는 문제도 아니다.

여기 그보다 더 좋은 방법이 있다. 라이징 타이드의 고유한 사명 덕분에 우리는 유용한 해결책을 고안해 낼 수 있었다. 프로세스를 문자로 설명하는 매뉴얼 대신 '시각적 시스템'을 도입한 것이다. 이러한 접근법을 수용하게 된 데에는 특수교육 전문가인 스테이시 울프와 안드레아 탐바스코의 공이 컸다. 이들은 우리의 비즈니스 초기부터 그림문자와 색상 코딩 및 코팅 자료들을 활용해 훈련 내용을 설계하고 신경다양인을 지원하는 일터 환경을 만드는 일을 도와주었다.

원래 모든 세차장은 빠른 속도로 움직이는 작업 환경을 지원하기 위해 시각적 요소들을 활용한다. 가령 수건을 용도에 따라 색상으로 구분하는 것 등이 그렇다. 우리는 시각화 전문가인 그웬돌린 갤스워스의 영향을 받아 거기에서 한 단계 더 나아갔다. 라이징 타이드에서는 우리의 '일터' 그 자체가 매뉴얼이다. 직원들이 직무를 수행하는 데 필요한 모든 정보가 세차 작업장이나 직원들이 사용하는 태블릿에 색상 코딩, 기호, 라벨, 아이콘 및 이미지의 형태로 시각화되어 있기 때문이다(88쪽 그림 참조). 더불어 코로나19를 겪은 후, 우리는 다른 많은 기업과 마찬가지로 QR 코드가 주요 정보를 빠르게 전달할 수 있는 효과적인 도구임을 깨달았다.

갤스워스는 록히드마틴, 모토로라 등의 대기업과 함께 시각 시스템을 구축하여 수백만 달러 규모의 투자수익률을 창출하였는데, 자신의 저서 《이치에 맞는 일Work That Makes Sense》에서 시각적 시스템의 장점을 다음과 같이 요약한다. "일터의 바닥이 단순히 발을 딛는 곳에 그치는 것이 아니라 실제 업무를 능동적이고 정확하게 수행할 수 있게 도와준다면 당신의 하루가 어떻게 달라질까? 벽면은 물론이고 공구와 테이블, 선반, 카트, 자재, 기계를 비롯해 작업 공간에 있는 모든 물건이 업무를 수행하는 데 도움이 된다면? 일터의 벽이 안전, 품질, 비용, 납기 등 일상적인 업무 성과를 매일, 매주, 매해 달성하는 데 도움을 주는 적극적인 파트너가 된다면 어떨까?"

쓰레기통에 크기가 꼭 맞는 봉지를 끼우세요.

정확한 크기의
비닐봉지 사용

검은 통 입구 가장자리에
비닐봉지의 남은 부분을
끼워 넣습니다.
금속 링을 사용하거나
묶어서 고정합니다.

비닐봉지가 뜨지 않도록
입구 주위로 딱 붙입니다.

직무 내용을 이미지의 형태로 시각화해 업무 수행에 도움을 준다.

　시각적 시스템을 구축하면 누구나 그 과정에 참여하고 싶어 할 것이다. 어떤 색상을 쓸지, 물건을 어디다 놓을지, 어떤 모습으로 꾸밀지를 고민하는 일은 재미있다. 우리 세차장만 하더라도 표준 문서를 작성할 때에 비하면 사람들의 반응이 극과 극이었다.

　한때 우리는 현금잔고 관리에 문제를 겪고 있었다. 마감 때 계산해 보면 한 30퍼센트 정도의 확률로 잔고가 실제 있어야 할 금액보다 부족하거나 더 많았다. 현금관리 시스템에 기록된 금액과 결산 담당자가 보고하는 금액 사이에 큰 차이가 나타났기 때문이다. 그래서 우리는 매니저가 돈을 세는 모습을 관찰하기 시작했다. 그중 우리가 특히 주의 깊게 살핀 직원은 차액을 가장 자주 보고하는 루카스 마칼루소였다. 시작은 순조로웠다. 금액별로 단정하게 쌓인 지폐, 숫자를 틀리지 않으려고 잔뜩 긴장해서 굳은 루카스의 표정. 하지만 얼마 지나지 않아 책상 위에서 지폐 더미가 뒤섞이기 시작했고 루카스의 머릿속에서 숫자가 뒤엉키는 것이 눈에 보이는 것 같았다. 다른 직원을 관찰했을 때도 비슷한 혼란을 목격할 수 있었다.

우리는 루카스와 의견을 모아 '머니매트'라는 해결책을 고안해 냈다(90쪽 그림 참조). 머니매트는 화이트보드용 시트지인데, 매니저들이 정산 시에 사용할 수 있도록 늘 책상 위에 붙어 있다. 매트에는 각 액수의 돈을 정확히 어디에 놓아야 하는지 선이 그려져 있어 훨씬 쉽게 계산하고 기록할 수 있다. 머니매트를 사용한 뒤로 정산 시 오류 발생률은 4퍼센트까지 크게 줄었다. 그리고 기존 시스템과 달리, 머니매트는 사용을 위해 교육이나 훈련이 따로 필요하지 않다. 매니저가 알아야 할 모든 것이 매트 위에 적혀 있기 때문이다. 또한 머니매트는 매니저가 정해진 프로세스를 따르고 있는지를 한눈에 확인할 수 있어 감사용으로도 유용한 시각적 도구가 되었다.

시각적 시스템의 기본 원칙은 일터에서의 정보가 행동이 된다는 것이다. 업무의 정확도를 높이려면 가능한 한 정보를 행동이 발

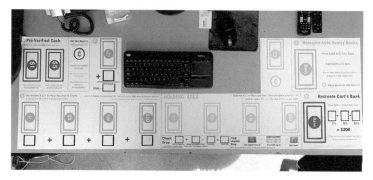

정확한 정산을 돕는 '머니매트'

생하는 장소와 가까운 곳에 배치하되 최대한 간단하고 직관적인
방식으로 전달해야 한다. 매뉴얼에 몇 문장으로 길게 설명해야 하
는 행동도 올바른 위치에 간단한 화살표 하나만 그리면 해결될 수
있다. 문자 그대로 '한 장의 그림이 천 마디 말보다 나은 것'이다.

체크리스트

내가 체크리스트의 놀라운 힘에 눈을 뜰 수 있었던 건《체크! 체크
리스트》의 저자 아툴 가완디 덕분이다. 덕분에 이제 우리 직원들
은 우리가 구축하고 교육한 프로세스를 더욱 정확히 수행할 수 있
게 되었다.

　가완디는 중압감이 심하고 극도로 혼잡한 환경인 응급실에 체
크리스트라는 매우 간단하지만 효과적인 개념을 관리 도구로 도

입함으로써, 중환자 치료에 혁신을 가져온 것으로 유명하다. 다른 분야의 전문가들과 마찬가지로, 처음에 일부 의사들도 체크리스트라는 아이디어에 저항했다. 융통성이 떨어지고 제한적이며 불필요하다는 이유에서였다. 가장 일반적인 반응은 "전문가에게 체크리스트 같은 게 왜 필요한데?"였다. 그러나 얼마 지나지 않아 세계 곳곳의 응급실 수술팀들은 체크리스트가 제한적인 것과는 오히려 반대라는 사실을 신속하게 깨달았다. 체크리스트가 기계적이고 반복 가능한 업무에서 오는 인지과부하를 낮춰 응급실에서 발생할 수밖에 없는 복잡하고 역동적이며 새로운 활동에 집중할 수 있게 했다. 응급실에서 체크리스트는 사람의 생명을 구하고 나아가 더욱 명확하고 상호이해적인 업무 프로세스를 형성해 팀의 협업을 돕는다. 가령 체크리스트를 활용하면 프로세스가 모호하거나 의사가 일을 '단독적'으로 진행하면서 어떤 단계를 빠뜨릴 경우, 간호사가 훨씬 편하게 이를 지적할 수 있다.

라이징 타이드는 매장을 열고 닫을 때 체크리스트를 활용함으로써 세차장을 원활하게 운영하는 데 필요한 수십 가지의 일상적인 유지보수 필요사항을 관리한다. 또 시간이 지남에 따라 첨단기술을 활용하게 되었는데, 2016년에는 졸트Jolt라는 앱을 사용해 태블릿으로 체크리스트를 관리하기 시작했다(졸트는 당시에 주로 레스토랑에서 사용하는 앱이었지만, 지금은 세차 업계에서도 널리 사용되고 있다. 우리는 이를 가장 초기부터 활용한 세차장이기도 하다). 매니저들이 세차장을 돌아다니며 벽에 걸린 QR 코드를 스캔하거나 사진을 찍어 필요한 작업이 완료되었는지 점검하고, 이런 방식으로 직원들이 체크리스트를 정확히 수행했는지 확인한다. 이 같은 기술은 그 효과를 여러 번 입증한 바 있다. 예를 들면, 라이징 타이드의 마게이트 지점이 갑자기 귀신이 들린 것처럼 보였던 적이 있다. 언젠가부터 컨베이어 벨트가 작동하지 않거나 펌프가 갑자기 멈춘다거나 하는 일이 심심찮게 발생한 것이다. 나는 마게이트 지점에서 6킬로미터 떨어진 본점에 근무하면서 관리용 대시보드에 접속해 체크리스트를 확인할 수 있었는데, 사진을 보고 특정 직원이 여러 부분에서 실수를 저지르고 있다는 걸 알 수 있었다. 해당 직원에게 프로세스에 관한 재훈련을 실시하자, 문제가 사라졌다.

가완디의 책과 내 경험에서 얻은 체크리스트의 핵심 요소들을 소개한다.

- 좋은 체크리스트는 포괄적이거나 광범위하지 '않다.' 프로세스를 수행하는 데 필요한 모든 단계와 세부사항을 전부 다루려 한다면 너무 장황해져서 유용한 도구는커녕 오히려 방해요소가 될 수 있다. 포괄적인 프로세스를 제공하는 것은 바로 훈련이다. 그러므로 체크리스트를 사용하는 사람이 업무에 숙달되어 있다고 가정하고 가장 중요하고 빠트리기 쉬운 필수 항목만 체크리스트에 포함하라.
- 체크리스트를 '수행 후 확인(프로세스를 완료한 후 체크)' 형식으로 구

성할 것인지, 아니면 '읽은 후 수행(읽으면서 수행한 후 항목에 체크)' 형식으로 만들 것인지를 선택하라.

- 체크리스트를 사용하는 데 있어 어떤 방식이 가장 유용하고 실용적일지 고려하라. 우리의 경우에는 태블릿이 가장 효과가 좋았다. 반면 다른 환경에서는 벽에 종이를 부착하는 편이 나을 수도 있다.

- 실제로 체크리스트를 사용할 이들을 대상으로 테스트한 다음, 피드백을 통해 미흡한 점을 보완한 후에야 체크리스트가 완성되었다고 할 수 있다.

시각적 시스템과 체크리스트 같은 도구를 활용함으로써 정확하게 규정되고 잘 소통되는 프로세스는, 직원의 업무 수행 능력을 최고로 끌어올리는 데 필요한 조건, 즉 무엇을 어떻게 해야 하는지에 대한 완전한 명확성을 제공한다. 그렇다고 해서 그들의 임무가 단순히 지시를 따르는 자동 로봇과 같다는 의미는 아니다. 이는 다음의 중요한 포인트로 이어진다.

프로세스는 협력의 과정

직원들이 최상의 능력을 발휘하려면 명확한 기준이 필요하다. 하지만 그것이 전부는 아니다. 훌륭한 직원은 자동화된 기계가 아니다. 당신이 허락만 한다면 그들이 프로세스를 개선하는 데 있어 최고의 파트너가 될 수 있다. 앞서 머니매트 이야기에서 빠뜨린 게 하나 있다. 사실 내가 이 머니매트를 발명한 것은 수년 전이었다. 시각적 자료가 우리 매니저들에게 도움이 된다는 사실을 막 깨달았던 때였다. 나는 시험 삼아 모형을 만들고 인쇄해 코팅한 다음, 간단한 교육 후 직원들에게 "이걸 사용하세요"라는 지시와 함께 전달했다. 직원들은 내 지시에 따랐지만 그다음부터는 사용하지 않았다. 가끔 직원들에게 어째서 그 도구를 사용하지 않느냐고 열변을 토하기도 했지만, 시간이 지나면서 나도 차츰 관심을 잃었고 결국엔 누군가가 매트를 보이지 않는 곳에 치워 버렸다.

몇 년 후, 새로운 머니매트를 만들면서 나는 비로소 그 이유를 깨달았다. 내가 만든 디자인이 형편없었던 것이다! 매트가 책상에서 계속 미끄러져 떨어지는 바람에 그 위에 돈을 올려놓기가 어려웠고, 조금만 오래 사용하면 가장자리가 둥글게 말려 올라가서 불편했다. '혁신'이 되었어야 할 발명품이 실패로 돌아간 것은 전문가의 도움을 받지 않아서였다. 바로 매일 밤 실제로 돈을 정산하는 매니저들 말이다. 시각적 시스템 구축에 관련해 그웬돌린 갤스워스가 말한 것처럼, 프로세스는 '실무자가 주도'할 때 가장 큰 효과를 발휘한다.

많은 창업자와 관리자가 자기 자신이야말로 그들 비즈니스의 유일한 전문가라고 여긴다. 하지만 실제 제품이나 서비스를 제공하는 직원이 있고 당신이 한 발짝 물러나 관리를 맡는다면, 직원들은 빠르게 전문가가 될 것이다. '한번 설정해 놓고 잊어버리는' 프로세스 같은 건 없다. 필요할 때마다 프로세스를 조정할 수 있도록 실무 직원들에게 권한을 부여하지 않으면, 프로세스가 금세 무너져 직원들은 좌절하고 비즈니스는 '망가질' 것이다. 라이징 타이드의 경우 그 결과는 장비 고장, 세차 미흡, 작업 지연으로 대기 시간이 길어져 짜증을 내는 고객들이었다.

많은 비즈니스 소유주가 직원들에게 권한을 쉽게 부여하지 못한다. 자신이 모든 것을 통제하지 않으면 비즈니스가 무너질 것이라고 두려워하기 때문이다. 또는 비즈니스에 기여할 만한 가치가 직원들에게 없다고 생각하기도 한다. 실제로 직원들이 진정한 파트너가 될 수 있는 도구를 제공하지 못한다면 그 생각이 사실이 될 수 있다. 프로세스 설계는 이 2가지 문제를 모두 해결할 수 있다. 나 역시 구조와 시스템을 구축하고 이를 실천했을 때에야 비로소 통제권을 쥐었다는 느낌을 받을 수 있었다. 그도 그럴 것이 그제야 모든 일이 즉각적이고 원활하게 돌아가기 시작했기 때문이다. 또한 우리는 지속성이란 측면에서도 기준이 될 시스템을 만들고 이를 통해 직원들이 수정과 변경을 시도하고 계속 반복하도록 독려함으로써, 각각의 변화가 효과적인지 데이터를 통해 검증할 수 있었다.

리더의 역할은 분명한 시작점을 제시하는 것이다. 직원들은 처음부터 그리고 계속해서 프로세스를 개선하는 데 도움을 줄 것이다. 변화는 허둥지둥 발생하는 게 아니라 점진적으로, 평가를 거쳐 가치가 입증된 후에야 일어난다. 거버의 말처럼 결과를 정량화할 수 없다면 혁신은 쓸모가 없다. 당신이 나아갈 곳은 단순히 다른 방향이 아니라 더 나은 방향이어야 한다. 수치화는 많은 기업이 간과하는 지점이지만 실은 엄청나게 중요하다. 현금관리 시스템(우리는 타블로Tableau를 사용한다)을 통해 우리 매니저들의 방식과 비교할 정보를 얻지 못했다면 우리는 문제의 원인을 파악하지도, 문제를 해결했다는 확신을 얻지도, 못했을 것이다.

비즈니스의 '모든 것'을 아는 사람이 일을 얼마나 잘못할 수 있는지 알면 놀라지 않을 수 없다. 얼마 전 라이징 타이드에서 내 오른팔이나 다름없는 루이사 에스코바와 내가 겪은 일은 우리 두 사람을 겸허하게 만들었다.

사람들이 세차장에 오는 것을 세차를 하기 위해서다. 이 말인즉슨 우리 세차장에는 더럽고 지저분한 차가 온다는 뜻이다. 그럼 우리가 씻어 낸 그 많은 오물과 때는 어디로 갈까? 세차장에 남아 있다. 사람들이 버린 쓰레기, 당신이 언젠가는 버리려 했던 오래된 포장지와 빈 병들이 드디어 새집을 찾는다. 말할 필요도 없겠지만, 세차장은 순식간에 지저분해질 수 있다. 그런데 이 문제가 더욱 악화되고 말았다. 우리가 세차작업장을 깨끗하게 유지하고자 고객이 없을 때 팀원들에게 청소 업무를 할당하는 것으로 해결하려 했기 때문이다. 이는 업무 공백을 메우는 데 유용한 방법이긴 했지만, 그로 인해 작업장 청소는 당연히 부차적 업무가 되었고 심지어 선택 사항으로까지 전락하고 말았다. 고객이 많아서 빈 시간이 없어지면 세차 현장은 금세 지저분해졌다. 쓰레기가 공중을 떠다니다 구석에 내려앉으면 바로 그 위에 때와 오물이 쌓였다. 그러면서 우리는 고객에게 '청결함'을 판매하고 있었다. 청결한 세차작업장은 우리가 고객에게 약속을 전달하는 방법이었다.

보다 못한 아버지가 결국 청소 전담 직원을 지정해 문제를 해결하자고 제안했다. 우선 마게이트 지점에 해당 역할을 도입해 지켜보기로 결정했는데, 이는 그곳의 청결 상태가 최악이었기 때문이었다. 청소 담당으로 지명된 팀원은 루크 젠다였다. 그는 청결에 대한 집착이 강한데다 세세한 부분까지 꼼꼼하게 주의를 기울이고 상사의 감독이 필요 없을 정도로 검증된 실력을 갖춘 사람이라는 평판이 자자했다. 유머 감각 또한 뛰어났다. 루크가 〈내셔널 지오그래픽〉 기자와 세차장 업무에 관한 인터뷰를 진행했을 때 고객들의 차가 얼마나 더러운지에 대한 그의 다채롭고도 아슬아슬한 표현 때문에 나 혼자 진땀을 흘렸을 정도다. 물론 기자는 무척 좋아했지만.

이 새로운 역할의 직무 설계는 루이사가 맡았다. 그녀는 우리가 이미 사용 중인 모든 청소 관련 체크리스트를 모아 직무 계획을 짠 다음, 업무에 필요한 새로운 도구를 파악해 주문을 넣었다. 이제 현장에서 루크를 교육하면 업무 프로세스를 함께 다듬고 개선할 수 있을 터였다.

하지만 섭씨 38도를 웃도는 플로리다의 후덥지근한 무더위 속에서 이틀 동안 쉼 없이 일한 루이사는 한계에 다다랐다. 두 사람은 루이사가 작성한 직무표를 따랐다. 바닥을 쓸고, 진공청소기로 민 다음 걸레질을 했다. 하지만 청소 과정을 전부 마치고 30분 후, 루이사는 '방금 청소한 표면'을 손가락으로 쓸었다가 회색 먼지가 묻어 나오는 것을 발견했다. 방금까지 깨끗했던 곳이 어떻게 이렇게 빨리 더러워질 수 있는지 경악스러웠다. 거기에 더해 루이사는 의자에 털썩 주저앉고 싶을 만큼 덥고 땀이 줄줄 흐르는 환경에서 팀원들이 얼마나 빠르고 꾸준하게 움직이며 탄력적으로 일하는지 직접 목격하고 놀랐다. 루크는 그야말로 영웅이었다. 불평 한마디 없이 평소처럼 엉뚱한 농담으로 루이사의 기분을 북돋아 줄 정도였으니까.

어느 정도 진정된 후, 우리는 프로세스 설계 과정의 중요한 첫 단계인 원시 데이터를 확인하기 위해 모여 앉았다. 그리곤 발견한 모든 문제점을 목록으로 작성해 하나씩 차례대로 해결하기 시작했다.

루크와 루이사가 제시한 첫 번째 놀라운 사실은 기존 프로세스에 있는 기본적인 결함 때문에 청결을 유지하기가 어렵다는 점이었다. 지난 수년간 바로 우리 눈앞에 있었는데도 아무도 발견하지 못하고 넘어간 문제들이 많았다. 일단 세탁물을 담는 통에 바퀴를 달자 세탁물 통을 옮기기가 훨씬 편해졌다. 쓰레기통에 봉투를 씌우니 쓰레기를 밖에 갖다 버리는 것도 그다지 힘들지 않았다. 이런 작은 사항들이 모이자 큰 변화로 이어졌다.

다음은 청소 직원의 역할 그 자체를 개선하는 단계로 넘어갔다. 루크의 출근시간을 9시에서 7시 30분으로 조정해 고객들이 몰려오기 전에 사람들의 통행이 많은 구역을 청소할 시간을 확보했다. 다음 단계는 루크가 사용할 도구를 개선하는 것이었다. 우리는 성능 좋은 청소 도구를 찾고 틈새용 솔과 전동스위퍼 같은 새로운 특수 도구를 마련했다. 진공청소기를 사용하는 방식을 바꿔, 전에는 한 사람이 1시간 이상 걸리던 작업을 빗자루 2개와 쓰레기봉투 1롤을 운반할 수 있게 개조한 96갤런짜리 바퀴 달린 쓰레기통과 전동스위퍼의 도움을 받아 소요 시간을 기존의 절반으로 줄였다.

루크가 새로운 업무에 적응한 지 몇 주일 후, 나는 현장 점검을 위해 마게이트 지점으로 향했다. 예전에는 고객용 화장실에 들어갈 때마다 무엇을 보게 될지 마음을 단단히 먹어야 했다. 하지만 이번에는 티끌 하나 없이 깨끗한 화장실이 나를 맞이했고, 당직 매니저에게 물어보자 자신은 관여한 적이 없다고 했다. 팀에 청소담당 역할을 추가하고 나자 그 후로 항상 이 같은 상태가 유지되었다. 최근에 코럴 스프링스 지점 이야기가 나왔던 도시계획 회의에서 한 건축위원회 위원은 우리 마게이트 지점이 자신이 가본 세차장 중 가장 깨끗했다고 말했을 정도다.

　루이사가 루크와 함께 프로세스를 다듬지 않았다면 이런 일은 일어나지 않았을 것이다. 그녀가 루크에게 기존의 체크리스트를 건네주고 알아서 해결하라고 이른 다음 바라던 결과가 나오지 않았을 때 루크가 일을 제대로 하지 못했다고 비난할 수도 있었다. 하지만 우리가 모든 프로세스에서 목표로 하듯이, 루이사는 처음 고안한 프로세스를 베타테스트가 필요한 프로토타입처럼 취급했다. 일반적인 회사 같은 곳에서 루크가 혼자 프로세스를 시행했다면 무엇이 잘못되었는지 명확하게 파악하지 못했을 테지만, 루이사가 항상 옆에서 함께 일한 덕분에 문제를 해결하게 도울 수 있었다.

　그 보상은 깨끗한 세차작업장 그 이상이었다. 루크는 새로 맡은 역할을 좋아했다. 분명하게 규정된 구조 안에서 철두철미하게 청소하는, 자신이 특히 좋아하는 일을 훌륭하게 해내고 있었기 때문이다. 루크가 이 일에 어찌나 만족했는지 내가 시의회 연설 중에 루크의 어머니에게 감사를 표하자, 나중에 그녀가 자신과 아들의 이름으로 우리에게 다음과 같은 이메일을 보냈을 정도였다.

"친절한 말씀 감사합니다. 루크가 자기 일을 얼마나 사랑하는지 말했을 때 우리 가족 모두 울음을 터뜨리고 말았답니다! 루크는 라이징 타이드 팀의 일원이 된 후 참으로 많은 것을 배웠습니다. 이런 기회를 주신 데 대해 무한한 감사를 드립니다. … 그 애는 자기 일을 무척 자랑스러워해요.”

우리가 루크에게 새로운 역할의 어떤 점이 마음에 드는지 물었을 때, 그가 가장 먼저 언급한 것은 30분의 휴식 시간이었다. 그는 이렇게 말했다. “세차 직원으로 일할 때는 일이 너무 느리게 진행될 때가 있었어요. 차가 한두 대밖에 없어서 할 일이 그것밖에 없을 때요. 너무 지루했죠. 벽을 청소하거나 다른 일을 할 수도 있었지만 그보다 더 많은 일을 하고 싶었어요. 이젠 선크림을 바르고 몇 분 정도 본격적으로 일을 시작할 준비를 해요. 이 일엔 리듬이 있거든요. 어려워 보일 수도 있지만 그런 게 일의 성공과 실패를 좌우하는 요소 중 하나니까요.” 그의 자부심과 전문성만큼은 확실하다.

훌륭한 프로세스는 가치를 반영한다

사람들은 명확하게 정해진 프로세스가 있으면 융통성이 사라지고 직원들의 창의성과 혁신이 제한될 것이라고 우려한다. 하지만 프로세스를 올바르게 실천한다면 어떤 것도 경직될 일이 없다. 프로세스는 협업의 과정이다. ‘한번 정해 놓고 잊어버리는’ 프로세스 같은 것은 없다. 가완디는 체크리스트가 너무 확고하게 정착되면 문제를 해결하기보다 오히려 문제를 야기하게 된다고 강조한다. 그는 "아무리 단순한 체크리스트라도 자주 검토하고 지속적으로 개선해야 한다"라고 주장한다.[4]

시스템을 구축할 때는 실수를 저지를 '수밖에' 없다. 어떤 공간을 과도하게 체계화하거나 더 많은 구조가 필요하다고 생각할 수도 있다. 완전히 잘못된 일을 할 수도 있다. 상황이 변해 전에는 잘 작동하는 것들에 문제가 생길 수도 있다. 이러한 문제들은 재빨리 바로잡아야 하지만 절대로 혼자 할 수는 없다. 당신은 그럴 시간이 없고, 직원들은 당신보다 훨씬 빨리 문제를 발견할 것이다. 그러니 직원들이 매일 같이 머리를 맞대고 상황을 개선할 수 있게 만들어야 한다. 그리고 그들은 기꺼이 그렇게 할 것이다. 프로세스는 목적이 아니라 수단이며, 그 최종 목표는 조직의 가치를 실현하고 목표를 달성하는 것이라는 사실을 이해하기만 한다면 말이다.

역기능적 운영이라는 먼지구름이 일단 가라앉고 나자, 라이징 타이드는 매너리즘에 빠졌다. 모든 일이 합리적으로 돌아가기 시작했지만, 일이 바쁜 날이면 여전히 세차가 엉성하다거나 너무 오래 걸린다는 불만 사항이 접수됐다. 추수감사절 때문에 한창 바쁘던 어느 날, 아버지가 세차장이 어떻게 돌아가고 있는지 보기 위해 들르셨다. 마게이트 지점에는 세차 터널에 들어가기 위해 차들이 길게 줄지어 서 있었고, 대기실은 고객들로 가득했다. 세차가 끝나길 기다리는 고객들은 평소처럼 편안하게 잡담을 즐기는 대신,

초조한 눈빛을 주고받으며 시계를 노려보았다. 그동안 우리 직원들은 일에 치여 정신없이 바쁘게 움직이면서 최대한 빨리 차량 내부 청소를 끝내려고 애쓰고 있었다. 아버지는 특히 고객에게 차키를 돌려주기 전에 최종적으로 내부 청소상태를 점검하는 품질 관리 프로세스에 주의를 집중했다. 이상할 정도로 속도가 느렸다. 마치 QC(품질 관리) 팀원들이 차량 전체를 다시 점검하고 있는 것처럼 보였다. 그것은 우리의 애프터케어팀이 업무를 제대로 수행하지 못하고 있고 QC팀은 그들을 코칭하는 대신 일을 직접 하고 있다는 의미였다.

아버지의 이야기를 들은 뒤 나는 최근에 마게이트 직원들이 제기하던 불만 사항을 떠올렸다. "여기 일이 점점 바빠지고 있어요." 그들은 이렇게 투덜거렸다.

"잘됐네." 나는 말했다. "바쁘다는 건 좋은 문제지." 하지만 숫자를 살펴보니 놀랍게도 막상 고객 수에는 큰 변화가 없었다! 우리는 더 많은 차량을 세차하는 게 아니라 그저 기존 고객들을 위해 더 많은 일을 하고 있었다. 반면 매니저들은 '수요'를 맞추기 위해 근무시간을 늘리고 있었다. 뭔가 잘못되었다.

나는 종이와 스톱워치를 들고 앉아 직원들이 일하는 모습을 지켜보았다. 무엇이 문제인지는 금세 알 수 있었다. 최종점검에 걸리는 시간이 3분에서 15분으로 늘어나 있었고 심지어 20분이 걸리는 경우도 있었다. 그것은 더 이상 프로세스라고 부를 수 없었다.

무질서였다. 아버지의 말씀이 옳았다. 이건 QC가 아니라 아예 세차의 세 번째 단계가 되어 있었다. 그보다 더 최악은, 최종점검 직원들 때문에 차량이 앞으로 움직이지 못하고 있다는 점이었다. 그들은 무엇이 문제인지 세차 직원들에게 전달하지 않고 계속해서 반복되는 똑같은 실수를 손수 바로잡고 있었다.

나는 이 문제와 관련해 회사에서 가장 뛰어난 매니저 한 명과 대화를 나누다가 어디서 문제가 시작됐는지 알게 되었다. 벌똥이 문제였다. 매니저인 샘은 마게이트 지점 고객들이 세차가 끝난 뒤에도 차에 꽃가루가 묻어 있다고 투덜대는 것을 알게 되었다. 이 꽃가루 얼룩은 사실 벌의 똥인데, 아주 끈적끈적해서 제거하기가 어려웠다. 지속적으로 나타나는 문제였기에 샘은 여기에 대해 알아서 대처하기로 결정하고(그가 단독적으로 내린 결정이었는데, 이게 바로 그의 첫 번째 실수였다), 고객들에게 차키를 돌려주기 전에 내부 청소 상태를 확인하는 프로세스인 최종점검 단계에 해당 작업을 추가했다. 그렇게 최종점검 담당자는 차량 주변을 빙빙 돌며 검사하다가 꽃가루 얼룩이 있으면 이를 닦아 내는 것으로 점검 작업을 마무리하게 되었다. 그러자 얼마 지나지 않아 일부 QC 직원들이 평소 기존 프로세스에서 미흡하다고 생각했던 부분들을 자체적으로 손보기 시작했다(조금 변호하자면 이 프로세스는 파크랜드 지점에서 사용하던 것을 그대로 가져온 것으로, 마게이트 지점에 꼭 들어맞지는 않았다).

서비스를 개선하려 했던 한 매니저의 선택이 어떻게 연쇄반응을 일으켜 결국 팀 전체가 평범한 수요를 충족하는 데에도 어려움을 겪게 되었는지 알겠는가? 샘은 프로세스를 설계할 때 우리의 가치와 목표라는 전체적인 관점을 고려하지 않았다. 벌똥 얼룩 제거에만 정신이 팔린 나머지 커다란 실수를 저지르고 만 것이다. 그 실수란 다음과 같다.

- 고객에게 좋은 서비스를 제공한다는 것은 단순히 차를 깨끗하게 만드는 게 아니라 최대한 빠른 시간 내에 깨끗하게 세차된 차량을 전달하는 것이다. 샘은 속도에 초점을 맞추지 않은 프로세스를 만들었고, 그 결과 최종점검 시간이 너무 길어졌다.
- 수익성은 중요하다. 수익을 창출하지 않으면 고객에게 서비스를 제공할 수 없기 때문이다. 이 시점에서 우리는 고객들의 모든 불만을 해결할 수 있는 최종점검 프로세스를 갖추게 되었지만 그 대신 수익성을 잃었다. 모든 마진이 차량의 외부 세차 부문에서 창출되었기 때문이다.
- 최종점검 담당자가 후임 직원을 성장시키는 데 투자하는 시간이 줄었다. 그들은 직속 직원들의 성장을 돕는 게 아니라, 그들이 저지른 실수를 바로잡는 데만 집중하게 되었다.

매니저 샘은 프로세스를 만드는 데에도 프로세스가 있다는 사실을 잊고 있었다. 그는 나를 참여시켜 원시 데이터를 저장하고,

목표에 대해 논의하며, 프로세스가 목표와 일치하는지 확인하지 않았다. 이러한 초기 협업 단계는 프로세스의 소소한 변경이 어떠한 파급 효과를 미칠 수 있는지 파악하는 방법이다. 그는 또한 새로운 프로세스의 성공을 측정하기 위한 성과 지표를 만들지도 않았다. 그리고 문제가 발생했을 때는 변경된 사항을 재검토하는 대신 다른 곳에서 해결책을 찾았다.

그래서 우리는 처음부터 새로 시작하기로 했다. 매니저 및 최종점검 팀과 긴밀히 협력하여 빠르고 효율적이면서도 고객들을 만족시킬 수 있는 빈틈없는 프로세스를 설계한 것이다. 더불어 최종점검 팀에게 공구 벨트를 배급함으로써 필요한 도구를 찾는 데 낭비되는 시간을 절약했다. 프로세스에 소요되는 시간을 올바른 기준에 부합하게 되돌리니 노동효율성이 정상적인 수준으로 회복되고 고객 서비스도 개선되었다. 최종점검 직원들도 에프터케어팀에 피드백을 전달해 업무에 대한 책임감을 다시 부여했다.

QC 문제에서 나는 스스로의 성공의 희생양이 되고 말았다. 프로세스를 철저히 지켜야 한다는 사실에 매몰된 나머지 직원들이 더 큰 그림을 보지 못하게 된 것이다.

그때부터 우리는 훈련 방식을 변경했다. "프로세스와 이를 준수하는 것은 우리의 비즈니스에 매우 중요합니다." 나는 이제 훈련생들에게 이렇게 말한다. "그러나 여러분의 임무는 '단순히' 프로세스를 따르는 것이 아닙니다. 여러분이 해야 할 일은 4가지 핵심 기대를 충족하는 것입니다. 바로 훌륭한 서비스를 전달하고, 일터를 청결하게 유지하며, 직원들을 발전시키고, 비즈니스의 수익을 창출하는 것입니다."

직원들이 프로세스를 수행하는 것만큼 회사의 가치를 이해하게 되면 언제 어떻게 규칙을 변경할 수 있는지 기본적인 틀을 숙지할 수 있게 된다. 따라서 직접 머리를 써서 사고하고, 프로세스를 단순한 정적인 도구가 아니라 거듭 개선 가능한 플랫폼으로 경험할 수 있다.

이는 중요한 설계 원칙으로 이어진다. 좋은 프로세스는 작업을 완수할 수 있게 하는 것을 넘어 '올바른 방식으로 완수'할 수 있게 해 준다. 프로세스는 작업을 관리하거나 A지점에서 B지점으로 가는 일련의 단계를 정의하는 데서 끝나는 것이 아니다. 그것은 비즈니스의 가치를 구축하는 기본적인 구성 요소다. 따라서 프로세스를 설계할 때는 다음과 같은 질문을 던져야 한다. 이것이 조직의 목표 및 목적과 부합하는가? 고객들에게 더 나은 결과를 제공하는가?

트립 와이어 설치하기

'문화'란 수많은 작은 행동의 총합이라는 말을 들은 적이 있다. 같은 맥락에서 '프로세스'는 기업 문화의 구조적 토대라 할 수 있을 것이다. 세부적인 사항들을 엄격하고 일관되게 준수하는 일은 그 어떤 단계보다도 중요하다. 그것은 자동차를 반짝반짝 깨끗하게 닦고, 장비를 잘 관리하고, 직원과 고객 들을 세차장의 위험한 기계류로부터 보호하는 등의 꾸준히 반복되는 행동의 총합이며, 이 모든 것이 합쳐져 형성되는 것이 탁월함의 문화다.

그러나 모두가 탁월함을 추구하는 것은 아니다. 프로세스가 바로 이 지점에서 가장 좋은 친구가 될 수 있다. 프로세스는 기준에 미치지 않는 이들을 재빨리 걸러 낸다. 프로세스를 '성가신 것'으로 치부함이 허용되지 않는다는 걸 깨닫고 스스로 나가는 이들도 많다. 남아 있는 이들에게는 트립 와이어(적이 건드리면 자동으로 폭발하도록 설치한 폭탄과 연결되어 있는 가느다란 철사-옮긴이)를 설치해 비일관적인 행동으로 인한 재앙이 발생하기 전에 방지할 수 있다.

라이징 타이드의 트립 와이어 중 하나는 아침과 저녁에 세차장을 열고 닫을 때 사용하는 체크리스트 안에 숨어 있다. 가령 퇴근 체크리스트의 마지막 단계는 건물 앞에 설치된 조명을 켜는 것이다. 반드시 조명을 밝혀야 할 이유는 없지만, 안전을 위한 조치라는 게 구실이다. 사실 이 조항이 존재하는 진짜 이유는 직원이 체크리스트를 얼마나 철저하게 따랐는지 알려 주는 즉각적인 시각 단서를 제공하기 때문이다. 만일 어떤 직원이 조명을 켜는 것을 잊었다면 혹시 다른 문제가 있는지 점검해 봐야 한다는 적신호다. 해당 사항을 건너뛰는 직원은 향후 이보다 더 중요한 항목을 깜박할 가능성이 크다.

프로세스를 일종의 트립 와이어로 활용한다는 아이디어는 아버지나 세차업계에 있는 사람의 머리에서 나온 것이 아니다. 이는 하드록 밴드 반 할렌의 리더인 데이비드 리 로스의 발상이다. 아툴 가완디가 《체크! 체크리스트》에서 인용한 데이비드 리 로스의 평전에서[5], 그는 반 헤일런의 순회공연이 엄청난 규모였기 때문에 종종 최첨단 기술을 활용하는 데 익숙지 않은 장소에서 콘서트를 해야 했다고 설명한다. 필요한 기술 및 장치에 대한 세세한 목록, 즉 체크리스트를 현지 제작팀에 미리 전달하더라도 때때로 준비가 미흡한 경우가 발생했다. 이 사실을 알게 된 로스는 창의적인 트립 와이어를 고안해 냈다. 모든 기술적 요건이 포함된 계약서에, 무대 뒤에 M&M 초콜릿 볼이 담긴 그릇을 준비하되 갈색 초콜릿 볼은 빼둬야 한다는 조항을 덧붙인 것이다. 초콜릿이 담긴 그릇에서 갈색 M&M을 발견하게 되면 로스는 무대제작 과정을 전반적으로 다시 점검했다. 위험한 상황을 일으킬 수 있는 다른 잠재적 요소가 있으리라 장담했기 때문이다. 이를테면 현지 제작팀이 중량 요건을 무시하는 바람에 장비 무게로 무대 바닥이 무너졌을 때처럼 말이다.

오만한 록스타의 꼴불견 요구사항으로 위장한 M&M은 사실 반 헤일런과 공연에 참여하는 모든 이의 안전을 지켜 주는 믿음직한 트립 와이어였다. 프로세스란 이런 것이다. 때로는 프로세스의 세부 항목들이 너무 세세하고 구체적이라 짜증스럽게 느껴질 수도 있다. 자폐를 가진 우리 직원들에게 그런 것은 결함이 아니라 주안점이다. 프로세스는 그들에게 긴장하지 않고도 일할 수 있는 확고한 구조를 제공하며, 그들은 대개 그 구조 밖으로는 벗어나지 않는다. 대부분의 세차장은 노동자들의 산재보상청구, 심지어 사망 사고 때문에 어려움을 겪는다. 이는 노동자들이 세차 터널 작동 중에 고압세척을 하는 등 기본적인 안전 수칙을 위반하는 경우가 많기 때문이다. 영업시간이 지난 뒤까지 일하고 싶지 않아 정해진 절차를 무시하는 것이다. 라이징 타이드에서는 이런 일이 발생하지 않는다. 나는 9년 동안 회사를 운영하면서, 자폐가 있는 직원이 컨베이어 위에 올라타거나 몇 분 더 일찍 퇴근하려고 야간 세차를 조금 일찍 시작하는 유혹에 굴복하는 것을 한 번도 본 적이 없다. 지금까지 우리 회사에서 산재보상청구가 발생한 것도 단 1번뿐이었다. 무슨 일이었냐고? 신경전형인 직원이 터널 청소를 너무 일찍 시작한 탓에 세차용 브러시에 휘말렸고, 매니저가 터널 작동을 중단할 때까지 30초 동안 격렬한 로데오를 하다가 타박상을 입은 것이었다. 이 글을 쓰는 지금도 마른세수를 하고 싶다(데이터에 따르면 라이징 타이드에서의 내 경험은 그리 유별난 게 아니다. 월그린Walgreens 유통센터를 대상으로 한 2012년 6월 연구조사에 따르면, 지게차 주변에서 일어나는 안전사고 발생률 역시 장애인 직원의 경우가 34퍼센트 더 낮은 것으로 밝혀

졌다).[6]

철저한 프로세스 준수는 회사의 원활한 운영을 돕는 데서 끝나는 게 아니라, 조직 내 행동 규범을 확립한다. 직원들은 당신이 무엇을 중요하게 여기는지 깨닫고 당신이 설계한 프로세스를 따름으로써, 그들 역시 이를 중요하게 여긴다는 사실을 보여 줄 것이다. 만일 그렇게 하지 않는다면 그들은 당신의 회사에 어울리지 않는 것이다.

하나를 위한 모두, 모두를 위한 하나

우리가 오늘날의 라이징 타이드가 될 수 있었던 것은 우리 직원들이 모든 업무에서 전사적인 명확성과 일관성을 우선시하는 여정에 함께 뛰어들어 주었기 때문이다. 또한 이후에 직원 댄이 우리의 역기능적 업무 환경을 지적해 준 덕분에, 우리는 명확성을 일구기 위한 노력을 추구하는 모든 기업이 가야 할 방향이라고 생각한다. 명확성은 단합을 이룩한다. 모두가 따라야 할 길을 밝혀 준다.

댄은 입사 첫날부터 단순히 좋은 사원 이상으로 성장하고 싶다는 포부를 숨기지 않았다. 그의 꿈은 매니저가 되는 것이었다. 자폐를 가진 직원들 중에도 현장 작업을 감독하는 파트장 역할을 하는 이들이 있긴 했지만, 대부분 나이가 좀 더 많고 전에 다른 곳에서 일한 경험이 있는 경우였다. 댄은 우리에게 독특한 도전과제를 제시해 주었다. 그는 똑똑하고 의욕에 넘쳤지만 대인관계적인 측면과 지나친 자신감 때문에 큰 어려움을 겪었다. 중간관리자인 파트장이 되려면 사회적 신호를 이해하는 데 어려움이 있는 세차 직원들의 미묘한 신호에 적응하는 소프트 스킬이 필요했다. 또한 댄은 종종 스트레스를 강하게 받았기 때문에 신속한 결정을 내리는 것을 어려워했다. 승진에 대한 열의도 때로 갈등을 야기했다. 상황을 통제하거나 다른 사람의 일을 하려 들었기 때문이다. 직급을 건너뛰어 더 높은 사람에게 직접 보고하려는 시도는 좌절감을 불러왔고, 본인의 업무가 아닌 것을 하려 들다 보니 혼란으로 이어졌다.

댄은 계속해서 내 사무실에 찾아와 자신이 왜 아직 파트장으로 승진하지 못하는 것인지 설명해 달라고 요구했다. 나는 맞장구를 치며 언젠가는 그렇게 될 거라고 격려했지만, 댄이 대인관계 역학을 이해하지 못해 끝내 승진을 하지 못할까 봐 걱정이 됐다.

항상 110퍼센트를 다하는 직원의 얼굴에 좌절감이 차오르는 모습을 거듭 마주하다 보니, 나는 댄의 불만이 정당하다는 생각이 들었다. 나는 이 문제를 해결해야 했다. 우리의 유일한 자기평가 도구인 문서화된 프로세스에 따르면, 댄은 모범적인 직원이었지만 매일같이 어려움을 겪고 있었다. 어디에서나 흔히 그렇듯 미흡한 경영관리 때문이었다. 우리는 세차 업무의 프로세스 및 구조를 물류적인 측면에서 명확하게 설명하는 데에는 성공했지만 댄의 업무나 다른 일에 있어서는 아직 중요한 측면들을 정확히 정의하지 못하고 있었다. 우리가 특정한 역할과 필요한 요건에 대해 다른 모든 것과 동등한 수준으로 명확하게 규정하지 못했기에, 댄은 승진 요건과 그 경계선에서 자주 혼란스러워할 수밖에 없었다. 특히 소프트 스킬 요건에 대해서는 문서화된 내용이 거의 없었다. 빨리 시정해야 했다.

첫 번째 단계는 수많은 일상적인 상황에서 누가 무엇에 대한 책임이 있는지 명시하는 것이었다. 세차는 온디맨드on-demand, 즉 요구형 서비스이기 때문에 어떤 날은 너무 바빠 일손이 부족하고 또 반대로 어떤 날은 너무 한가해서 일손이 남아돌았다. 어떤 날은 10명이 일했고 어떤 날은 25명이 일했다. 이러니 상황이 굉장히 혼란스럽고 헷갈리기 쉬웠다. 이러한 변동성을 해결하기 위해 우리는 모든 일상 업무에 대해 시각적이고 명확하게 정의된 분류 체계를 구축했다. 그런 다음 바쁠 때와 한가할 때, 인력이 부족하거나 넘칠 때 각각의 역할이 어떤 책임을 담당하는지 정확하게 설명하는 훈련 과정을 만들었다. 그런 다음 훈련 보드를 사용해 누가 더 탄탄한 기술을 보유하고 있는지에 따라 각 직원들에게 역할을 공정하게 할당했다.

그 결과 댄이 성공적인 매니저가 되기 위해 필요한 기술을(우리가 새로 작성한 문서에 따르면 전부 '품성 기량'이었다) 더 쉽게 파악하고 설명할 수 있게 되었다.

- 팀원들과 고객을 존중한다: 댄은 종종 다른 팀원들에게 강압적으로 굴었다. 이를 개선하기 위해 우리는 댄과 함께 2가지 실천 방안을 고안했다. 항상 '부탁한다'와 '감사한다'는 말을 잊지 않고, 팀원들이 좋은 일을 하면 의도적으로 칭찬하는 것이다.

- 팀원들과 고객을 인내심으로 대한다: 댄은 팀원들이 지시를 따르기 어려워할 때면 자주 과민반응하며 이를 개인적인 문제로 확대했다. 그리고 고객이 화를 내면 곧장 다른 사람에게 상황을 떠넘겼다. 2가지 문제 모두 많은 코칭이 필요했다. 팀원들과 관련된 문제의 경우는 그가 어려움을 겪었던 경험을 돌아보게 하는 방법이 효과적이었다. 이는 지금도 우리가 활용 중인 방법이다. 고객과의 상호작용에 있어서는 확고한 규칙을 세웠다. '도움을 구하기 전 2분 동안 고객을 돕기 위해 최선을 다할 것.' 이제 댄은 대부분의 상황에서 어떻게 대처해야 할지 알고 있으며, 시간이 지날수록 자신감을 얻게 되었다.

- 시종일관 감정을 조절하고 순간적으로 발끈해 잘못된 결정을 내리지 않는다: 호흡 훈련과 연습이 많은 도움이 되었다. 하지만 이것은 그가 퇴사할 때까지 완전히 해결하지 못한 유일한 문제이기도 했다.

- 피드백을 기꺼이 수용한다: 우리는 약간의 훈련과 많은 코칭을 통해 댄의 좌절감과 방어적인 태도를 해결할 수 있었다. 결국 댄은 방어적으로 반응하는 것이 유용한 전략이 아님을 깨닫고 먼저 조용히 경청하는 것으로 행동 방식을 변화시켰다.

당시에는 지금 우리가 다루고 있는 역할 명확성의 많은 측면에 대해 그리 필요성을 느끼지 못했다. 신경전형인의 관점에서는 너무도 많은 것이 '당연해' 보였기 때문이다. 그러한 우리의 태도가 최고가 될 수 있는 직원들의 발전을 방해하고 있었다. 어쩌면 당신은 필요한 사회성 기술을 명확히 표현하고 상호작용에 대한 지침을 공식화하는 것이 자폐가 있는 사람들과 일할 때만 필요한 독특한 특성이라고 생각할지도 모른다. 하지만 댄이 별도의 범주에 속하는 사람이 아니라 조직 내에서 가장 극단적인 사용자라고 가정해 보라. 극단적인 사용자는 이러한 특정한 제약(이 경우에는 사회성 및 대인관계 기술) 때문에 가장 큰 어려움을 겪는 이들일 수 있지만 적어도 어려움을 겪는 유일한 사람은 아니다. 많은 다른 집단 또한 미흡한 정의 때문에 같은 부분에서 어려움을 겪을 수 있다. 예를 들어, 이민자나 내성적인 사람, 서로 다른 문화나 경제사회적 배경을 지닌 이들이 그렇다. 그들의 사회성 기술이 약해서가 아니라 평소에 다른 매뉴얼을 통해 다른 훈련을 받았기 때문이다. 특정 상황에서 어떤 소프트 스킬과 사회적 행동이 적합한지 분명하게 설명하고 어떤 지점에서 더 자세한 설명이 필요한지 파악한다면 모든 직원으로부터 최선의 결과를 이끌어 낼 수 있는 편안하고 안전한 환경을 조성할 수 있다. 나아가 조직의 탁월함을 일구기 위해 설계된 이런 시스템은 다양한 배경을 가진 이들을 지원하는 데 필요한 보편성을 창출한다. 포용적인 일터를 만들고 싶다면 '모두가 알 것'이라고 어렴풋이 생각하는 것들을 명확하게 정의하라. 그 과정에서 극단적인 사용자 본인들의 도움을 받지 않는다면 목표에 도달하지 못할 것이다.

하향식 프로세스는 팀 전체가 공통적으로 사용하는 언어를 생성하여 모든 유형의 장벽을 허문다. 선천적인 다름(신경다양성)으로 인해 사고방식이 다른 사람들에서부터 지나온 삶의 경험이 다양해서 서로 다르게 생각하는 사람에 이르기까지 전부 말이다. 다시 댄의 이야기로 돌아와 보자. 댄은 훈련 보드를 사용한 지 1년 반후에 드디어 파트장으로 승진했다. 회사의 모든 매니저와 파트장들이 모여 그를 둘러싸고 새 유니폼 셔츠를 선물했다. "이번 승진을 얻기 위해 너보다 더 열심히 일한 사람은 없을 거야." 그의 작업 매니저가 말했다. "우리 모두 네가 정말 자랑스러워." 댄은 마치 결승전에서 이긴 사람처럼 신이 나서 일주일 내내 함박웃음을 짓고 다녔다. 그는 스스로를 정말 자랑스럽게 여겼다.

댄의 기술적인 능력과 중간 관리 직원으로의 경험은 그를 우리 회사뿐만 아니라 어떤 회사에서도 탐나는 직원으로 만들어 주었다. 그렇게 승진하고 얼마 지나지 않아 그는 우리 세차장에서 그리 멀지 않은 곳에 있는 대형 철물점에 관리감독직을 제안받아 정규 직원으로 취직했다. 그가 떠나는 건 아쉬운 일이었지만, 동시에 댄이 해낸 성취가 자랑스러웠다. 나는 그가 우리에게 남긴 것에 감사한다.

핵심 프로세스를 파악하고 성공에 대해 규정하기

가장 핵심적이고 중요한 프로세스부터 시작하라. 이 같은 핵심 프로세스는 다음 기준의 대부분 또는 전부를 충족해야 한다.

- 높은 빈도로 이뤄진다.
- 대다수 직원들이 이용한다.
- 고객에게 약속한 서비스(세차장 개장 및 폐장, 세차 과정 등)을 제공하는 데 중요한 역할을 한다.
- 안전한 업무 환경을 조성하는 데 중요하다.
- 성공적인 프로세스가 어떠한 모습을 띠는지 규정한다. 기능상의 기준(예: 6분 이내에 세차 완료)과 이상적인 큰 그림(직급이 낮은 팀원도 자유롭게 의견을 피력할 수 있는 환경 조성)이 포함되어야 한다.

프로토타입 구축하기

- 다른 2명의 팀원과 함께 일반적으로 프로세스가 수행되는 환경에서 기능적인 부분을 시험해 본다. 1명은 메모를 하고 가능하다면 사진이나 동영상으로도 기록한다. 각 단계마다 어떤 단계를 수행 중인지 음성으로 설명한다.
- 메모를 각 단계별로 가능한 한 상세히 정리해 문서로 기록한다.
- 프로세스를 작업 환경에 도입해 실제 업무를 담당하게 될 2~3명의 팀원에게 시연한다. 팀원들이 직접 수행하게 한 다음 피드백을 수집한다.

- 피드백을 바탕으로 프로세스를 다듬고 개선한다.
- 의사결정자를 지명하여 정확한 프로세스에 대한 합의를 도출한다(의견 동수 시 의사결정자가 최종으로 결정).
  - 프로세스를 어떻게 적용할지 결정한다. 여기에는 일반적으로 초기에 사용한 종합 훈련 자료 및 도구, 수료 기준, 중요 행동을 상기시킬 때 사용하는 시각적 알림(체크리스트나 시각적 시스템) 등이 포함된다. 필요에 따라 손쉽게 수정할 수 있는 종이 자료로 시작하는 것이 좋다.
- 훈련 및 수료, 시각적 알림 시스템을 구축하고 배포한다. 더 복잡한 프로세스의 경우에는 전사적으로 배포하기보다 각각의 소규모 팀에게 초기 버전을 배포하는 것이 좋다.

프로세스를 수정하고 개선하기

- 팀에 프로세스를 도입했다면 점검 계획을 세워 어떤 부분에서 변경 및 개선이 필요한지 확인한다. 초반에는 자주 검토하되 시간이 지나면 1년에 1번으로 충분할 때까지 빈도수를 점차 줄여 가는 것이 좋다.
- 해당 프로세스의 정확한 목표를 규정하고 현재와 같은 환경에서 효과적인 것과 비효과적인 요소를 파악했다면, 팀원들의 경험을 개선할 첨단기술 도구를 찾아보라. 우리가 선호하는 2가지는 체크리스트를 사용할 수 있는 졸트와 기업교육용 오퍼스Opus 앱인데, 두 제품 모두 사용자중심 디자인을 갖추고 있다.
- 위 과정을 계속해서 반복한다.

3

관리자에 대한
낮은 기대치

✦ **혹시
당신의
회사도?**

직원들이 똑같은 실수를 반복해서 저지른다. 향상심이 부족하고 권태에 젖어 있거나 일에 대한 열의가 느껴지지 않는다. 회사에 오래 남지 못하고 금세 퇴사한다. 과연 이러한 직원들을 승진시켜도 될지 망설여진다.

평균적인 일터란 '이 정도면 괜찮은' 관리자가 만연한 곳이다. 그런데도 이런 약한 연결고리로 인해 발생하는 많은 문제, 즉 낮은 직원유지율과 직원몰입도 저하, 평범한 수준의 성과 등은 대개 원인이 다른 데 있다고 치부되는 경향이 있다. 보통의 경우 그 화살의 끝이 향하는 곳은 직원들이다. 라이징 타이드에는 이런 문제가 없다. 다행히 우리는 훌륭한 관리자가 되도록 훈련받은 이들이 거의 항상 훌륭한 사원을 배출한다는 사실을 알게 되었다.

대부분의 사람은 우리 훈련생들을 한번 쓱 훑어보고는, 그들이 정신없이 바쁜 세차장의 조직화된 혼란 속에서 성공을 거두기는 커녕 버티지도 못할 것이라고 짐작한다. 로리의 경우를 살펴보자. 처음으로 훈련생을 모집해 교육에 전념하던 시기였다. 아버지와 나는 키가 크고 호리호리한 젊은이가 조수석 애프터케어 과정을 힘겹게 진행하고 있는 모습을 나란히 지켜보고 있었다. 그는 손걸레로 차량의 물기를 닦다가 다음 단계인 에어건으로 넘어가는 대신, 차가 아직 반쯤 젖어 있는데도 창문에 다시 스프레이를 뿌리고 닦기 시작했다. 그러더니 갑자기 움직임을 뚝 멈췄다. 그는 눈을 가늘게 뜬 채로 턱을 만지작거리며 그냥 자리에 가만히 서 있었다. 5초가 지나고 10초가 지났다. 우리는 그가 "도와주세요. 이 다음에 뭐죠?"라고 말하길 숨죽이며 기다렸다. 하지만 로리는 아침에 출근해 인사말을 건네야 할 때도 용기를 그러모아야 하는 친구였다. 도움을 요청하는 것은 그에게 큰 도약일 터였다.

아버지가 눈썹을 모으며 고개를 살짝 저었다. 아버지가 무슨 생각을 하고 있는지 알 것 같았다. "이 친구가 해낼 수 있을지 모르겠다."

나는 걱정이 되어 눈살을 찌푸렸다. 하지만 그때 로리가 에어건을 집어 들더니 다시 움직이기 시작했다. 희망의 불빛이 반짝이는 것 같았다. "어제보단 나아졌어요. 언젠간 할 수 있을 것 같아요." 내가 말했다. 나름 자신 있게 한 말이었지만 내심 의구심이 들었다. 다행히 우리의 훈련 방식은 로리를 보호해 줄 수 있었다. 아무리 속도가 느리더라도 조금이라도 진전이 있는 한, 우리는 그 사람을 계속 훈련시켰으니까.

나는 로리가 성공할 수 있기를 간절히 바랐다. 이 경험은 그에게 두렵고 새로운 것이었다. 나는 로리와 그의 가족들이 취업 기회가 생긴 것에 얼마나 감사해하는지 알았다. 여기서 성공한다면 로리는 처음으로 직장을 갖게 된다. 로리의 집은 부유하지 않았다. 만일 그가 급여를 받게 되면 집안 재정에도 도움이 되고, 로리도 처음으로 성인 피부양자가 아니라 부양자가 된다는 자부심을 느낄 수 있을 터였다.

시간이 조금 오래 걸리긴 했지만, 로리는 결국 훈련 과정을 통과하는 데 성공했다. 6분 이내에 46단계로 구성된 프로세스를 3번 연속 성공적으로 해낸 것이다. 로리에게 팀의 일원이 된 것을 축하한다고 말했을 때, 그의 얼굴에 커다란 미소가 번지고 두 눈이 너무나 환하게 반짝거려서 나도 모르게 웃음이 터져 나왔다. 이제야 로리를 알아가기 시작했다는 느낌이 들었다. 그 자리에 있던 모두가 기쁨의 환호성을 질렀다.

그 뒤로 우리는 한동안 로리의 '그런' 빛나는 모습을 볼 수가 없었다. 시스템이 제대로 돌아가지 않아 세차장이 고전하던 초기에 로리는 그 누구보다 많은 어려움을 겪었다. 로리가 근무할 때 애프터케어 구역을 보면, 차량 줄이 밀리고 매니저들이 미친 듯이 뛰어다니는 모습을 목격하기 부지기수였다. 그런 폭풍의 한복판에서 로리는 보는 사람의 속이 탈 정도로 느릿느릿 움직였고, 가끔은 가만히 멈춰서 턱만 만지작거리는 자신만의 독특한 동작에 심취해 시간을 흘려보내기도 했다. 나 역시 답답해서 터져 나오려는 고함을 꾹 눌러 참으며 걸레를 집어 들고 전쟁터에 뛰어들곤 했다.

가슴이 찢어질 것 같은 상황이었다. 하지만 몇 주일 동안 전쟁터 같은 업무와 쏟아지는 고객 불만에 흠씬 얻어맞고 나자 나약하게 굴면 안 된다는 결심이 섰다. 우리는 강력한 팀이 되지 않으면 살아남을 수 없었다. 속이 뒤집히는 것 같았지만, 그래도 로리를 해고해야만 했다.

머릿속으로 로리에게 해고를 통지하는 장면을 상상했다. 그의 얼굴에 어떤 표정이 떠오를지 눈앞에 선했다. 로리는 괴로워하며 입을 다물 테고 그의 부모에게는 나나 로리가 소식을 전해야겠지. 나는 결국 그 일을 나중으로 미뤘다. 그리고 우리 모두에게 다행스럽게도, 얼마 지나지 않아 댄 덕분에 유레카의 순간이 왔다. 나는 체계적이지 못한 환경이 직원들의 업무 수행에 어떤 영향을 끼치는지 깨달았다. 우리는 비즈니스의 방향을 바로잡기 시작했다. 그동안에도 매니저들은 계속 로리와 함께 일했고 나는 다른 일에 집중했다.

어느 날, 한 매니저가 내 사무실에 찾아와 말했다. "지금 로리가 어떤지 꼭 보셔야 해요!" 대체 무슨 일인지 궁금해서 애프터케어 구역으로 향했다. 그날은 하필 바쁜 날이었는데, 모두가 정신없이 일하는 가운데 누군가 보스처럼 당당하게 앞 유리창을 쓱쓱 닦더니 바로 힘차게 다음 단계를 이어 나갔다. 저 위풍당당한 발걸음은 뭐지? "로리, 오늘 무척 좋아 보이네!" 나는 그에게 다가가 말했다. 오랜만에 되살아난 로리의 눈부신 미소가 그가 지금 얼마나 기분이 좋은지 모두에게 말하고 있었다.

훌륭한 관리자와 탁월한 운영의 결합은 로리가 스타 직원이 되는 데 필요한 지원을 제공해 주었다. 그것이 바로 로리와 그의 동료들이 일터에서 성공하는 데 필요한 것이었고, 이것이 라이징 타이드를 세계적인 기업과 견줘도 뒤지지 않을 탁월한 리더십 실험실로 만들어 주었다. 우리의 성공 비결은 간단하지만 구글의 옥시젠 프로젝트Project Oxygen 연구진이 밝혀낸 것과 정확하게 일치한다. 훌륭한 관리자는 사람들이 성공을 거둘 수 있다고 믿고 직원들에게 개인적인 노력을 쏟을 만큼 많은 관심을 기울이는 코치이다.

훌륭한 관리자는 선택된 소수뿐만 아니라 모든 팀원을 잠재력 높은 직원으로 대우한다. 첫날부터 우리는 로리에게 그가 성공할 것임을 믿고 있다고 알려 주었다(비록 개인적으로 의심의 순간이 있긴 했지만). 사람은 누구나 적절한 격려와 실질적인 지원이 있으면 재능을 꽃피울 수 있다.

다시 강조하지만, 이러한 관리 방식은 자폐가 있는 사람에게만 변화를 가져오는 것이 아니라 누구나 자신의 가능성 상자를 열 수 있게 해 준다. 와튼 경영대학원의 심리학자 애덤 그랜트를 통해 알게 된 초등학생을 대상으로 한 하버드대학교의 유명한 연구는[1] 여기에 작용하는 몇 가지 힘을 보여 준다. 이 연구에서 샌프란시스코에 위치한 한 초등학교 교사들은 인지능력평가CAT에서 상위 20퍼센트 점수를 받아 높은 잠재력을 지닌 것으로 간주되는 학생들의 명단을 받았다. 2년 후 이 학생들은 실제로 같은 반 학생들보다 더 높은 성적을 기록했다. 하지만 사실 교사들이 처음 받은 시험 결과는 가짜였다. 학생 명단은 완전히 무작위로 작성된 것이었다. 지명된 학생들은 실제로 재능을 꽃피웠지만 타고난 재능이 뛰어나서가 아니었다. 연구자들이 세운 이론에 따르면, 그러한 결과가 나타난 것은 교사들이 아이들에게 잠재력이 있다고 믿고 그렇게 대우했기 때문이다. 즉 애초에 기대치를 높게 설정하고 그들의 성취를 지원할 방법을 찾아냈기 때문이다.

라이징 타이드가 사용하는 것과 같은 표적 채용 프로그램은 어떤 부류의 직원이든 적절한 지원만 제공된다면 잠재력을 발휘할 수 있다는 믿음을 형식화한 것이다. 이는 관리자의 행동을 변화시키고 다른 곳에서 경험했을 징벌적 관행에서 벗어나게 만든다. 나도 처음 세차장을 개업했을 때는 그들과 별반 다르지 않았다. 나는 보스가 되는 것이 내 일이라고 생각했다. 그래서 직원들에게 지시를 내리고, 내 말을 듣지 않으면 더 크고 강하게 말해야 한다고 생각했다. 그것이 이전의 직장 생활과 지금껏 받은 교육 그리고 대중

문화에서 보고 배운 리더십이었기 때문이다. 하지만 막상 리더가 되자 어려움을 겪었다. 다만 지금 와서 생각해 보면 그런 엄격하고 강압적인 방식이 다른 리더들에게도 정말로 효과가 있었던 건지 의심스럽다.

모든 직원을 높은 잠재력을 가진 것처럼 대우하는 운영 방식은 단순히 신경다양인을 뒷받침하는 데서 끝나는 것이 아니다. 이는 비즈니스에 있어서도 큰 이점을 발휘한다. 자폐 커뮤니티 외에서도 이 같은 운영 방식을 도입하고자 하는 기업들의 움직임이 증가하고 있다. 로버트 케건은 그의 저서 《에브리원 컬처》에서 이러한 기업을 의도적 개발 조직Deliverately Developmental Organization(이하 DDO)라고 부른다. 이들은 우리가 라이징 타이드에서 시행하는 것과 매우 유사한 직장 문화와 운영 관행을 조성하는 데 꾸준히 초점을 맞추고 있다. 이는 결코 우연이 아니다. 나 역시 이런 조직들을 면밀히 조사하고 우리보다 훨씬 오래 노력해 온 이들로부터 효과적인 방법들을 빌려기 때문이다. 이 회사들은 우리와 마찬가지로 개개인의 고유한 특성을 중요시하고 이를 '의도적으로 개발'한다. 이들은 직원들을 직업적으로는 물론 개인적으로도 개발하기 위해 온 힘을 쏟는데, 그것이 결국 기업의 성과로 이어지기 때문이다.

관리자 8만 명을 대상으로 한 갤럽 조사에 따르면, 상사와 조직 구성원 사이 관계의 질이야말로 생산성과 조직에 대한 충성도를 예측할 수 있는 가장 중요한 지표다. 갤럽 경영진은 〈패스트 컴퍼니〉와의 인터뷰에서 이렇게 말했다. "사람들이 상사에게 바라는 것은 자녀가 부모에게 바라는 것과 같습니다. 명확하고 일관된 기대치를 설정하고, 깊은 관심을 기울이며, 그들의 고유한 자질을 높이 평가하고, 성장과 발전을 격려하고 지원해 주는 것이죠."[2]

또한 라이징 타이드와 같은 DDO는 사람들이 항상 일터에서 '깨어 있도록' 고무시킨다. 이들은 직급이나 연공서열에 관계없이 모두가 비즈니스를 개선할 방법을 찾을 수 있도록 권한을 부여하고 격려한다. 비즈니스를 운영하는데, 온갖 문제가 전부 당신 한 사람에게만 쏟아져 들어온다면 무척 외로울 것이다. 매일매일 매 시간마다 수많은 문제가 폭격을 퍼붓듯 몰려올 것이다. 그러나 직원들에게 적합한 틀과 체계를 제공한다면, 그들은 당신에게 달려와 질문 세례를 던지는 대신 스스로 해답을 찾아내려 할 것이다. 그들이 짐을 나눠 진다면 당신은 더 이상 고립감을 느낄 필요가 없고, 조직의 성장 또한 가능해진다.

《에브리원 컬처》에서 자세히 소개된 이커머스 기업 넥스트점프Next Jump는 코칭 중심 문화를 구축하는 데 큰 성공을 거둔 나머지 놀랍도록 급진적인 정책을 채택했다. 바로 직원을 절대로 해고하지 않는 것이다. 넥스트점프는 처음부터 조직에 잘 맞는 직원을 채용해 서로를 도울 수 있는 권한을 부여한다. 잠재력이 높은 직원들뿐 아니라 팀 전체에 DDO의 접근 방식을 적용하자, 소프트웨어 코더의 연간 이직률이 거의 40퍼센트 가까이 감소하는 등[3] 엄청난 향상을 경험할 수 있었다.

DDO와 우리의 이야기 그리고 이 책에 소개된 사례들을 통해 한 가지를 분명하게 알 수 있다. 직원의 잠재성 개발과 재정적 성공 중 하나를 선택할 필요는 없다는 것이다. 이 둘은 하나가 될 수 있다. 그리고 사회적 사명과 책임감 문화를 이룩하고자 하는 열망, 더 많은 역량 부여에 대한 필요성과 혁신에 대한 추구 등, 동기가 뭐가 됐든 모든 직원의 잠재성 개발을 지향하는 문화는 그 목표를 달성하는 데 도움이 될 것이다(라이징 타이드에서 개발 문화를 조성한 방법에 대한 자세한 이야기는 128쪽을 참조하라).

모든 것이 개인적이다

앞에서 나는 관리자라면 직원 개발에 개인적인 노력을 투자하는 코치가 되어야 한다고 했다. 그런데 리더로서 이를 실천하려면 어떻게 해야 할까? 나는 처음부터 우리 직원들에게 개인적인 관심과 노력을 쏟고 있다고 생각했다. 앤드루와 함께 자란 덕분에 로리와 같은 이들에게 친근감을 느꼈고, 그러한 직원이 성공하기를 간절히 바랐다. 그러나 그런 마음이 운영 방식에까지 반영된 것은 아니다. 사람을 소중히 여기는 것과 사업을 운영하는 것은 완전히 별개의 문제였기 때문이다. 그러나 이제 나는 그 둘이 하나이며 동일한

라이징 타이드의 직원 및 조직 개발 요소

채용

후보자의 성격적 특성을 평가하고, 개인의 성장 및 타인의 발전을 얼마나 중시하는지를 바탕으로 채용 결정을 내린다.

시스템

명확한 프로세스를 구축하고 업무 공간의 시각성을 활용해 학습 속도를 높인다. 핵심 성과 지표에 대한 실시간 측정 도구를 개발하여 팀원들이 필요한 기술을 연마하고 시의적절한 피드백을 받을 수 있게 한다.

훈련

다양한 훈련 커리큘럼(동영상, 채팅, 대면 등)을 활용해 필요한 하드 스킬과 핵심적인 리더십 기술을 가르친다. 본 프로그램은 총 100회 이상의 교육 및 훈련 과정으로 구성되어 있으며 매달 확장되고 있다.

코칭

코칭은 일선 매니저 및 그 이상의 직급이 갖춰야 할 매우 중요한 기본 요건이다. 일상 업무 중에 자연스럽게 포함되어야 한다.

보상

라이징 타이드에서 급여 인상 및 승진에 대한 평가 기준의 핵심은 성장형 사고와 피드백 기술 및 코칭 기술이다. 승진하고 싶은 직원들은 이러한 기술을 중요하게 여기고 연습해야 한다. 우리는 또한 성장과 노력, 코칭과 같은 행동과 관련해 날마다 직원들의 성과를 인정하고 칭찬한다.

것임을 안다.

대부분의 관리자는 누락된 성과 지표나 표에 나타난 오류, 그런 실수를 야기하게 만든 행동 등 눈에 보이는 부문을 지적한다. 반면 라이징 타이드와 다른 조직에서 일하는 훌륭한 관리자들은 행동을 넘어 그러한 행동을 낳은 사고방식을 들여다보고 결국 직원의 개인적이고 내적인 삶에 초점을 맞춘다. 로버트 케건의 말처럼 "DDO는 업무는 공적인 것(외적)이고 개인적인 것은 사적(내적)이므로 개인적인 것이 업무의 일부가 되어서는 안 된다는 관례를 명백하게 드러내어 전복시킨다."[4]

라이징 타이드 직원들은 훈련 프로그램을 종료하는 순간부터 업무를 수행할 수 있는 기능적 능력을 갖추게 된다. 다른 기술을 더 익혀야 할 경우에는 추가 훈련을 통해 해당 문제를 해결한다. 관리자의 개입이나 코칭이 필요한 부분은 거의 항상 개인적이거나 감정적인 문제다. 직원들은 자신이 해야 할 일을 알고 있다. 다만 개인적인 문제가 이를 방해하고 있을 뿐이다. 간단히 말해 직원들은 나름의 방식으로 그들의 길을 가고 있는 것이다. 훌륭한 관리자의 첫 번째 역할이 그저 직원의 능력을 개발하는 것이 아닌, '개인적 기술'을 개발하는 것인 이유도 여기에 있다. 여기서 개인적 기술이란 소프트 스킬, 즉 명료한 의사소통과 회복탄력성, 인내심과 같은 능력을 의미한다. 감성지능EQ 전문가인 대니얼 골먼에 따르면, 감성역량은 업무 성과에 있어 IQ나 전문성보다 2배나 중요한 영향을 끼친다.[5] 진정으로 훌륭한 직원을 육성하는 것은 바로 이런 기술이다. 직원이 현재의 업무를 더 잘 수행하도록 도움을 줄 뿐만 아니라, 향후 직업과 나아가 개인적인 삶에도 영향을 미치기 때문이다.

로버트 주니어를 예로 들어 보자. 로버트는 매우 열성적이고 믿을 수 있는 직원으로, 일반 세차 직원으로서 맡은 일을 훌륭하게 해내고 있었다. 하지만 그는 관리감독직 사다리의 첫 단계인 파트장으로 승진하길 간절히 바랐다. 문제는 로버트가 감정 조절에 어려움이 있다는 것이었다. 그에게 몇 번 애프터케어팀을 지휘할 기회를 준 적이 있었는데, 일이 밀려서 바빠지면 그때마다 그의 스트레스 상태가 겉으로 드러나곤 했다. 로버트는 부하직원들에게 "더 빨리 움직여! 넌 너무 느려! 넌 너무 게을러!"라고 소리쳤다(물론 이러한 방식은 전혀 도움이 되지 않았다. 그는 덩치 큰 사내였고 덩달아 목청도 컸기 때문이다). 그러면 직원들이 주눅이 들고 낙담해서 작업 속도가 오히려 더 느려졌다. 로버트의 상사가 그를 진정시키려 하면 그는 더 큰 소리로 고함을 치며 자리를 박차고 나가 버렸다. 얼마 지나지 않아 그는 내 사무실로 찾아와 마게이트 지점으로의 전근을 요청했다.

"롭, 그건 도움이 안 될 거예요." 나는 로버트에게 말했다. "이건 당신의 문제이고, 마게이트에 가더라도 똑같은 문제가 발생할 겁니다. 감정적 과부하가 일어나면 마음을 진정시키는 게 아니라 화부터 내잖아요." 로버트는 놀라움과 의심이 뒤섞인 눈초리로 나를 바라보았다.

"내 정신과 의사도 똑같은 말을 했는데. 그 사람과 얘기한 거예요?"

물론 나는 그런 적이 없었다. 하지만 로버트의 문제가 무엇인지 파악하는 데 박사학위 따위가 필요할 것 같진 않았다. 우리가 다른 회사와 다른 점이 있다면, 그런 문제에 대응하는 방식일 것이다. 비즈니스 그리고 코치로서, 우리는 로버트에게는 결함이 없다고 여겼다. 로버트의 직속 상사와 여러 번 이야기를 나눈 뒤 나는 이렇게 말했다. "로버트는 우리가 여기서 성공하길 바라는 부류의 직원이에요. 자신이 하는 일을 매우 소중히 생각하고 출근할 때마다 최선을 다하죠. 그가 원하는 곳에 도달할 수 있도록 우리 모두 함께 노력해 도와야 합니다." 로버트는 다른 모든 평범한 이들처럼 장점과 단점을 지니고 있었고, 그의 성장을 돕는 것이 우리의 비즈니스와 그의 직업적 성장 양쪽 모두에 좋은 일이었다.

마음 쓸 권한

나는 이 같은 핵심 사고방식을 '마음 쓸 권한'이라고 부른다. 이는 효과적인 코칭과 직원 개발을 성취하는 데 중요한 마음가짐이다.

직원들이 한 명의 인간으로서 인정받고 존중받고 있다고 느끼면 동기를 부여받고, 자기 개발이라는 엄청나게 어려운 일을 할 수 있다는 안정감을 얻는다. 또 더불어 회사에 남아 기여하고 싶다는 마음을 갖게 된다. 직원들에게 마음을 쓰는 것은 라이징 타이드의 사명 덕분에 자연히 우리의 비즈니스에도 부합한다. 우리는 자폐가 있는 직원들을 돕기 위해 최선을 다하고 있다. 그렇지만 이를 일상적인 비즈니스 운영에 얼마나 자연스럽게 녹여 넣어야 하는지 파악하는 데에는 많은 시간이 걸렸고, 지금도 매일같이 노력 중이다. 이는 우리의 일을 흥미롭고 보람 있게 만들어 주는 끝없는 여정 중 일부다.

그렇다면 로버트와 같은 직원을 어떻게 코치해야 할까? 먼저 나는 그에게 넥스트점프에서 '백핸드 연습'이라고 부르는 것을 할 수 있는 기회를 주었다.⁶ 여기서 백핸드는 극복해야 할 어려움을 뜻한다. 로버트의 경우 그의 백핸드는 타인에게 피드백을 전달할 때 차분함을 유지하고 목소리 톤과 음량을 조절해 올바른 메시지를 전하는 것이었다. "부탁이 있는데"라는 말로 요청을 시작하고 "고마워요"라는 말로 마무리하거나, 기분이 상한 고객에게는 "정말 죄송합니다"로 접근하는 식이었다.

어느 날 나는 로버트를 사무실로 불렀다. 그가 코너라는 직원에게 감정적으로 폭발한 문제를 해결하도록 돕기 위해서였다. 코너는 심각한 불안장애를 갖고 있었는데, 안타깝게도 그건 로버트의 본의 아닌 퉁명스럽고 시끄러운 행동과는 상극이었다. 그날 코너는 로버트에게 끊임없이 물었다. "나한테 화났어요?" 몇 번이고 똑같은 말을 듣다 보니 로버트도 상냥하지 않은 말투로 대꾸하고 말았다. "그만 좀 물어봐!" 그 말을 들은 코너의 기분은 곤두박질쳤다. 코너는 내 사무실로 달려와 큰 소리로 울부짖고, 산만한 손짓을 해대며 이리저리 서성였다. 내가 코너와 직접 대화를 나눌 수도 있었지만 대신에 로버트에게 백핸드를 연습할 기회를 주기로 했다. 그동안 로버트를 옆에서 코칭해 왔지만, 혹여 일이 잘못될 경우를 대비해 나도 그 옆에 바짝 붙어 대기하고 있었다.

"롭." 내가 말했다. "당신이 고함을 질러서 코너가 화가 많이 났어요. 그래서 코너는 당신이 자신에게 불만이 있다고 생각해요. 이 문제를 해결하게 도와줄 수 있나요?"

로버트가 심호흡을 했다. 우리가 여러 번 중요하다고 강조한 행동이었다. 마침내 로버트가 입을 열었다. "코너, 네 기분을 이해해. 나도 가끔은 모두가 나한테 화가 났다고 생각할 때가 있거든. 하지만 난 그때 화가 난 게 아니었고 지금도 화나지 않았어. 난 네가 그 말을 그만해 주길 바란 것뿐이야. 왜냐하면 그건 사실이 아니니까. 그리고 큰소리를 친 것도 화가 나서 그런 게 아니야. 원래 내 목소리가 항상 크잖아."

로버트는 놀라운 공감 능력을 선보였고, 코너 역시 바로 진정됐다. 나는 그날이 끝날 때까지 로버트가 자신이 코치다운 대화를 이끌었음에 뿌듯해하는 모습을 볼 수 있었다.

개인적 기술을 개발하는 좋은 방법이 있다. 코치나 동료와 함께 "오늘 백핸드 연습을 할 기회가 있을까요?"라는 질문에 답하는 것으로 하루를 시작하는 것이다.

과도한 명확성

탁월한 경영관리의 또 다른 특성이 있다. 리더들이 명료하고 일관성 있고 공개적으로 소통한다는 것이다. 심지어 강박에 가까울 정도로 말이다. 직원들이 최선을 다하려면 자신이 팀의 일부라는 확고한 소속감을 느껴야 한다. 소속감은 성과에 큰 영향을 미치는 정서적 욕구다. 직원들은 '무엇'뿐만 아니라 '이유'를 알고 싶어 한다. 당신이 그들에게 무엇을 기대하는지 알고 싶어 하고, 그럴 자격도 충분하다. 마지막으로 어떤 직원들은 알고 싶어 하지 '않을' 수도 있지만 자신이 부족한 것이 무엇인지 '알아야' 한다. 모두가 알고 싶어 하는 다른 형태의 정보와 마찬가지로 비판적인 피드백을 제공하는 것은 탁월한 관리자의 역할이며, 마음 쓸 권한을 부여받은 사람이 마땅히 해야 할 일이다.

얼마 전, 나는 투명성에 대한 요구가 얼마나 보편적인지 알고 놀란 적이 있다. 어느 날 올리버라는 세차 직원이 나를 살짝 불러

냈다. "매니저들끼리만 비밀이 있어요." 그는 고개를 저으며 눈살을 찌푸렸다. 올리버는 생각을 말로 잘 표현하지 못했기에 그 이상 자세히 설명할 수 없었지만 그의 몸짓언어만으로도 올리버가 무언가를 불편하게 생각하고 있다는 것을 분명히 알 수 있었다. 약간의 조사 끝에, 최근에 채용한 그의 새로운 팀 매니저가 다른 팀원들과 잘 소통하지 못하고 있다는 걸 알게 되었다. 그는 맥락이나 상황을 전혀 설명하지 않고 지시를 내리곤 했다. 올리버는 이유도 모른 채 평소의 루틴에 새로운 작업을 추가하라는 요청을 받고 있었던 것이다.

얼마 지나지 않아 나는 새로운 매니저를 뽑기 위해 면접을 봤다. 그는 10년 넘게 세차업계에서 일한 신경전형인이었는데, 이전 직장을 그만둔 이유를 묻자 이렇게 대답했다. "거기서는 아무도 소통을 하지 않았어요, 절대로요! 심지어 관심도 없었죠!" 그 순간 내 머릿속에서 올리버의 목소리가 울리는 것 같았다. "매니저들끼리만 비밀이 있어요." 이 지원자는 회사가 사전 통보도 없이 갑자기 보너스에 세금을 부과한 일이 결정적이었다고 했다. 회사 측이 이 소식을 전달한 유일한 소통법은 삭감된 급여명세서 쪼가리였다.

그의 불만이 올리버의 불만보다 더 구체적이긴 했지만 마치 데자뷔처럼 느껴지는 순간이었다. 본질적으로 두 사람은 똑같은 말을 하고 있었다. "소외시키지 말고 나한테도 알려 줘요." 이러한 행동은 보너스에 세금을 부과하는 중요한 일뿐만 아니라 소소한 것에도 적용된다. 예를 들어, 어떤 직원에게 휴식 시간을 5분 일찍 끝내 달라고 부탁하는 것도 그렇다. 상황이 눈앞에 닥쳤을 때가 되어서야 말해 주거나 '내용'만 전달하고 그 '이유'를 알려 주지 않는다면 불안과 불신이 야기될 위험이 있다. 당신을 신뢰하지 않는 직원은 결코 당신을 위해 열심히 일하지 않을 것이다.

이유를 설명하는 데는 몇 초도 걸리지 않지만 그럼에도 이는 가장 간단하면서도 영향력 있는 경영관리 방법이다. 관리자들에게 이 사실을 상기시키는 것은 대단히 중요하다. 그들은 설명이 거창하고 통찰력이 있으며 형식을 갖춰야 한다고 생각하는 경향이 있기 때문이다. 그러나 짧고 간단한 설명만으로도 효과는 충분하다. 직원들에게 휴식 시간을 조금만 줄여 달라고 부탁하면서 "저기, 여기 일이 너무 바쁘거든. 혹시 지금부터 와서 좀 도와줄 수 있어?"라고 말하는 것과 "어이, 시간 거의 다 됐으니까 빨리 들어와"라고 말하는 것은 상대에게 매우 다르게 받아들여질 수 있다. 관리자의 눈에는 요청에 담겨 있는 이유가 뚜렷이 보일 수 있어도 직원들은 설명을 들었을 때 명령이 아니라 도움을 요청받는다는 느낌을 받게 된다.

투명성 부족의 악취

솔직한 피드백은 잔인하지 않다. 오히려 연민의 극치다. 다른 사람이 잠재력을 발휘하게 돕는 방법이다. 브레네 브라운$^{Brene\ Brown}$의 말처럼 "명확한 것은 친절한 것"이다.

앞에서 언급했던 특수교육 교사 스테이시와 안드레아는 우리가 비즈니스를 시작하고 첫 6개월 동안 파트타임으로 우리와 함께 일했다. 그들은 당시에 내게 완전히 낯설었던 의사소통 방식을 전문적인 환경에 맞춰 모델링해 주었는데, 놀랍게도 그 방식은 오늘날 우리 모든 직원들이 능력을 발휘하는 데 도움을 주었다.

유독 바쁘고 힘든 어느 날이었다. 스테이시가 어떤 직원 옆을 지나다가 발을 멈추고 그를 돌아보더니 정중하지만 단호한 목소리로 말했다. "당신 몸에서 냄새나요. 데오드란트를 뿌리세요." 그러더니 다시 가던 길을 이어갔다. 스테이시의 소통 방식이 항상 그렇긴 했지만, 그 일은 유독 충격적이었다. 위생 문제는 다소 금기시되는 영역인데, 그녀가 일말의 주저함도 없이 직설적으로 말했기 때문이다. 평범한 직장이었다면 어떻게 말을 꺼내야 할지 몰라 관리자가 며칠은 고민했을 문제였다. 그러는 동안 얼마나 많은 고객이나 동료가 악취를 참아야 했겠는가? 대놓고 말하는 대신 "왜 아무개는 이런 것도 제대로 못하지? 저 사람은 대체 뭐가 문제야?"라고 속으로 투덜대면서 냄새를 맡을 때마다 점점 더 불쾌감을 느꼈을 수도 있다. 아니면 문제를 직접적으로 지적하지 않고, 상대방이 기분 상하거나 당황하지 않도록 교묘하고 조심스럽게 대화할 수도 있다. 그렇게 할 경우 해당 직원이 자신의 몸에서 냄새가 난다는 사실을 깨닫게 될 수도 있고, 아닐 수도 있을 것이다. 혹은 모욕감을 느끼며 자리를 뜰지도 모른다.

어쨌든 스테이시의 단순하면서도 사실에 입각한 직설적인 전달은 피드백을 덜 당혹스럽게 만들었다. 어차피 피드백을 받은 직원은 그런 요청에 당황할 성격도 아니었기 때문이다. 그는 기대치에 대한 명확한 표현을 선호했고 실제로 그렇게 해달라고 요청하기도 했다. 자폐가 있는 이들은 종종 그렇다. 그는 휴게실에 가서 스테이시의 요청대로 데오드란트를 뿌린 다음, 다시 돌아와 일을 계속했다.

이런 상황이 특별한 것이어서는 안 된다. 직장 내 의사소통은 언제나 이런 식으로 이뤄져야 한다. 직원들에게 마음을 쓰는 관리자는 직원의 개발을 위해 노력하고 가능한 한 일찍 중요한 피드백을 전달한다. '명확한 것은 친절한 것이다.'

지금이야 이렇게 말하지만, 나 역시 커다란 실패의 도약을 겪은 후에야 이를 진정으로 '이해'할 수 있었다. 20대 후반의 청년 매니는 우리와 함께 일하기 전에 고등학교 풋볼 코치 겸 자폐가 있는 이들을 위한 직업 코치로 일했다. 그는 무척 상냥한 사람이었고 나는 그를 무척 좋아했다. 매니 밑에서 일하는 다른 직원들도 마찬가지였다. 하지만 그에게는 문제가 하나 있었는데, 자신의 직무 설명에 포함되지 않은 일에는 손가락 하나 까딱하지 않는다는 것이었다. 당시에 라이징 타이드는 이제 막 비즈니스를 시작한 참이라 해야 할 일이 산더미처럼 많았다. 하지만 바쁜 교대근무 시간이 끝나자마자 매니는 모든 선반이 엉망인데도 곧장 아이폰을 꺼내 들었다. 저녁에 그가 퇴근하고 나면 나는 수많은 사소한 일이 처리되지 않고 고스란히 남아 있는 걸 발견했다. 당연히 그가 해야 할 일들이었는데 말이다. 그 탓에 밤 10시까지 나 혼자 세차장에 남아 청소와 뒷정리를 하는 날들이 이어지다 보니, 점점 화가 치밀기 시작했다. 결국 나는 매니가 일을 적극적으로 도울 만큼 우리에게 관심이 없다는 결론을 내렸다. 그게 아니라면 그런 행동을 어떻게 설명할 수 있을까? 나는 매니가 고의로 안이하게 행동하고 있다고 확신했기에 그의 문제점이 무엇인지 말해 주지 않았다. 그러다 마침내 그를 해고하기로 결심한 날이 오고야 말았다. 공교롭게도 그건 내가 2년 만에 처음 얻은 휴가(아버지와 함께 가는 스쿠버 여행)를 반납해야 한다는 의미였다. 타이밍도 좋지 않았지만 그만큼 내 좌절감도 컸다. 나는 매니 역시 당연히 이런 날이 올 것이라 예상하고 있을 줄만 알았다.

하지만 내 생각은 틀렸다. 전직 풋볼 코치인 그에게 그가 이 일에 적임자가 아니며 그 자리를 다른 사람이 대신하게 될 것이라고 말했을 때, 매니는 불시의 공격을 받은 양 큰 충격을 받았다. 매니가 해고 통지를 받은 그날, 우리 두 사람 모두 마음의 상처를 입었다. 매니가 우리 회사에서 성공하지 못한 것은 사실 내 탓이었다. 일단 처음 비즈니스를 시작했을 때, 우리는 지금처럼 직원 각자의 역할과 프로세스를 명확하게 확립하지 못한 상태였다. 그래서 나는 직원들에게 우리가 무엇을 기대하고 있는지를 분명하게 말해주지 않았다. 그러면서도 매니의 어떤 부분이 부족한지 명확한 피드백을 주는 대신, 그가 실수를 저지를 때마다 점점 마음을 닫았다. 눈 하나 깜짝하지 않고 문제 직원에게 데오드란트를 사용하라고 말한 스테이시와 달리, 나는 "매니, 이 부분에선 당신이 좀 나서 줘야겠어요"라고 말할 생각조차 하지 못했다. 내 자존심 챙기기에만 급급했기 때문이다.

오늘날 나는 매일 코칭 대화를 한다. 이제는 절대로 가만히 기다리지 않는다. 중요한 것은 다음과 같다.

- 문제를 설명하고, 명확하고 실질적인 사례를 제시한다. 사실을 지적하면 직원이 이의를 제기하기 어렵고, 구체적인 사실에 초점을 맞추면 자존심과 감정을 억제하는 데 도움이 된다. "이러이러한 문제가 있는데, 3가지 예시를 들어 볼게요."
- 직원의 자기 개발을 중심으로 대화를 구성한다. 문제를 개선하면 해당 업무뿐만 아니라 다른 부분에도 도움이 된다는 사실을 알면 직원도 더 많은 관심을 기울이게 된다.
- 실질적인 해결책을 다음 단계로 제시한다. 직원들에게 명확한 방법을 제시하면 감정적 과부하를 다스리는 데 도움을 줄 수 있고 책임감으로 이어지는 기반을 닦을 수 있다. 이후 꾸준하게 발전 상황을 확

인하며 당신과 직원 모두의 기대치를 명확하게 설정한다.

그렇다면 이러한 과정이 실제 상황에서 어떻게 진행되는지 살펴보자. 신경전형인인 MJ는 우리 세차장에서 열아홉 살부터 일하기 시작해 금세 파트장으로 승진했다. 마게이트 지점이 생기면서 본점 직원들을 승진시켜 새 지점으로 배치한다는 발표가 나자, 그는 자신이 부매니저가 될 것이라고 믿어 의심치 않았다. 실제로 MJ는 승진 고려 대상이었으나 결과적으로 나는 그가 아직 준비되지 않았다는 결론을 내렸다. 승진 명단을 발표하기 전, 나는 MJ를 따로 불렀다. 어려운 대화가 될 것이라는 사실은 자명했다.

문제는 MJ가 대다수가 그렇듯 계속해서 방어적인 태도를 보인다는 점이었다. 그는 일을 잘한다는 것이 곧 자신이 무조건 옳다는 증거라고 생각했고, 그 같은 태도가 많은 갈등을 일으켰다.

"MJ." 나는 입을 열었다. "자넨 이번에 승진하지 못했어." 그의 눈이 커다래졌다. 나는 그의 눈빛에 분노와 상처가 끓어오르는 것을 보았다. "너의 방어적이고 전투적인 태도 때문에 갈등이 생기는데, 때로는 굉장히 위험한 일이 일어나기도 하거든."

나는 최근에 세차 터널에서 발생한 긴급 상황을 예시로 들었다. 차량 한 대가 트랙에서 이탈하는 바람에 터널 안에 갇히고 말았다. 기계류에 능숙하긴 해도 아직 경험이 부족했던 MJ는 브러시를 제거해 차량을 빼내자고 제안했다. 그 방법이 효과가 있을 수도 있지만, 그 과정에서 누군가 심각한 부상을 입을 가능성도 있었다. 그래서 매니저는 MJ에게 그 점을 지적하며 타이어 밑에 커다란 매트를 집어넣어 차가 트랙 위로 올라오게 하는 더욱 안전하고 검증된 해결방안을 제시했다. 하지만 MJ는 그 제안을 받아들이는 대신 매니저를 비난하며 싸움을 격발시켰다. 다른 사람의 의견에 너무 적대적으로 구는 태도 때문에 상대방 역시 그에게 적대적으로 대응하는 경우가 많았고, 그럴 때마다 분위기가 금세 험악해졌다. 두 사람이 다투는 동안 세차 터널 뒤에서 기다리는 대기 줄이 점점 길어졌다.

"리더가 되려면 때로는 자신이 틀릴 수도 있고 실수도 한다는 걸 인정할 줄 알아야 해." 나는 MJ에게 말했다. "네가 평사원일 때도 겸허하지 않은데, 부매니저가 됐을 때 겸허하게 행동하리란 걸 어떻게 믿을 수 있겠어? 그리고 싸워야 할 때를 고르는 법도 배워야 해. 그렇지 않으면 여기뿐만 아니라 어딜 가든 네게 불리한 문제가 생기게 될 거야. 그러니 잠시 멈춰서 스스로에게 이렇게 질문을 던져 봐. '지금 내가 방어적으로 대하는 문제가 3주 후, 또는 사흘 뒤에도 내게 여전히 중요할까?'라고 말이지."

그러자 MJ는 화를 내며 자신에게 왜 승진할 자격이 있는지 설명을 늘어놓기 시작했다. 나는 말했다. "이게 내 결정이야. 일주일 정도 잘 생각해 봐. 만약에 계속 노력하고 싶다면 다시 나를 찾아오고. 계획을 세워 보자."

MJ는 씩씩대며 사무실에서 나갔다. "난 여길 나갈 거예요." 쾅하고 닫히는 문을 바라보며 나는 새 파트장을 찾아야 할지 고민했다.

MJ는 일주일 뒤에 돌아왔다. 그러곤 문제를 깨달았으니 계속 노력해 보고 싶다고 했다. 우리는 이를 비롯해 그의 자기 개발을 저해하는 다른 몇 가지 문제점을 정기적으로 체크하는 실행 계획서를 세웠다. 6년이 지난 지금 MJ는 마게이트 지점에서 매우 존경받는 매니저로 일하고 있다. 물론 그가 완벽한 것은 아니다. 세상에 완벽한 사람은 없다. 다만 이제 MJ는 동료들을 정중하게 대하고 방어적인 태도를 보이지 않기 위해 자제한다. 그리고 몇 년간 겸허하게 행동하는 법을 배운 덕에, 그의 경험과 지식수준은 놀랍도록 성장했다.

얼마 전 MJ는 이렇게 말하기도 했다. "그때의 대화가 내 인생을 바꿨어요. 삶의 모든 부분에서 다른 사람들과 관계를 맺는 방식을 바꿔 놓았죠."

맥락이 왕이다

명확한 의사소통은 직원들로부터 최고의 역량을 끌어낼 수 있는 환경을 조성한다. 하지만 이렇게 지원이 많은 환경에서도 최선을 다하는 것만으로 충분하지 않다면 어떻게 될까? 이때 중요한 역할을 하는 것이 맥락이다.

나는 팀원들에게 항상 이렇게 말한다. '맥락이 왕이다.' 어떤 행동을 해결하려면 그러한 행동이 나오게 된 맥락을 이해해야 한다는 의미다. 우리는 모두 똑같은 세차장에서 일하지만, 업무를 경험하는 방식은 각자 천차만별이다. 평범한 직원들도 그렇고 자폐가 있는 직원들도 마찬가지다. 누군가 최선을 다하지 못한다면 거기에는 대개 그럴만한 이유가 있게 마련이다. 그들의 상황, 즉 맥락을 살펴보면 그 이유를 발견할 수 있다.

이와 관련해 가장 가슴 아팠던 경험은 윈이라는 직원과 있었던 일이다. 그녀는 일을 시작한 후 처음 몇 달간 고객 서비스와 관련해 문제를 너무 자주 일으키는 바람에 거의 해고될 뻔했다. 보통은 이런 식이었다. 매니저가 내 사무실에 고개를 들이민다. "어, 고객분이 사장님을 뵙고 싶대요." 그러면 나는 심호흡을 하고 마음의 준비를 단단히 한 다음 밖으로 나간다. 그러곤 화가 잔뜩 나 있는 고객을 발견한다. 세차를 마친 '깨끗한 차'의 범퍼에 아직 벌레가 붙어 있어 지적했는데 윈의 대응이 마음에 들지 않았다는 것이다(사람들은 종종 범퍼에 벌레가 남아 있다고 착각하는 경우가 많은데, 실은 벌레가 붙어 있었더라도 이젠 없고 다만 벌레가 영구적으로 남긴 손상된 자국일 때가 많다. 이런 경우 도색을 다시 해야 하는데, 우리 세차장에서는 해당 서비스를 제공하지 않는다). 이처럼 고객이 불만을 털어놓으면 윈은 문제를 무시하며 회피하려 들었다. 그래서 고객이 화가 치밀어 더 강하게 추궁하기 시작하면 원은 결국 적개심을 폭발시키고 마는 것이다.

"그 직원은 해고돼야 해요!"이렇게 말한 고객이 한둘이 아니었다. 원은 좋은 직원이었다. 그녀는 우리와 함께 일하고 싶어 했다. 이런 갈등이 발생할 때마다 그녀는 내게 찾아와 자신이 한 일을 후회하면서 30분 넘게 흐느끼곤 했다. 원은 자신이 이성을 잃은 데 대해 쉴 새 없이 사과를 늘어놓았다. 하지만 몇 주일 뒤면 또 비슷한 일이 발생했다. 나는 원이 우리 팀의 일원으로 남기를 얼마나 간절히 원하는지 알았기에, 어째서 이런 문제가 계속 발생하는지 이해할 수가 없었다. 나는 좌절감과 실망감 그리고 약간의 막막한 기분을 느꼈다.

신경다양성이란, 사람마다 뇌가 다른 방식으로 작동한다는 의미다. 뇌가 작동하는 올바른 방식 같은 건 없다. 자폐가 있는 이들은 물론, 모든 사람에게 해당되는 얘기다. 우리는 생물학적으로 모두 고유한 존재다. 우리의 모든 생각과 충동은 각각 과거에 있었던 수많은 보이지 않는 경험에 의해 형성된 것이고, 우리의 성격도 수행능력도 불변이 아니다. 우리는 친한 친구 다섯과 함께 있을 때는 활발하고 시끄럽게 굴다가도, 낯선 사람 다섯과 같이 있을 때는 조용하고 불안해할 수 있다. 5년 뒤에 지금과 완전히 다른 선택을 할 수도 있다.

사람들이 잠재력을 최대한 발휘할 수 있게 도우려면, 그들을 있는 그대로 이해할 필요가 있다. 뛰어난 관리자는 이를 단순히 머리로만 아는 것이 아니라, 일종의 근육 기억을 통해 숙지하기 때문에 이는 모든 상호작용, 특히 어렵고 골치 아픈 상호작용에 영향을 끼친다. 라이징 타이드에서는 자폐가 있는 직원을 있는 그대로 받아들이도록 훈련받기 때문에 자연스럽게 맥락에 기반한 코칭을 발전시키게 된다. 우리가 사용하는 것과 같은 표적 채용 프로그램은 관리자의 모든 직원에 대한 리더십 능력을 향상시킨다. 그러한 코칭 기술이 누구에게나 훌륭한 관리자가 될 수 있게 하기 때문이다.

겸허함과 호기심 실천하기

맥락을 이해하는 것은 2가지 기술을 활용하는 것에서 시작된다. 첫 번째는 바로 '겸허함'이다. 성급한 판단을 내리지 않고 자신이 모든 것을 아는 것은 아니라는 사실을 인정하는 것이다. 실제로 설령 책임자라고 해도 사실 우리는 아는 것이 거의 없는 것이나 마찬가지다. 두 번째는 '호기심'이다. 호기심 많은 관리자는 삶과 일을 이러한 지식의 공백을 메울 열성적인 탐구로 인지하고 한 번에 하나씩 질문을 던진다.

겸허함과 호기심은 맥락을 파악하는 관리자의 능력을 향상시킨다. 문제는 일터에서 이러한 기술을 활용해 리더십을 발휘하는 데 익숙한 사람이 매우 적다는 것이다. 대부분의 사람은 학교와 직장에서 올바른 질문이 아닌 올바른 대답을 알고 있음을 증명하고, 서로 경쟁하고 승리를 거둬야 한다고 훈련받는다. 겸허한 태도로 호기심을 발휘하도록 요구하는 것만으로는 문제를 해결하지 못한다. 라이징 타이드에서 우리는 마중물을 붓듯 채용 과정에서 이러한 자질을 가진 이들을 골라낸다. 또 훈련 과정에서도 이를 솔직하게 가르쳐 겸허한 태도와 호기심이야말로 업무 환경에서 성공을 거둘 열쇠임을 처음부터 명백하게 인식시킨다. 하지만 결국 이런 문화를 장려하는 최상의 방법은 그 문화를 실행하는 것이다. 다시 말해, 코칭을 통해 이런 가치를 실천할 수 있는 체계적인 방법을 제공해야 한다.

원의 경우에 나는 내가 느끼고 있던 좌절감과 그녀에 대한 비난을 되돌아보는 것으로 시작했다. 나는 원과 함께 내가 가진 최상의 호기심 도구로 대화를 이끌며 대체 무슨 일이 있었던 건지 알아냈다. 단순히 '이유'를 묻는 것만으로도 우리는 많은 것을 알아낼 수 있다. '5WHY 분석법'으로 유명한 도요타에서는 어떠한 사건이 '왜' 발생했는지 그리고 그 일은 또 '왜' 발생했는지를 계속해서 파고들어 핵심에 접근함으로써 근본적인 원인을 파악한다. 먼저 나는 원이 마음을 열 수 있도록 그녀가 곤란한 상황에 처한 게 아님을 주지시켰다. 우리가 대화를 나누는 목적은 문제를 함께 해결하기 위해서니까.

나는 윈이 그러한 행동을 하도록 영향을 미친 경험에 대해 몇 가지 흥미로운 사실들을 알게 되었다. "저는 거친 동네에서 자랐어요." 그녀는 말했다. "말썽이 생길 것 같은 조짐이 보이면 다른 길로 피해 가는 법을 배웠죠." 윈에게 있어 다툼을 피하는 가장 좋은 방법은 갈등에서 멀어지는 것이었다. 그래서 그녀는 고객이 불평이나 지적을 했을 때 직접적으로 대응하는 것을 피했다. 그러나 그런 대우를 받은 상대방은 더 강한 태도로 나오게 되므로 윈은 결국 감정이 치밀다 못해 폭발했던 것이다.

하지만 진짜 깨달음이 찾아온 것은, 다른 직원들에 비해 고객들과 유독 자주 충돌하는 이유가 무엇이라고 생각하는지 윈에게 물었을 때였다(열린 마음을 유지하려고 노력하긴 했지만 나는 이것이 수많은 고객 불만에서 공통적으로 나타나는 요소이며 그녀가 골칫거리라는 강력한 증거라고 생각했다).

윈은 흐느끼면서 자신의 잘못이 아니라고 말했다. 대부분 고객이 먼저 본인에게 무례하게 굴었다는 것이다. 그것이 고객과의 상호작용을 걷잡을 수 없이 악화시킨 진짜 원인이었다. 처음에 나는 윈의 대답을 회의적으로 받아들였다. 변명처럼 들렸기 때문이다. 하지만 그녀의 말을 믿기로 하고 조금 더 지켜봐야겠다고 결심했다. 그 뒤로 몇 주일 동안 나는 세차 후 최종점검 과정에서 윈이 고객들과 직접 소통하는 모습을 지켜보았다.

내가 이제까지 밝히지 않은 사실이 있다. 바로 원이 흑인이며 젠더퀴어(성별 이분법적인 사회 구조에 도전하는 이를 지칭하는 단어-옮긴이) 여성이라는 것이다. 그녀는 일부 사람이 '정상'이라고 말할 범주에서 눈에 띄게 벗어나 있다(그녀가 처음부터 포용적인 일터로 설계된 라이징 타이드를 안전하고 편안하게 느끼는 이유도 이것이었다).

그렇게 나는 한동안 그녀가 애프터케어 업무를 하는 모습을 관찰했다. 얼마 지나지 않아 한 고객이 차 옆에 서서 바라보는 동안 원이 차량 주위를 한 바퀴 빙 돌며 마지막 점검을 했다. 원이 할 일을 마친 후 자동차 키를 고객에게 건네며 말했다. "다 됐습니다. 감사합니다." 그러자 고객이 자동차로 다가가 범퍼를 살펴보더니 눈살을 찌푸렸다. 그다음에 무슨 일이 일어날지 알 것 같았다. "저기요, 범퍼에 벌레가 남아 있는데요. 좀 확인해 줄래요?" 같은 말일 것이다. 고객이 불만을 제기할 것이라고 짐작하긴 했지만, 실제로 그 고객의 입에서 나온 말을 듣고 나는 아연실색했다. "어이, 앞 범퍼에 똥이 잔뜩 묻어 있잖아. 닦아." 나는 원이 움찔하더니 얼룩이 없어지지 않을 거라는 것을 알면서도 허리를 굽혀 범퍼를 걸레로 문지르는 모습을 보았다.

원의 말은 사실이었다. 대부분의 경우 부정적인 상호작용을 유발한 장본인은 그녀가 아니었다. 원은 고객들의 무례한 태도에도 비교적 자제심을 발휘해 '친절하게' 대하려고 노력하고 있었다. 적어도 처음에는 말이다. 하지만 시간이 지나자 감정 조절에 어려움이 생겨 그녀도 점점 격앙되기 시작했다. 그때 내가 재빨리 끼어들어 고객에게 침착하게 설명했다. 안타깝지만 이미 자동차 표면에 영구적인 자국이 남았다고 말이다. 고객은 기분이 좋지는 않았지만 어쨌든 내 설명을 납득했다. 윈은 안도의 한숨을 내쉬었고, 우리는 고객이 차를 몰고 떠나는 모습을 함께 바라보았다.

2주 전만 해도 나는 윈이 호전적인 경향을 가지고 있다고 확신했다. 하지만 지금은 어떨까?

나는 그녀가 왜 그렇게 행동하는지 이해하고 공감하게 되었다. 만일 내가 사람들로부터 일상적으로 무시와 무례가 뒤섞인 말을 듣는다면 어떻게 반응할까? 나라도 그다지 잘 대응하지 못할 것이다. 실제로 모든 고객이 그녀를 우리 세차장에서 일하는 백인과 시스젠더(타고난 성별과 성별 정체성이 동일하다고 느끼는 이를 지칭하는 단어-옮긴이) 그리고 남성 직원들과 똑같이 존중하며 대하는 건 아니었다. 이 사실을 깨닫고 윈이 일반적으로 어떤 상황에 처해 있는지 알고 나니 속에서 분노가 일었다. 이 같은 차별은 미묘하긴 해도 의심의 여지없이 존재했고, 그것이 윈의 업무 능력에 영향을 끼치고 있었다.

시간을 투자해 맥락을 파악하고 초기의 가정이 완전히 틀렸다는 사실을 알게 될 때, 우리는 겸허함을 배우게 된다.

대응방식 다시 짜기

맥락을 파악하고 문제의 근본 원인을 이해했다면, 직원들을 도와 행동을 변화시킬 수 있다. 다시 말하지만, 훌륭한 관리자와 서투른 관리자의 근본적인 차이가 드러나는 곳이 여기다. 서투른 관리자는 직원들에게 좋은 직원과 나쁜 직원, 또는 유능한 사람과 무능한 사람이라는 꼬리표를 붙인다. 반면에 훌륭한 관리자는 "좋아, 이제 문제를 파악했으니 이를 해결할 수 있는 다른 방식을 알아봅시다"라고 말한다.

이러한 행동의 재구성에 있어 우리의 가장 중요한 도구는 '만일-그렇다면If-then'이다. 나는 수년간 특수교육 교사들이 내 동생을 보다 '정상적인' 사회성 행동을 할 수 있도록 돕는 모습을 지켜보며 처음 이 방법을 배웠다. 한 교사는 앤드루에게 이렇게 말하곤 했다. "**만일** 저녁식사를 하는 내내 조용히 앉아 **있는다면**, 나중에 디저트를 먹을 수 있어." 이를 '소셜 스토리', 즉 사회상황 이야기라고 한다. 소셜 스토리를 사용하면 긍정적 행동을 보상하거나 잘못된 행동의 결과를 강조하여 긍정적인 행동을 가르칠 수 있다. "**만일** 저녁식사 도중에 자리에서 **일어난다면** 디저트는 못 먹을 거야."

몇 년 후, 토드 로즈의 《평균의 종말》를 읽었을 때, 나는 이 특수교육 교사들의 행동에 담겨 있던 기본적인 가정을 이해할 수 있었다. 바로 인간의 행동 또는 성격은 고정되어 있지 않다는 것이다. 앞서 설명한 것처럼 그것은 '맥락'에 따라 달라진다.

'만일-그렇다면' 특성은 주어진 상황에 대한 개인의 고유한 반응을 설명한다. 개개인의 '만일-그렇다면' 특성을 이해한다면 보다 지원적인 맥락을 만드는 데 도움이 될 풍부한 정보를 얻을 수 있다. 관리자는 이미 알고 있는 촉발 요인을 피해 직무를 재설계하거나 내 동생의 교사들처럼 직원들의 '만일-그렇다면' 특성을 파악하여 소셜 스토리를 보다 긍정적인 결말로 고쳐 쓰게끔 코치할 수 있다.

윈의 경우, 그녀를 무례한 고객(촉발요인)들로부터 보호하려면 직위를 강등시켜야 했지만, 우리 둘 다 그런 선택지는 애초에 고려하지도 않았다. 그래서 나는 그녀에게 '만일-그렇다면' 특성의 개념을 설명해 주었다. 당시 그녀의 '만일-그렇다면' 특성은, '만일' 고객이 공격적으로 '행동한다면' 나는 피할 것이다(그리고 결국 화를 낼 것이다)였다. 우리는 새로운 '그렇다면'에 관해 대화를 나눴다. '만일' 그들이 공격적으로 '행동한다면' 나는 친절하게 응대하여 그들을 입 다물게 할 것이다(참고로, '만일-그렇다면'은 1인칭 시점에서 자신의 경험을 직접적으로 서술할 때 가장 효과적이다)로 바꾼 것이다. 윈은 이 표현이 능동적이고 상황에 대한 통제권이 자신에게 있다는 점에서 마음에 들어 했다. 우리는 이 문장을 자주 반복해서 말했고 곧 이것은 윈의 새로운 소셜 스토리 대본이 되었다. 대부분의 경우 이 대본은 효과가 좋았다. 흥분해서 달려온 고객들도 윈이 '그들의 대본을 뒤집어' 친절하게 응대하면 처음에 어떤 편견을 가졌든 태도가 누그러졌다. 윈이 새롭게 채택한 방식은 고객들의 편견을 없애지 못했고 윈의 감정 조절 문제를 근본적으로 해결하지도 못했다. 하지만 그 대신 2가지 문제가 부딪쳤을 때 마찰을 완화하는 윤활제 역할을 해 주었다.

직원들의 '만일-그렇다면' 특성을 파악할 수 있을 만큼 깊숙이 파고드는 관리자는 직원들의 수행 능력을 향상시킬 수 있는 정밀한 도구를 갖게 되며, 그 과정에서 직원이 최선을 다하게 돕는 데 필요한 연민을 키울 수 있다.

발전과 향상 축하하기

직원 개발을 방침으로 삼는 회사에서 일한다는 것은 쉽지 않은 일이다. 실제로 직장평가 사이트인 글래스도어^{Glassdoor}에서 넥스트점프를 검색하면, 업무량에서부터 전문용어가 가득한 온보딩 패킷(회사에 대한 정보 및 자료, 기념물품 등으로 구성된 신입 사원에게 제공되는 환영용 패키지-옮긴이)과 해고금지 정책에 이르기까지 온갖 불만사항을 발견할 수 있다. 회사로부터 개인적인 성장에 대해 끊임없이 다그침을 받는 것은 사실 꽤 벅찬 일이다. 그래서 훌륭한 관리자는 직원 경험을 고객 경험만큼 심지어 그 이상으로 생각하고 고민한다. 관리자는 업무 감독관, 배려 깊은 코치, 솔직한 커뮤니케이터가 되는 것 외에도, 직원들을 칭찬하고 그들의 발전을 인정할 기회를 끊임없이 발견하고 만들어 내야 한다.

라이징 타이드의 모든 직원은 열심히 일하지만, 상당수가 고유한 인지적 특성을 갖고 있기 때문에 전통적인 방식으로는 일반사원 이상으로 승진하기 어렵다. 일반적인 승진 사다리로는 보상을 제공할 수 없기에, 그들이 우리와 고객들에게 얼마나 중요한 존재인지 돌아볼 기회를 만들어 내는 것은 전적으로 우리의 몫이다. 꾸준한 노력은 물론 라이징 타이드의 사명에 힘입어 우리는 대다수 회사들보다 이를 꽤 잘 해내고 있다.

한 직원이 장기 휴직을 마치고 세차장으로 복귀했을 때, 나는 직원들을 축하하고 칭찬하는 행위가 얼마나 중요한지 새삼 깨달았다. 제프리 나슬런드 주니어는 이 장의 모든 부분에서 훌륭한 본보기다. 그는 열정적인 코치 덕분에 우리 회사에서 성공적으로 피어날 수 있었다. 제프리는 서른다섯의 나이에 숱 없는 머리카락과 새파란 눈을 가졌으며, 항상 함박웃음을 띤다. 부모가 그를 부양하지 못해 열여섯 살부터 줄곧 그룹홈(공동생활가정)에서 생활해 왔다. 그의 의사소통 스타일은 현학적이다. 어려운 단어를 사용하는 것을 좋아하고 심지어 문자메시지를 보낼 때도 장황하게 늘어놓는 경향이 있다. 제프리는 아널드 슈워제네거 같은 유명인의 목소리를 흉내 내는 것을 좋아하고, 직접 만든 인형으로 복화술도 연습한다. 그런 타고난 재능을 갈고 닦기 위해 수입의 일부를 성우 수업을 받는 데 투자하고 있기도 하다. 그는 언젠가 전문 성우가 되는 게 꿈이다.

우리와 함께 일하기 전에 제프리는 던킨 도너츠에서 일한 경험이 있었지만, 업무 속도가 너무 느리다는 이유로 해고되었다. 그 일로 자신감에 큰 상처를 입은 제프리는 그 후 8년 동안 일을 하지 않았다. 라이징 타이드를 찾아왔을 때 제프리는 또다시 해고될지도 모른다는 생각에 극도로 불안해했다. 실제로 그는 처음에 믿기 힘들 만큼 손이 느렸다. 한번 보면 "저 친구가 엄청나게 바쁜 세차장에서 일한다고? 그냥 포기하지?"라고 말할 법한 직원이었다. 하지만 나는 제프리를 가르치고 지도하고 싶었다. 우리는 "나는 한 번에 길게 닦는다. 그냥 나한테 맞는 속도대로 일하면 된다"와 같은 주문으로 마음을 진정시키고 집중력을 유지하도록 이끌었했다. 한 달쯤 지나자 제프리는 우리 세차장에서 가장 빠른 애프터케어 직원이 되어 있었다(던킨 도너츠에 훌륭한 관리자가 있었다면 그는 거기서도 회사 역사상 최고의 직원 중 하나가 되었을 것이다).

제프리는 2년 동안 밝고 열심히 일하는 직원이었다. 그러다 코로나19 팬데믹이 덮쳤다. 제프리가 살던 그룹홈은 거주자들을 보호하기 위해 외부와 격리되었다. 그리고 거의 1년이 지난 후에야 마침내 백신을 맞고 직장으로 복귀해도 좋다는 허가가 떨어졌다. 제프리를 다시 세차장에 맞이할 준비를 하느라 통화했을 때, 그가 가장 먼저 한 말은 "내가 돌아가면 피자 파티를 할 거예요"였다. 질문이 아니고, 부탁도 아니며, 그저 사실에 대한 진술이었다. 제프리는 직장으로 돌아온다는 데 신이 나 있었다. 15개월 동안이나 자신이 속한 공동체와 떨어져 있었다면 당신도 그랬을 것이다. 그러니 그가 가장 먼저 해야 할 일은 축하 파티였다.

라이징 타이드 피자 파티는 변화를 창출하거나 다른 중요한 일이 생겼을 때 허물없이 축하하고 즐기는 우리들만의 방식이다. 보통 직원이 새 직장을 찾아 이직할 때 가장 자주 열리는데, 페이스북에도 축하 게시물이 함께 올라간다. 파티라고 해 봤자 근무시간 교대가 이뤄지는 오후 1시에 다 같이 피자를 먹으며 해당 직원을 축하하는 것이 전부이지만, 간단해도 의미 있는 행사다. 그날 피자 파티의 주인공이 된 제프리는 자신이 일터에 돌아와 기쁜 사람이 자기 혼자는 아니라는 것을 알 수 있었다. 모두가 그와 함께 축하했으니까.

《순간의 힘》의 저자인 칩 히스와 댄 히스는 이를 '결정적 순간'이라고 부른다. "개인에게는 순간이 중요하다. 우리는 특별한 순간들을 기억하고 소중히 여긴다"라는 그들의 말은 핵심을 관통한다.

훌륭한 관리자는 이런 결정적 순간, 그중에서도 특히 히스 형제의 말에 따르면 '고양과 긍지, 교감'을 일깨우는 순간을 창조해 내는 전문가다. 이 3가지 요소는 '통찰력'과 함께 인생에서 가장 긍정적인 경험을 만들어 내며, 그들은 "이러한 순간들은 많으면 많을수록 좋다"라고 말한다. 그러나 대부분의 일터는 너무도 목표 지향적이기 때문에 관리자들은 목표와 관련된 순간이 의미 있을 때만 그 목표가 중요해진다는 사실을 이해하지 못한다.

축하 행사는 직원들에게 결정적 순간을 제공해 주는 하나의 방법일 뿐이다. 그리고 내 경험상 이는 실패하는 법이 없다. 라이징 타이드에서 직원들에게 그들이 인정받고 있음을 알려 주는 몇 가지 방법들을 소개한다.

적응지원

기업들이 신규 고객을 맞을 때만큼이나 신입 사원을 환영하는 방법에 관해 많은 시간과 노력을 들여 고민한다면 어떨까. 새 직장에 출근한 첫날은 지도도 없이 관습이나 문화도 모르는 낯선 땅에 뚝 떨어지는 것과도 비슷하다. 하지만 대부분의 조직은 당신을 낯선 방에 데려가 회사 내규를 건네주고 읽고 서명하라고 한 다음, 쉴 새 없이 낯선 사람들에게 떠밀 것이다. 당신은 정신없이 인사를 나누며 수많은 얼굴과 이름을 외우느라 버둥거리고, 머릿속에서는 대답 없는 질문들이 폭풍처럼 달음질친다. 언어치료사인 내 친구가 대학 졸업 후 첫 직장에 취직했을 때 겪은 일이 생각난다. 그녀는 심리 상담실에 출근한 첫날 울음을 터트리고 말았는데, 그건 전혀 드문 일이 아니었다. 그 회사의 적응지원 과정은 신입 사원에게 일정표를 던져 주고 곧바로 상담 업무에 투입하는 것이었다. 비품실 같은 건 구경도 하지 못했다. 그 끔찍한 경험 때문에 친구는 첫

날부터 회사에 반감을 품게 되었고 그것은 그녀의 다른 경험에도 악영향을 끼쳤다. 반면에 라이징 타이드에서는 신입 사원이 입사해 처음으로 경험할 일주일을 아주 세심하게 준비한다.

- 먼저 예비직원은 입사하기 전 며칠 동안 사전 훈련 프로그램을 통해 조수석 풀서비스 과정을 숙지하고 있는지 검증받는다. 이는 앞으로 일할 공간을 익히고 나아가 관리팀(훈련담당자)과 친숙해지는 과정이다. 이렇게 하면 공식적인 출근 첫날부터 자신의 기본 직무에 대해 자신감을 가질 수 있다.

- 근무가 시작되면 신입 사원과 능숙한 팀원을 연결해 짝을 지어 준다. 이러면 신입 사원이 품을 만한 많은 궁금증을 비공식적인 채널로 해결할 수 있다. 이렇게 형성된 파트너는 애프터케어, 휴식, 부수적 업무 등 모든 일을 함께 수행한다. 모든 팀이 신입직원을 반갑게 맞이하기 때문에 적응 기간이 굉장히 짧다. 겨우 몇 번의 교대근무만으로도 끈끈한 우정이 만들어지곤 한다.

- 첨단기술을 활용해 부족한 점을 보완한다. 5편의 적응지원 동영상을 통해 자주 묻는 실용적인 질문(출퇴근 기록은 어떻게 하는지, 일정표는 어디서 찾을 수 있는지, 어떤 규칙이 있는지, 누구에게 도움을 요청해야 하는지 등)에 대한 답변과 필수 규정(성희롱, 행동 규범, 괴롭힘 등) 등을 제공한다. 되도록 첫 출근 전에 미리 교육을 받도록 권장하지만, 가정에서 인터넷을 사용할 수 없는 경우에는 첫 3회의 교대근무 기

간 내에 교육을 완수해도 된다. 또한 채용 후 첫 2주일 동안 매일 문자메시지로 신입 사원에게 짧은 단기 교육 영상(각 3분)을 제공한다. 부수적 업무를 수행하는 방법에 관한 내용으로, 만일 동료 팀원이 방법을 잘 숙지하지 못했다면 이 기회를 통해 해당 업무를 다시 익힐 수도 있다.

훈련

우리는 훈련 자료를 작성할 때 본보기로 내세울 모범 직원을 선택한다. 직원들은 훈련 프로그램의 모범 사례로 선택되었다는 것이 곧 동료들 사이에서 전문가로 인정받았다는 의미라는 걸 안다. 루이사는 '주제별 전문가'를 인터뷰하고, 관련 업무를 수행하는 모습을 관찰하며, 사진을 찍는다. 이는 고품질의 훈련 자료를 만들 수 있을 뿐만 아니라, 직원들에게 본인이 중요하고 유능한 인재라는 자부심을 줄 수 있는 아주 간단한 방법이다.

인정 및 표창

직원의 사기진작이 필요할 때, 우리는 대기실에 우수 직원 영상을 반복 재생하며 그들의 뛰어난 업무 성과와 성격을 조명한다. 파워포인트로 간단한 슬라이드를 만들어 직원들의 장점을 소개하고 그들이 우리 지점에 얼마나 큰 기여를 하고 있는지 널리 알리는 것이다. 브라이언은 자신이 영상에 나오는 것을 보고는 함박웃음을 지었다가 이내 큰 소리로 웃음을 터뜨렸다. 이런 소개 영상은 직원들에게 일종의 유명인사가 된 것 같은 기분을 느끼게 한다. 그보다 더 중요한 것은 자신이 인정받고 있다는 느낌을 받는다는 것이다. 직원들은 고객들이 대기실에서 이 영상을 보는 것을 좋아하고, 고객들은 세차가 끝난 차량을 넘겨받을 때 화면 속 직원을 기억하고 이름을 불러 영상의 효과를 더욱 증진시킨다.

'딱 걸렸어 게시판'도 있다. 매니저를 비롯해 누구나 사용할 수 있는 게시판으로, 좋은 일을 한 사람이 있으면 이 게시판을 통해 축하하거나 칭찬할 수 있다. 심지어 우리 매니저들이 사용하는 작업장 점검 체크리스트에 '딱 걸렸어 게시판에 무언가를 적을 것'이라는 항목이 있을 정도다. 인간은 선천적으로 잘못된 일에 초점을 맞추려 한다. 하지만 이 게시판은 직원들을 칭찬하는 동시에 사고방식을 변화시켜 긍정적이고 좋은 일에 초점을 맞추도록 하기 위한 것이다. 이 아이디어는 긍정심리학의 대부인 마틴 셀리그먼이 제안한 감사 일기에서 영감을 얻었다. 연구조사에 따르면, 하루를 마무리하면서 그날 있었던 좋은 일 3가지를 적으면 감사 근육을 강화할 수 있다. 이 게시판은 또 다른 트립 와이어 역할도 하는데, 게시판에 아무것도 적혀 있지 않으면 작업장 점검이 제대로 이뤄지지 않고 있다는 의미다.

첨단기술과 평가 도구도 직원들의 칭찬거리를 찾는 데 도움이 된다. 컬처 앰프Culture Amp와 같은 피드백 수집 플랫폼부터 다양한 관리운영 도구와 노무관리 통계, 근무 시간에 이르기까지, 우리가 추적하는 수많은 정보가 매일같이 기회를 제공한다. 비즈니스 운영이 스마트해지면서 긍정적인 점도 더 쉽게 포착할 수 있게 되었다. 현재는 직원들이 일을 훌륭하게 할 때나 개선이 필요할 때를 알아내기 위해 카메라를 이용한 감사를 시험 운영 중이다. 말하자면 스포츠에서 플레이를 개선하기 위해 시합 영상을 돌려보는 것과 비슷한데, 팀원들에게 훌륭하고 적절하며 실시간 피드백을 줄 수 있는 독특한 도구다. 피드백처럼 칭찬도 충분히 구체적일 때에만 의미가 있고 적절한 효과를 거둘 수 있다. 정확한 측정 및 평가는 이런 기회를 배양하는 데 큰 도움이 된다.

포기해야 할 때

나는 비즈니스를 운영할 때 사람을 충분히 믿지 않는 것보다 지나치게 믿는 편이 낫다는 것을 알게 되었다. 이는 우리의 사명에 부합할 뿐만 아니라, 다른 기업에서는 고려조차 하지 않는 직원들과 아주 멋진 팀을 꾸릴 수 있게 해 주었다. 이 장의 첫머리에서 훌륭한 관리자가 '거의 항상' 훌륭한 사원을 배출한다고 말한 것이 기억나는가? 여기서 '거의'라는 부분에 대해 설명할 필요가 있겠다.

직원의 업무 수행 능력이나 노력에 부합하는 정도에 비해 더 오래 직책을 맡게 내버려 둔 적이 있다. 나는 잘못을 교정하거나 개인의 개발을 위한 대화를 나눌 때 대충 넘어가는 경우가 거의 없지만, 가끔 내가 하는 말이나 바라는 바가 마법의 총알처럼 작동한다는 환상에 빠질 때가 있다. 실제로 어떤 직원은 당신이 듣고 싶어 하는 말을 해 줄 것이다. 그러므로 그들의 의도를 말이 아닌 행동으로 판단해야 한다. 한 차례의 대화만으로 행동에 변화가 나타난다면 그 사람은 업무 몰입도가 높고 행동을 개선할 의지가 강한 것이다. 분명히 노력하는 것 같은데도 여전히 미흡하다면, 그래도 괜찮다. 다시 한번 깊은 대화를 시도해 보라. 같은 문제점에 대해 2번 이상 대화를 나눈 후에도 변화가 보이지 않으면 변화할 의지가 없는 것이니 교체를 고려해야 한다. '명확한 것이 친절한 것이다'라는 말처럼 때로는 좋은 직장을 잃는 명확한 결과가 그들의 삶의 여정을 지원하는 최선의 방법일 수 있다.

상대방에게 지나치게 공감할 수도 있을까? 그렇다. 비즈니스의 수행 방식과 직원이 코칭에 반응하는 방식에 대한 데이터는, 연민과 이에 필수적으로 수반되는 책임감 사이에 균형을 유지할 수 있는 방법이다. 다만 책임감에 관해서는 2부에서 자세히 다루겠다.

가능성 상자를 여는 실행 과제 3: 직원 개발

리더십에 관한 전통적인 이야기들은 리더를 권위자나 영웅으로 그
린다. 진정으로 뛰어난 관리자는 모든 직원에게서 잠재력을 발견하
고 그들이 잠재력을 개발할 수 있도록 관심을 기울인다.
직원들에게 다음을 가르치는 것부터 시작하라.

- 명확한 피드백 주고받기
  - 이 주제와 관련해 내가 제일 좋아하는 전문가는 《실리콘밸리의 팀장
    들》의 저자 킴 스콧과 《우주인들이 인간관계로 스트레스받을 때 우주
    정거장에서 가장 많이 읽은 대화책》의 저자 쉴라 힌이다.
- 코칭 대화 나누기
- 마음 쓸 권한 강조하기
- 문제 행동에 대해 성급한 결론을 내리기 전에 맥락 파악하기
- 조직 문화의 핵심적 특성으로 겸허함과 호기심 장려하기
- 동료 직원 축하해 주기
- 훈련 과정 개발 및 실행에 초급 직원 참여시키기
- 직원들을 인정하고 칭찬할 공간 마련하기
  - 예) 딱 걸렸어 게시판, 우수 직원 슬라이드나 동영상

읽으면 좋은 추천 도서: 칩 히스, 댄 히스의 《순간의 힘》

리더가 솔선수범하기
- 조직 내 최고 리더와 직속상사가 훌륭한 코칭의 모범을 보임으로

써, 팀 전체에 코칭의 중요성을 알린다.

- 리더는 직속 부하직원에게 피드백을 요청하고 이를 흔쾌히 받아들일 수 있어야 한다. 최고위직에 있는 리더가 피드백을 듣고 개선하려는 의지가 없다면, 다른 팀원들도 똑같이 행동하게 마련이다.

팀원에게 관심을 기울이는 리더에게 보상하기

- 다른 직원을 코칭하고 개발하는 것을 승진의 핵심 요건으로 삼는다. 재무 성과지표를 충족하거나 초과하는 것은 승진 기준의 일부일 뿐이다. 함께 일하는 팀과 동료들에게 미치는 영향에도 동등한 비중을 둬야 한다.

- 이는 360도 평가(조직 내 구조에서 자신보다 위, 아래, 동일한 수준의 팀원으로부터 피드백을 받는 방식)와 직원의 기술 개발 추이를 추적할 수 있도록 세심하게 설계된 학습관리 시스템을 사용해 측정할 수 있다. 우리의 경우 학습관리를 위해 오퍼스를 사용 중이며 매우 만족하고 있다.

- 직장 내 괴롭힘은 절대로 용납해서는 안 된다. 부하직원을 괴롭히기 좋아하는 리더만큼 코칭과 개발 문화에 해악을 끼치는 것도 없다. 누구나 자신의 행동을 시정할 기회를 부여받을 자격이 있지만, 다음과 같은 경우에는 굳이 붙잡을 필요가 없다.
  - 실수를 인정하고 자기 방식을 수정하지 않는 경우
  - 팀의 실패를 배울 기회로 활용하지 않는 경우
  - 화를 자주 내고 이후 인간관계를 개선하는 데 필요한 조치를 취할 의향이 없는 경우

Chapter

4

최악의 직원을
해고 조치하는 규정

✦ **혹시
당신의
회사도?**

고객들이 종종 '형편없는' 고객 서비스나 제품의 문제
로 당신의 비즈니스와 관련해서 좋은 경험을 하지 못한
다. 한편 직원들은 회사에 대한 불만이 많고 기존에 당
신이 확립한 규정을 무시한다.

어느 봄날, 나는 책상에 앉아 신규 개업 예정인 코럴 스프링스 지
점에 관해 건축가와 통화를 하고 있었다. 대화 중간에 모니터를 힐
끗 보니 마게이트 지점의 세차 터널로 밴 한 대가 들어오고 있었
다. 옆에서는 신입인 샤니크 라이트가 고객을 맞을 준비를 하는 중
이었다. 특이한 것이라곤 전혀 없는 풍경이었다. 몇 분 뒤, 계속 통
화를 하면서 무심코 다시 모니터에 시선이 닿았다. 나는 깜짝 놀라
모니터를 다시 봤다. 아까 본 밴이 아직도 거기 있었다. 몇 분 전 있

던 자리에서 꼼짝도 하지 않은 채 말이다! '차가 걸렸잖아!'

자동 세차 터널에 차량이 갇히는 일은 세차장 사장들이 절대 바라지 않는 일 중에서도 일등일 것이다. 나는 전화를 끊고 재빨리 차에 올라탔다. 마게이트 지점으로 쏜살같이 달리는 동안 꼼짝도 않는 밴 뒤에 늘어선 긴 줄과 잔뜩 짜증이 난 고객들, 공중에서 주먹을 흔드는 윽박지름, 세차장 시설과 차량이 손상되었을 가능성에 대해 상상했다. '맙소사.'

15분 후, 마게이트 지점에 도착했을 때도 밴은 여전히 그 자리에 서 있었다. 그리고 역시 그 뒤에는 긴 줄이 늘어서 있었다. 가까이 다가가 보니 문제가 무엇인지 확실해졌다. 차량의 지붕이 우리 세차장에 들어오기에는 너무 높아 터널 입구에 걸리면서 끼어 버린 것이다. 우리 팀 기술자가 타이어 밑에 고무매트를 끼워 넣어 밴을 뒤로 빼내려 하고 있었고, 세차 터널 담당인 샤니크와 디디 브로드즈키는 너무 놀라 그저 옆에 멍하니 서 있었다.

나는 근처에 서 있는 밴의 운전자를 보고는 속으로 신음했다. 물론 '어떤 고객'의 차량도 세차 터널에 끼어 손상되어선 안 되지만, 하필 이 고객이라니. 그의 회사는 우리 세차장에서 한 달에 수백 대의 차량을 세차했고 우리의 가장 큰 고객이기도 했다. 이 사태를 최대한 봉합할 수 있길 빌며 나는 다가가 그에게 인사를 건넸다. 그는 자신의 상사가 전에도 저 차를 여기서 세차했다고 말했다며 걱정하지 말라고 했다.

그때 무언가 커다랗게 부딪치는 소리가 우리의 대화를 방해했다. 기술자가 밴을 빼내는 도중에 끼어있던 플라스틱 아치 부분이 부서지면서 바닥에 떨어진 것이다. 밴에는 약간 긁힌 자국이 남긴 했지만 잘 닦아서 다시 운전자에게 맡겼다.

세차 줄이 다시 움직이기 시작했을 때, 그 자리에 있던 모든 이가 얼마나 안도했을지 짐작할 수 있을 것이다. 샤니크와 디디만 빼고 말이다. 샤니크는 이제껏 받은 훈련 내용을 충실하게 따르지 않았다. 차량이 터널 입구보다 커 보이면, 직원은 요금 정산소 근처에 비치된 막대기를 가져와 차량의 크기를 측정해야 한다. 차량 높이가 막대기의 길이를 초과하면 세차 터널에 들어갈 수 없다. 숙련된 직원인 디디 역시 샤니크가 문제의 차량에 세차 터널로 진입해도 좋다고 했을 때 머릿속에서 비명을 지르던 직감을 무시했다. 따라서 두 사람 모두 사고에 책임감을 느꼈고 그로 인한 결과를 걱정하고 있었다.

이제 어떻게 해야 할까? 다른 자동차 세차장, 또는 다른 일터에서 이러한 종류의 실수는 누군가의 해고로 이어질 수 있다. 어쨌든 직원이 무능하거나 직무를 등한시하거나 또는 명백한 과실을 범해 부정적인 결과를 가져왔다면 해고를 '당할 만하다.' 또한 일종의 본보기를 제시함으로써 다른 팀원들에게도 실수를 저질렀을 때 어떤 결과가 발생할 수 있는지 알려 줄 필요도 있다. 이는 사람들이 문제에 민감하게 반응해 다시는 이런 일이 일어나지 않게 하는 긍정적이고 건전한 두려움을 야기한다. 어쨌든 우리의 바람은 그렇다.

이러한 사고방식은 일견 합리적으로 보이지만 그렇기 때문에 더욱 교묘하여 알아차리기 힘든 숨은 문제이기도 하다. 사실 신속한 해고는 문제 예방에 그다지 효과적이지 못하다. 오히려 비즈니스의 성장을 저해하는 문제를 해결하는 데 방해가 될 수 있다. 또한 직원들이 결과에 대한 두려움 때문에 실수를 감추도록 부추길 수도 있다.

10년 전이었다면 나도 무능한 직원을 신속하게 해고하는 것이 비즈니스를 깔끔하게 운영하는 방법이라고 생각했을 것이다. 그러나 라이징 타이드의 창립 사명은 이러한 사고방식을 막고 문제가 있는 직원을 다른 관점에서 보게 만든다. 알다시피 우리의 비즈니스 모델은 다른 기업들이 인재로 여기지 않는 직원들을 채용하고 그들이 훌륭한 직원이 될 수 있게 역량을 강화하는 데 바탕을 두고 있다. 다시 말해, 직원이 업무에 어려움을 겪더라도 해고는 최후의 수단이다. 3장에서 본 것처럼 때때로 개인의 개발과 관련된 문제가 발생할 경우, 우리는 가장 먼저 코칭을 시도한다. 그다음 단계는 비즈니스 자체에 시스템적인 결함이 있는지 점검하는 것이다.

직원을 해고하기 전에 이 책의 가장 중요한 주제이기도 한 다음 질문을 던져보자. '직원이 우리 회사에서 잘하지 못하고 있는 것인가, 아니면 우리 회사가 그들이 잘할 수 없도록 만들고 있는 것인가?' 후자라면 문제 직원을 무작정 해고하는 것은 비즈니스를 더욱 잘 운영할 기회를 놓치는 길일 테다.

'형편없는' 직원은 운영 방식을 개선하고 직원과 고객에게 더 나은 경험을 제공할 기회를 알리는 경종이 될 수 있다. 우리 회사에서 가장 뛰어난 직원 중 상당수가 이미 다른 회사에서 해고를 경험한 사람들이다. 우리에게 그들은 실패자가 아니다. 그들은 우리가 찾아 고쳐야 할 시스템상의 결점에 매우 민감한 '극단적 사용자'들이다. 그들의 데이터를 수집하고 업무에 활용하기 위해, 우리는 팀이 최고의 성과를 낼 수 있도록 관리자들이 시스템과 도구, 프로세스와 문화를 흔히 제품 개발자들이 인간중심 또는 사용자 중심 디자인이라고 부르는 방식으로 설계하도록 교육한다. 인간 중심 디자인에서 극단적 사용자는 매우 중요한 존재다.

터널에 낀 밴의 경우, 내가 가장 먼저 한 일은 샤니크의 이야기를 듣는 것이었다. 밴이 세차장에 들어왔을 때 그녀는 생각했다. '저 밴은 너무 큰데?' 너무 커서 세차 터널 진입이 힘들 것 같다는 샤니크의 말에 운전자는 무시하듯 대꾸했다. "아니거든요. 전에도 여기서 세차한 적이 있다고요." 샤니크는 신입 사원이었고 고객이 고집을 부렸기에 결국 들어가도 좋다는 손짓을 했다. 기다리고 있는 세차 줄의 속도를 늦추고 싶지 않았고 막대기를 가져 와야 한다고 우겨 고객을 화나게 만들고 싶지도 않았던 것이다.

이 사건을 한쪽에서 보면 이렇다. 바로 이런 사고를 방지할 완벽하고 실패할 리 없는 도구가 있는데도, 직원이 그걸 사용하지 않았다. 이런 일이 발생한 건 전적으로 직원의 실수다. 그러니 그 직원을 해고하자.

하지만 또 다른 관점에서 보면 도구 자체에 결함이 있으므로 개선이 필요하다고 할 수 있다. 지금 샤니크를 해고할 수도 있지만, 이 문제는 언제든 다시 표면화될 가능성이 커 보였다. 다음 주, 내년, 언제가 될지는 몰라도 똑같은 문제가 다시 일어날 게 분명하다. 어떤 비즈니스에서든 고객은 마찰을 일으킬 수 있는 잠재 요소이기 때문이다. 따라서 이를 중심으로 시스템을 다시 설계할 필요가 있었다. 고객과의 상호작용을 간소화할수록 직원들이 업무에 집중할 수 있고 이는 비즈니스에도 도움이 된다. 기존에 사용하던 도구는 직원들이 고집 센 고객을 설득할 수 있을 때만 효과적이었다. 그래서 고객을 만족시키고 싶어 하는 열정이 있음에도 입사한 지 얼마 되지 않아 자신감이 부족한 샤니크는 실수를 저지를 수밖에 없었다. 하지만 샤니크라는 개인을 넘어 라이징 타이드의 독특한 운영 방식을 고려하면, 이는 업무 설계 자체가 잘못되어 있다고 이해해야 했다.

이 사건의 경우, 문제를 완전히 해결하면서도 구하기 쉬운 완벽한 도구가 있었다. 바로 '높이제한 봉'이었다. 높이제한 봉은 차량이 통과 가능한 최대 높이에 체인으로 걸어놓은 가로 봉으로, 세차장이나 주유소, 주차장 같은 곳에서 자주 볼 수 있다. 차량 지붕이 너무 높아 봉에 부딪치면 고객은 차를 뒤로 뺄 수밖에 없다. 높이 제한 봉을 설치하면 직원들이 차량의 높이에 따로 신경 쓸 필요가 없다. 이것이야말로 우리가 찾던 도구였다. 사업 초기에는 200~300달러나 드는 높이제한 봉보다 3달러짜리 막대기가 더 좋아 보였지만, 이제는 우리도 수익을 내고 있으니 향후 빠르고 완벽한 운영을 생각할 때 높이제한 봉은 아주 현명한 투자였다.

이런 경험을 한두 번 한 게 아니다. 우리가 이룩한 최고의 개선과 혁신은 거의 항상 '누군가가 일을 망쳐서' 이뤄졌다. 우리는 일터에서 마찰이 발생하면 직원을 비난하는 대신 어떤 부분에 개선이 필요한지 묻는다. 우리는 직원들의 도움으로 온갖 터무니없는 문제들을 해결할 수 있었다. 긴장한 고객들이 세차 터널을 통과하게 돕는 더 나은 방법을 찾아냈고, 남부 모든 세차장의 재앙인 러브버그를 처리할 도구를 만들었다. 그리고 물자국 없이 창문을 닦을 수 있는 최고의 도구라고 할 수 있는(적어도 이 생각이 틀렸다는 게 밝혀질 때까지) 수건도 발명했다. 이 마지막 발견은 직원중심 설계를 받아들임으로써 얻은 가장 중요한 이점을 암시한다. 바로 우리가 항상 혁신적인 해결법을 추구하는 문화를 발전시켰다는 것이다. 책임을 전가하거나 문제를 무시하는 대신, 우리는 언제나 상황을 개선할 방법을 추구한다.

독자 여러분의 미심쩍어하는 모습이 눈에 보이는 것 같다. "알

왔어요. 하지만 거긴 세차장이잖아요. 뚜렷한 사명도 있고. 하지만 모든 형태의 비즈니스가 그럴 수는 없어요. 우린 직원을 해고해야 한다고요."

그렇다. 때로는 사람을 해고해야 할 때가 있다. '우리'에게도 사람을 해고해야 할 때가 있었다. 그러나 직원 문제를 맞닥뜨렸을 때 가장 먼저 보여야 할 반응은 그들이 왜 일에 어려움을 겪고 있고 그 이유가 무엇인지를 객관적으로 살펴보는 것이다. 때때로 이러한 탐구가 흥미로운 깨달음과 실질적인 개선으로 이어져 '나쁜' 직원이 훌륭한 직원으로 변모하기도 한다. 또는 똑같이 흥미로운 깨달음과 실질적인 개선으로 이어지긴 하지만… 그럼에도 결국 직원을 해고해야 하는 경우가 생기기도 한다. 정말로 그렇다. 하지만 출발점은 언제나 비즈니스를 개선할 방법에 대한 객관적인 탐구조사다. 사람들이 열과 성을 다해 노력하는 모습을 지켜보는 것은 엄청나게 중요한 일이다.

이 점에서 일터에서 어려움을 겪는 직원들을 일종의 기회로 여기는 구글은 내 동료라고 할 수 있겠다. 구글은 조직 내 성과에 있어 하위 5퍼센트의 직원들을 계속 추적 조사하는데, 이는 그들을 해고하기 위해서가 아니다. 라즐로 복은《구글의 아침은 자유가 시작된다》에서 이렇게 지적한다. "대부분의 기업은 실패의 연옥에 살면서 언제 해고될지 모른다는 두려움에 시달리는 '하위 꼬리' 직원들을 해고한다. '상위 꼬리'의 경우에는 승진과 성과급, 동료와 경영진의 칭찬에 이르기까지 삶이 이보다 더 즐거울 수 없다. 그러나 대부분의 조직이 놓치고 있는 사실은 하위 꼬리에 있는 이들이 성과 개선에 있어 가장 큰 기회를 의미한다는 것이다."[1]

직원을 위한 피벗 전략

인간중심 디자인^{human-centered design}(이하 HCD) 그리고 이보다 더 넓은 개념인 '디자인 사고^{design thinking}'는 직원들이 겪는 어려움을 개선과 혁신으로 전환하여 우리의 직원과 비즈니스 양쪽 모두에게 도움이 되었다. HCD는 주로 제품 디자이너가 사용하는 방법론으로, 제품을 사용하는 당사자가 제품 개발에 참여하면 제품을 더욱 잘 개선할 수 있다는 발상을 기반으로 한다. 디자인 컨설팅 회사인 IDEO는 디자인 사고를 다양한 업무에서 수용할 수 있는 창의적인 문제해결 도구로 인식하고 그 적용 범위를 계속해서 넓혀 가고 있다. 하지만 내 디자이너 친구들은 이 방법론을 우리처럼 직원 경험에 적용한 사례는 들어 본 적이 없다고 말한다.

인간중심 디자인은 사람들이 온 경력을 바치기도 하는 매우 복잡한 방법론이다. 나는 IDEO의 인간중심 디자인 툴킷을 어떻게 세차장이라는 실제 현장에 적용할 수 있을지 오랫동안 고민했다. 우리가 라이징 타이드에서 하는 일은 결국 HCD에서 영감을 받았다고 말하는 것이 정확할 것이다. 우리는 리서치 회사나 경영 컨설팅 회사가 아니라 세차장이기 때문에 엄격한 프로세스보다는 보다 느슨한 체계와 명확한 사고방식으로 운영되고 있다. 그러나 우리의 HDC는 IDEO 체계에서 차용한 다음과 같은 3가지 기본 단계로 구성되어 있으며, 실제 현장에 도입한 결과 뛰어난 효과를 발휘했다.

1. **창조적 영감**
2. **프로토타입**
3. **반복**

내가 경영대학원에서 배운 문제해결 방법론은 항상 문제를 파악하고 정의하는 것에서 시작했다. 그건 우리도 마찬가지이지만, 아주 적절하게도 우리는 이 첫 단계를 '창조적 영감'이라고 부른다. 이 영감의 불꽃이 피어오르는 계기는 대개 직원이 일으킨 문제나 실수, 갈등이다. 예전에는 뭐라고 불렸는지 몰라도 어쨌든 이제 이런 것들은 모두 영감의 불꽃이다.

문제를 정의한다는 것은 직원의 관점에서 문제를 면밀히 파악하는 것, 다시 말해 3장에서 언급한 것처럼 맥락을 이해하는 것을 뜻한다. 우리 세차장의 관리자들은 효과적인 코칭의 첫 단계인 겸허함과 호기심을 발휘해 맥락을 이해하도록 훈련받는다. 이는 때

때로 실질적인 코칭으로 이어지는데, 가끔은 조직의 설계 여정, 즉 영감의 출발점이 되기도 한다.

맥락을 파헤치기 시작하면 종종 그 범위가 '문제 직원' 이상으로 빠르게 확장된다. 내가 제일 좋아하는 창의적 영감은 코너라는 직원에게서 시작되었다. 자폐가 있는 사람들은 다른 장애나 건강 문제를 함께 갖고 있는 경우가 많다. 코너는 자폐 말고도 불안장애를 가지고 있었다. 코너는 평범한 상황에서도 자주 불안감을 느꼈다. 일상적인 점검을 하느라 옆을 지나가기만 해도 그는 안절부절 못하며 "내가 뭘 잘못했어요? 뭐가 잘못됐어요?"라고 묻곤 했다. 또 코너는 다른 사람들이 기대하는 방식으로 공감을 표현하는 데에도 어려움을 겪었다. 이 2가지 특성은 마게이트 지점을 열고 얼마 후 우리가 그에게 세차 터널 안내원 역할을 맡기면서 종종 심각한 갈등 상황을 불러오곤 했다.

우리는 풀서비스를 제공하는 자동세차장이다. 고객이 할 일이라곤 자동차를 컨베이어 벨트 위에 올려놓는 것뿐이다. 세차를 해본 적이 있다면 어떻게 해야 할지 잘 알 것이다. 컨베이어 위로 차를 몰고 올라가, 기어를 중립으로 놓은 다음, 브레이크에서 발을 뗀다. 모든 게 순조롭게 진행되면 차가 알아서 앞으로 움직이는 동안 가만히 앉아 물과 거품 그리고 세차기계가 움직이는 모습을 구경하면 된다(어린아이는 물론, 놀랍도록 많은 어른이 그 광경을 정말 좋아한다).

터널 안내원으로서 코너의 문제점은 금세 드러났다. 차량을 어떻게 컨베이어 위로 올려야 하는지 모르는 고객을 처음 맞닥뜨렸을 때였다. "어떻게 해야 하죠?" 어르신 운전자가 얼굴을 찡그리며 물었다. 고객에게 필요한 것은 침착하고 명확하게 그리고 예의 바르게(특히 '예의 바르게'에 방점을 찍어서), 해야 할 일을 차례대로 설명해 줄 사람이었다. 하지만 운전자가 불안해하고 있다는 것을 감지한 코너는 곧바로 평정을 잃었다. "어떻게 기어를 중립에 놓는 법을 모를 수 있어요?" 그는 세차장 기계의 소음을 압도할 정도로 크게 고함을 치며, 격렬한 동작으로 설명이 적힌 안내문을 가리켰다. 당황한 고객은 노골적으로 짜증을 냈고, 그러한 상대의 반응이 코너의 편집증을 폭발시켰다. "당신 뭐가 문제야? 날 해고시키려고 이러는 거예요?"

그 후로 몇 주일 동안 비슷한 상황이 여러 차례 반복됐다. 코칭 대화도 그의 행동을 변화시키지 못했다. 얼마 지나지 않아 최악의 시나리오가 실현되고 말았다. 코너가 근무 중에 고객과 충돌을 일으킨 것이다. 코너의 '고객 서비스'에 당혹한 고객이 허둥거리다 기어를 중립에 놓지도 않고 브레이크에서 발을 떼 버렸고, 다음 순간 뷰익이 새로 뽑은 레인지로버의 뒤 범퍼에 키스를 하고 말았다.

안내 과정에서 이런 문제가 생긴 것은 처음이었기에, 우리가 모든 것을 코너의 잘못으로 결론 내려 그를 애프터케어팀에 배치하거나 아예 해고해 버렸다면 가장 간단했을 것이다. 하지만 우리는 맥락을 파악해야 했다. 이건 분명 코너의 자폐와 관련된 문제였다. 하지만 이를 제외하고 코너의 관점에서 본 맥락은 무엇일까? 일단 코너가 일하는 지점은 문을 연 지 얼마 되지 않았다. 이전에 그가 일하던 파크랜드 지점과는 달리 마게이트 지점은 개업을 하자마자 고객들이 밀려들었고, 그래서 코너의 업무에도 상당한 부담이 가중되었다. 고객들의 나이도 많았다. 마게이트 지역에는 퇴직자가 많이 거주했기 때문이다.

하지만 그보다 더 중요한 것은 마게이트 지점이 유독 바빠진 이유였다. 우리 세차장은 그 지역에 있는 유일한 컨베이어 세차장이었다. 파크랜드와 달리 이곳에는 경쟁업체가 없었다. 이는 많은 고객이 컨베이어 세차장을 이용해 본 경험이 없거나 또는 적어도 최근에 이용한 적이 없다는 뜻이다. 그래서 고객들은 시끄러운 소음으로 가득한 세차장 입구까지 차를 몰고 오긴 했어도 그다음에 어떻게 해야 할지는 잘 알지 못했다.

차량을 컨베이어 벨트 위에 올리는 방법을 단계별로 설명하는 안내문은 2.5미터 높이의 표지판에, 전구가 깜박거리는 조명 아래 적혀 있었다.

- 기어는 중립
- 브레이크에서 발 떼기
- 핸들에서 손 떼기

- 와이퍼 끄기
- 안테나 접기

세차장 업계에서 흔히 사용하는 표준 안내문이었다. 하지만 고객들에게 세차 경험에 대해 의견을 묻자 이렇게 답했다. "터널에 들어가기 직전, 그것도 겨우 5초 만에 보고 어떻게 따라 할 수 있겠어요?" 깜박이는 조명은 사람들의 주의를 끌기 위한 것이었지만 동시에 '위험'하다는 메시지를 전하고 있었기에 고객들의 불편함을 더욱 가중시켰다.

전체적인 맥락이 밝혀지자 코너가 겪고 있는 어려움이 더 큰 문제점을 가리키고 있음이 확실해졌다. 고객들에게는 지금보다 더 많은 도움이 필요했다. 우리가 설치한 안내판은 효과도 없을뿐더러 오히려 상황을 더 악화시키고 있는지도 몰랐다. 코너의 불안증세가 심한 건 사실이었지만, 그가 겪고 있는 문제점은 다른 모든 직원에게도 해당되었다. 항상 그렇듯, 우리에게는 압박감이 있는 상황에서 직원들의 대인소통 능력에만 의존할 필요가 없는 해결방안이 필요했다. 이럴 때 최대한 간단하고 시각적인 방법으로 소통하려면 어떻게 해야 할까?

이 문제를 해결할 도구를 찾기 위해 온 사방을 샅샅이 뒤진 결과, 다른 세차장에서 하나를 발견했다. 한쪽에는 '기어 중립, 브레이크 안 됨'이라고 적혀 있고, 다른 한쪽에는 '전진 주행'이라고 적

흰 패들(손잡이가 달린 노 모양의 판자-옮긴이)의 표지였다. 이를 사용하면 안내원이 말을 하지 않고도 고객에게 필요한 지시를 할 수 있었다. 이 기막힐 정도로 단순한 도구 덕분에 세차 절차를 혼란스러워하는 고객의 수가 단번에 줄었다. 거의 매일같이 감정적인 폭발을 일으키던 코너도 탄탄한 실적을 쌓아 자존감이 크게 상승했다. 패들을 손에 쥔 그는 유능하고 자신감 넘치는 터널 안내원이 되었다(여전히 강박증에 시달리긴 하지만 그 정도는 괜찮았다). 마게이트에 일하는 모든 직원에게 패들을 지급하자 시간당 세차 대수가 겨우 몇 주일 만에 약 15퍼센트나 증가했다. 후에 우리는 직원들의 피드백을 기반으로 패들을 수정해 문자로 된 지시를 아이콘으로 바꾸고 '와이퍼 중단'도 추가했다. 덕분에 안내원이 고객에게 설명하기 위해 창문을 내려 달라고 요청할 필요 없이, 몸짓으로 패들만 가리키면 되었다.

프로토타이핑의 2가지 규칙

패들과 높이제한 봉은 기존에 존재하는 솔루션을 찾아 즉시 문제를 해결한 경우다. 하지만 창조적 영감 단계 이후 해결책을 완전히 처음부터 구축해야 하는 경우가 더 많았다. 따라서 그다음 단계는 모형을 창안하고 제작하는 프로토타이핑prototyping이다.

프로토타입은 실재하는 사물이자 사고방식을 가리키기도 한다. 프로토타입은 관리자뿐 아니라 팀원이라면 누구나 개발할 수 있다. 프로토타입 문화는 의도적인 개발 문화와 마찬가지로 행동 지향적이다. 신속하게 해결책을 고안해 내고, 앞으로 그것을 사용할 사람들로부터 피드백을 받고, 피드백을 바탕으로 반복하며 계속해서 개선해 나가는 것이다. 프로토타이핑 사고방식은 영감 단계에서 아무리 철저하게 맥락을 파악한다고 해도 자신이 '천재'가 아니라는 사실을 깨닫게 해 준다. 문제를 해결할 통찰력을 제공해 줄 가능성이 가장 큰 진짜 천재는, 해결책을 최종적으로 사용할 사람이다.

예를 들어, 안내용 패들은 고객이 컨베이어 벨트 위에 차량을 어떻게 올려놓는지 알리는 데에는 완벽한 도구였지만 새로운 문제를 야기했다. 터널 안내원이 두 손을 사용할 수 없어서 러브버그 건을 쉽게 다룰 수 없다는 점이었다. 러브버그 건은 자동차가 세차 터널에 진입하기 전에 앞 범퍼에 끈적하게 붙어 있는 벌레를 제거하기 위한 고압분사기다. 러브버그는 워낙 제거하기가 어렵고 고객 불만의 잦은 원인이었기 때문에, 우리는 이 문제를 해결할 방법을 계속해서 찾고 있었다.

고압분사기는 러브버그 재앙에 대항하는 핵심 도구였지만, 패들과 고압분사기를 바꿔가며 번갈아 사용하다 보니 문제가 발생할 수밖에 없었다. 고압분사기에는 거품을 분사하는 방아쇠와 물을 분사하는 방아쇠가 따로 있어서 이를 조작하려면 두 손이 필요했다. 매니저인 샘은 이 문제를 해결할 확실한 해결책이 한 손으로도 다룰 수 있는 분사기를 설계하는 것이라고 생각했다. 그래서 그는 여러 가지 옵션을 시도해 가며 몇 주일 동안 프로토타입을 제작했고, 드디어 직원들이 사용해 볼 만한 시제품을 만들었다.

마침내 그날이 되자, 샘은 자신이 발명한 새 도구를 디디에게 자랑스럽게 건네주었다. 30분도 지나지 않아 디디가 자신의 의견을 들려주었다.

"샘, 이게 뭐야? 말 그대로 끔찍해. 사용할 수가 없잖아." 디디가 말했다. 샘은 한참 동안 말문이 막혔다가 밑바닥까지 추락한 자존심을 간신히 끌어올렸다. "알았어, 디디." 그가 말했다. "어디를 고쳐야 할지 말해 줘."

디디가 고개를 가로저었다. "새 분사기는 필요 없어. 지금 쓰는 걸로도 충분해. 나한테 필요한 건 '분사기를 사용할 때 패들을 놔둘 장소'라고."

프로토타이핑 규칙 1: 간단하게 만든다.

디디는 새로운 분사기가 필요하지 않았다. 그녀에게 필요한 건 홀스터(각종 공구나 무기를 안전하게 휴대할 수 있게 만든 장비-옮긴이)였다! 그야말로 머릿속에서 '전구가 반짝'하는 순간이었다. 디디는 단 몇 분 만에 훨씬 간단한 것을 생각해 냈고 안타깝게도 샘이 3주

일이나 매달려 공들인 발명품은 무용지물이 되고 말았다. 그들은 인터넷을 뒤져 쿠션이 덧대진 어깨끈을 찾아냈다. 우리는 거기에 강철 고리를 설치해 패들을 걸 수 있게 만들었다. 또 피드백을 받아 패들을 걸었을 때 날카로운 부분이 직원의 다리를 건드리지 않도록 고무볼트 캡을 추가하고, 어깨끈을 넘겼을 때는 엉키지 않게 회전식 걸쇠를 추가하는 등 몇 가지 단점을 개선하자 문제가 감쪽같이 해결됐다.

프로토타이핑의 첫 번째 규칙은, 간단한 프로토타입을 만들어 최종 사용자에게 최대한 빨리 제시하라는 것이다. 처음 만든 물건은 '절대로' 제대로 작동하지 않는다는 사실을 항상 명심해야 한다. 그러면 돈과 시간을 낭비하는 것을 막을 수 있다. 최초 프로토타입의 목적은 완벽한 해결책이 아니라, 직원들이 반응할 무언가를 만드는 것이다.

프로토타이핑 규칙 2: 끝없이 반복한다.

그렇게 만들어진 해결책에 집착하지 마라. 반복과 개선이 영원히 끝나지 않을 테니까. 비즈니스는 끊임없이 진화한다. 아무리 '완벽한 해결책'이라고 해도 시간이 지나면 더는 완벽하지 않을 수 있다 (혹시 어디서 들어 본 것처럼 느껴진다면 2장의 내용을 기억하고 있는 것이다. 프로세스도 이와 마찬가지니까).

우리가 사용 중인 창문용 세차 수건을 예로 들어 보자. 팀원들은 지금 쓰고 있는 세차 수건으로는 물 자국 없이 유리를 깨끗하게 닦기 어렵다고 했다. 우리가 고안해 낸 첫 번째 해결책은 2가지 종류의 수건을 지급하는 것이었다. 유리를 닦을 극세사 수건과 물 자국을 닦을 초극세사 수건이었다. 효과가 있었다. 드디어 차창을 깨끗하게 닦을 수 있었다! 하지만 2가지 종류의 수건을 사용하는 방식이 직원들을 답답하게 했고 작업 속도도 느려졌다. 그러던 어느날, 한 직원이 2장의 수건을 겹쳐서 사용하기 시작했다. 간단히 말하자면, 2장을 하나의 수건처럼 맞붙여서 필요할 때마다 뒤집어서 쓴 것이다. 한 매니저가 그것을 보고는 아예 처음부터 두 수건을 하나로 꿰매 파란색의 편리한 양면 수건을 만들자고 제안했다.

완벽한 해결책을 찾기까지 4주일 정도는 걸린 것 같다. 차창은 티끌 하나 없이 깨끗해졌고 직원들도 행복해했다. 하지만 언젠가부터 다시 물 자국이 생기기 시작했다. 수건을 세탁하는 방식을 바꿔봤지만 소용이 없었다. 문제는 세탁을 해도 수건에서 먼지가 떨어지지 않는다는 것이었다. 수건을 보관하는 장소도 바꿔 봤지만 뭘 어떻게 해도 수건은 너무 빨리, 너무 많이 지저분해졌고, 유리창을 깨끗하게 닦을 수 없었다. 그래서 우리는 다시 완벽한 도구를 찾는 중이다. 이놈의 탐구는 끝나는 법이 없다.

필요한 것은 인내

솔직히 파란색 수건을 포기해야 한다는 건 뼛속까지 아픈 일이었다. 나는 그 작은 수건을 사랑했으니까. 하지만 인간중심 디자인은 나를 아주 잘 훈련시켰다. 나는 현실을 받아들이고 다시 앞으로 나아가기 시작했다. 프로토타이핑 사고방식을 받아들여 끊임없이 만들고 반복하는 것을 계속하다 보면, 변화에 적응하는 것이 곧 삶의 방식이 된다. 시행착오를 거침으로써 무언가를 개선하려면 시간과 노력이 필요하다는 사실을 깨닫는 것이다.

부수적인 이점도 있다. 모든 비즈니스에는 쉽게 해결할 수는 없어도 일단 해결만 되면 비즈니스에 큰 변혁을 가져오고 직원들의 업무 경험 방식에도 긍정적 영향을 미치는 복잡하고 성가신 문제가 있게 마련이다. 이런 골치 아픈 문제를 해결하려면 실험과 창의성 그리고 참을성이 필요하다. 이 같은 자질은 조직이 인간중심 디자인을 진심으로 포용할 때에만 진정으로 발휘된다. 이러한 모든 것이 모여 인내의 문화가 조성되는 것이다.

차량 한 대가 애프터케어까지 세차를 전부 끝마치는 데 걸리는 시간, 즉 서비스 속도는 라이징 타이드의 가장 골치 아프고도 끈질긴 문제다. 세차장을 연 첫날부터 나는 이 문제를 해결할 최상의 방법을 찾기 시작했다. 세차장의 성공 여부는 궁극적으로 속도에 달려 있다. 고객의 대부분은 완벽한 세차보다 빠른 세차를 원한다

(물론 가장 이상적인 것은 둘 다 충족시키는 것이지만). 세차 속도가 느리면 고객이 자주 찾아오지 않는다. 그리고 무엇보다 풀서비스 세차는 회전율이 높아야 수익을 올릴 수 있다.

그래서 우리는 반복과 반복, 또 반복을 거쳐 장장 9년 동안 해결방안을 강구했다. 가장 먼저 사용한 것은 수동 타이머였다. 고객에게서 자동차 키를 넘겨받을 때 타이머를 작동시키고 다시 키를 돌려줄 때 작동을 중단하는 것이다. 하지만 이 방법에는 많은 문제가 있었다. 일단 타이머가 죽거나, 배터리가 방전되거나, 직원들이 타이머를 멈추고 시작하는 것을 잊어버리거나 하는 경우가 너무 많았다. 무엇보다 데이터가 체계적으로 기록되지 않아서 문제가 얼마나 개선되고 있는지 추적하거나 측정할 방법이 없다는 것도 문제였다.

다음으로 시도한 방법은 레스토랑에서 흔히 쓰이는 진동벨을 사용하는 것이었다. 이 방법을 쓰면 내가 원하던 추적 데이터를 얻을 수 있었다. 하지만 진동벨은 세차 직원들이 와이파이 문제를 직접 해결하고 배터리를 충전해야 했기 때문에 자주 문제가 생겼다. 때로는 고객에게서 진동벨을 회수하는 것을 잊어버리기도 했는데 그때마다 15달러가 날아갔다(차량 내부 청소 비용보다도 비싼 금액이다!). 직원들을 질책하고 불이익을 주는 방식으로 이런 문제를 개선할 수도 있었지만, 우리 직원들이 업무 중 가장 큰 관심을 기울여야 하는 부분은 고객이어야 했다. 그러니 차라리 진동벨을 없애는 편이 나았다.

최근에 사용하기 시작한 자동차 번호판 인식기는 앞선 도구들보다 훨씬 뛰어나다. 이 시스템은 세차 터널에 차량이 진입할 때 번호판을 읽어 기록하고, 차가 주차장에서 빠져나갈 때 다시 한번 번호판을 인식한다. 팀원 중 한 명은 해당 시스템이 설치된 태블릿이 와이파이에 연결되어 있는지 확인하는 역할을 맡는다. 데이터가 자동으로 생성되기 때문에 훨씬 정확하고, 데이터 집계와 차트 생성도 쉽다.

마음 같아서는 드디어 이 여정이 끝났다고 말하고 싶지만 당연히 그건 사실이 아니다. 디자인 사고(그리고 세차장을 운영한 경험) 덕분에 나는 앞으로 언제든 또 다른 문젯거리나 새로운 개선점이 나타날 거라는 걸 안다. 그리고 그 문제를 내게 알려 줄 사람은 우리 일선 직원일 것이다.

상향식 디자인 사고

라이징 타이드의 모든 직원은 자신이 존중받고 인정받고 있음을 안다. 직원들이 받는 대우를 통해서도 알 수 있지만, 무엇보다 주변에서 보고 느낄 수 있기 때문이다. 패들 홀스터, 머니매트, 수건. 그들은 세차장의 운영 방식을 개선하는 데 많은 영감을 주었고, 스스로도 그 사실을 인식하고 있다. 덕분에 그들의 업무도 한결 쉬워졌기 때문이다. 또한 그들은 어려움이 생겼을 때 우리가 문제를 해결하기 위해 최선을 다할 것이라는 점도 안다.

회사가 직원 경험에 초점을 맞추면 직원들은 힘을 얻고 역량이 강화된다. 일선에서 일하는 초급 직원들도 디자이너가 될 수 있을 정도로 말이다. 그들은 적극적으로 나서서 상황을 개선한다. 그리고 내가 아는 한 이 점에서 울트라넛Ultranauts만큼 탁월하고 그로 인한 이점을 누리는 회사도 없을 것이다.

울트라넛은 라이징 타이드처럼 자폐가 있는 이들이 독특하게 훌륭한 직원이 될 수 있다는 생각으로 설립된 기업이다. 이 회사는 〈포천〉 선정 500대 기업에 소프트웨어 및 데이터품질 엔지니어링 서비스를 제공하고 있으며, 직원의 75퍼센트가 자폐 스펙트럼에 속해 있을 정도로 어느 면으로든 다양성이 넘친다. 울트라넛에 대해서는 다음 장에서 더 자세히 설명하도록 하고, 지금은 이 회사를 독특하게 만드는 다른 특성에 대해 이야기해 보자. 바로 전 직원이 원격근무를 하고 있으며, 30개 주에 걸쳐 거주하고 있다는 사실이다.

얼마 전 나는 울트라넛의 공동창업자인 라지시 아난단과 이야기를 나눴다. 그는 자사 직원들에게 스스로 경험을 구축할 큰 자유가 부여되고 때로는 그러한 방식이 회사 전체에 적용된다고 했다. 이를테면 울트라넛은 보다 포괄적인 버전의 애자일Agile 방법론을 개발해 팀을 지원하고 있다. 소프트웨어 개발자들의 협업을 돕는 애자일은 개념적 기반에 있어 디자인 사고와 많은 부분을 공유한다. 애자일은 더 나은 솔루션을 빠르게 얻기 위한 협동적이고 반복적인 접근에 중점을 둔다. 이는 많은 기술 스타트업이 널리 사용하고 있고 아난단과 그의 공동창업자도 울트라넛을 창업하기 전에 활용하던 방법론이었다. 처음에는 울트라넛에서도 이러한 방법이 효과가 있는 듯 보였다. 하지만 고객 참여도가 늘고 복잡성이 증가하자 문제가 드러나기 시작했다.

특히 한 팀이 고전하고 있었다. 이들은 〈포천〉 선정 100대 보험사를 위해 API 테스트 자동화 솔루션을 개발 중이었다. 기술적으로 복잡한데다 기한도 빠듯하고, 생산성에 영향을 미치는 여러 외부 요인까지 있었다. 아난단은 내게 "사람들은 매우 지쳐 있었고, 불안이 극도로 심해져 실질적으로 팀원들의 안녕에 영향을 끼치고 있었습니다"라고 했다. 의사소통이 어려워지면서 모든 것이 무너질 위기에 처했다. 실제로 다른 기업이었다면 그랬을 것이다. 직원들이 회사를 그만두거나 해고되거나 다른 프로젝트로 옮겨 갔을 것이다. 좌절감을 느끼거나 또는 자기 자신이나 동료들의 개인적인 부족을 탓했을 수도 있다.

그러나 그러는 대신 그들은 건설적인 호기심을 품고 효과적인 것과 그렇지 않은 것을 식별해 변화를 일구기 시작했다. 이를테면 정보처리 패턴이 다른 팀원들이 어려움을 느낄 수 있는 대면소통이나 언어를 이용한 상호작용에 의존하는 대신, 비동기식 소통법을 표준으로 채택했다. 또한 이러한 접근법을 일일 스탠드업 회의와 스프린트 회고(스프린트 프로젝트의 진행 상황을 보고하는 시간)와 같은 일반적인 애자일 방식에 도입하여 팀원들이 사전에 의견을 제시할 수 있게 했다. 스프린트 기간 내내 운영한 온라인 회고 게시판 덕분에, 실시간 참여가 불편한 팀원들도 참여할 수 있었다.

이제 팀은 애자일의 표준 원칙과 루틴을 그들의 고유한 니즈에 맞게 유기적으로 적용하기 시작했다. 겨우 몇 개월 만에 그들은 스트레스에 짓눌려 언제든 도망칠 준비가 되어 있던 상태에서 울트라넛에서 가장 생산적이고 성취감 가득한 프로젝트팀 중 하나로 변모했다. 얼마 지나지 않아 그들이 '하룻밤 만에' 변화를 일궈 낸 이야기가 회사 전체로 퍼져 나가기 시작했다. 팀원들은 그들이 배운 내용을 문서화하고 조직 내 애자일 전문가들과 모여 신경다양인의 비중이 높고 전 직원이 원격근무를 하는 이 회사의 니즈를 더욱 잘 충족시킬 수 있도록 애자일 방법론의 일부 원칙을 변경했다.

이후 그들은 진정한 애자일(그리고 HCD)답게 반복을 거듭하며 여러 팀과 함께 새로운 원칙을 시도했고, 이를 기반으로 더욱 더 개선해 나갔다. "이제는 모든 프로젝트를 그러한 방식으로 운영합니다." 아난단은 말했다. "그건 애자일 실행에 있어 신경다양인만이 아니라 모든 이에게 더 효과적인 방식입니다."

'모든 이에게.' 이것이 바로 이 책의 1부를 마무리하는 궁극적인 결론이다. 직원들의 니즈와 경험, 통찰력으로 비즈니스의 방향을 이끌면 모두가 혜택을 얻을 수 있다. 그 결과는 실용적이고, 보다 포용적이며, 혁신적인 솔루션의 형태로 나타날 것이다. 이는 또한 조직을 넘어 개인적인 혜택으로 이어질 것이다. 조직이 직원들의 의견을 진정으로 경청하고 이해하기 위해 노력하면 직원들도 이를 느끼고 알아차릴 수 있다. 하지만 여기서 멈춰서는 안 된다. 새로이 배운 것들을 일터를 개선할 수 있는 긍정적인 변화로 변환해야 한다. 이러한 순환 고리가 완성되면 공식적으로 가장 적은 권한을 가진 이들도 존중받고 역량을 강화할 수 있다. 그리고 가장 많은 권한을 가진 이들은 자신이 해야 할 일이 권력을 휘두르는 것이 아니라, 다른 사람들에게 힘을 실어 주는 것임을 깨닫고 겸손해질 것이다.

가능성 상자를 여는 실행 과제 4: 직원중심 디자인

사용자중심 디자인은 일반적으로 제품을 개선하는 데 사용되지만, 직원과 운영에 적용하면 비즈니스 자체를 개선할 수 있다. 고객의 의견을 기다리지 말고 직원들의 '문제' 행동에서 '맥락'을 파악해 비즈니스의 숨은 문제를 해결하라.

필요한 디자인 기술 훈련하기

• 다른 사람에 대한 연민과 공감이 관리자의 기본 모드가 되도록 훈련한다. 이러한 기술은 관리자가 디자인을 개선할 기회를 포착하

고 더 나은 리더가 될 수 있게 돕는다.

- 관리자에게 인간중심 디자인 원칙을 훈련한다.
- 아큐먼 아카데미^{Acumen Academy}에서 '인간중심 디자인 입문'이라는 훌륭한 무료 강좌를 들을 수 있다.

관리자에게 디자인 권한 부여하기

- 관리자에게 프로토타입을 개발할 수 있는 권한을 부여하고, 소정의 예산을 지급한다.
- 팀원이 아이디어를 제시하면 직접 간단한 프로토타입을 제작해 보도록 장려한다. 새로운 아이디어를 접하면 기본적으로 이렇게 대응하라. "말로만 하지 말고 한번 해 봅시다."

극단적 사용자를 위해 디자인하기

- 회사 내에 있는 극단적 사용자를 파악하고, 이들과 함께 일하면서 얻은 통찰력을 활용하라. 1가지 방법은 도구/프로세스/시스템의 프로토타입을 설계해 그들에게 '먼저' 제공하는 것이다. 그들에게 효과적이라면 모든 이에게 효과적일 가능성이 크기 때문이다. 또한 관리자는 자신(대개 가장 유능한 팀원)을 기준으로 디자인하는 사고의 함정에 빠지기 쉽기 때문에, 가장 극단적인 직원들을 기준으로 디자인해야 한다는 점을 자주 일깨워 줄 필요가 있다.

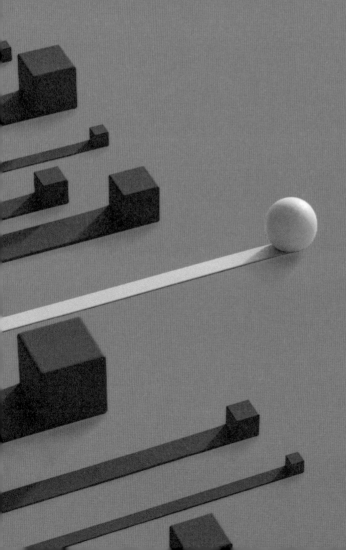

Part 02

가능성을 발휘하는
4가지 성공 비결

우리는 직원들이 최선을 다하고 매일 밤 자부심을 느끼며 퇴근할 수 있는 직무 경험을 제공하기 위해 노력한다. 하지만 아무리 열정적이고 헌신적인 직원이라도 책임의식을 갖게 하려면 약간의 도움이 필요하다.

모든 직원이 안전하게 느끼는 조직 문화

다양성을 추구하는 많은 기업이 겪는 어려움이 있다. 모든 직원이 환영받고 소속감을 가지며 안전하다고 느끼는 문화를 구축하는 것이다. 라이징 타이드에는 그런 문제가 없다. 순전히 우연으로 만들어진 결과이긴 하지만 말이다.

디디의 일화는 직원들이 라이징 타이드에서 얼마나 안전하게 느끼고 있는지를 보여 주는 전형적인 사례다. 디디가 러브버그 고압분사기 문제를 해결할 수 있게 도와준 사건을 기억하는가? 그녀는 우리의 비즈니스를 개선하는 데 여러 차례 도움을 주었는데, 자유롭고 솔직하게 그리고 자주 불만을 제기(즉 '피드백을 제공')해 준 덕분이었다. 디디가 세차 터널에서 근무할 때 세차를 하러 간다면, 그녀의 커다란 미소와 고압분사기를 사용할 때 무의식적으로 흔드는 약간 바보 같은 춤을 보고 즉시 기분이 좋아질 것이다. 우리 고객들은 디디를 정말 좋아한다.

디디가 우리와 처음 일하기 시작했을 때만 해도 그녀는 스스로를 남성대명사로 지칭했다. 입사한 지 1년쯤 지났을 즈음, 디디가 (당시에는 다른 이름을 사용하고 있었다) 내게 면담을 요청했다. 제발 무슨 문제가 있는 것만 아니라면 좋겠다는 생각이 들었다. 디디는 입사하고 처음 몇 달 동안은 늦잠 때문에 자주 지각을 했지만, 언젠가부터 출근 시간을 꼬박꼬박 지키고 자신감으로 충만했으며 모든 면에서 유능한 직원으로 거듭난 상태였다. 우리는 모두 그녀의 밝고 명랑한 에너지를 좋아했다.

디디는 허리를 꼿꼿이 세운 채 내 맞은편에 가만히 앉아 있었다. 이상할 정도로 경직된 분위기였다. 그러다 불쑥 그만둔다는 말을 꺼내진 않을까 불안했다. 다행히 그녀는 에둘러 말하지 않고 단도직입적으로 본론을 꺼냈다. "저는." 여기서 디디는 잠시 멈칫했고, 나는 숨을 죽였다. "남성에서 여성으로 전환하는 과정에 있어요." 나는 순간적으로 놀랐다. 대개 사무실에 찾아와 나와 마주 보며 앉는 사람은 불만을 토로하거나 근무시간을 변경해 달라고 요청하는 경우가 대부분이기 때문이다. 하지만 무엇보다 나는 그녀가 일을 그만둔다고 말하러 온 게 아니라는 것이 기뻤다. 나는 미소를 지으며 필요한 게 무엇이든 전폭적으로 응원하며 지지하겠다고 했다. 디디는 안도의 한숨을 내쉬었다. 그리고 얼마 후 디디는 매니저 2명에게 같은 말을 했고, 팀 전체에 알릴 준비가 될 때까지 당분간은 비밀로 해 달라고 부탁했다.

그로부터 약 6개월이 지났을 무렵, 전 직원이 모이는 회사 파티가 열린 저녁이었다. 신나는 음악이 흐르고, 온 사방에 피자가 널려 있고, 주차장에는 파티를 위해 특별히 임대한 비디오게임 트레일러가 세워져 있었다. 그때 디디가 씩씩한 발걸음으로 들어왔다. 그녀의 명랑하고 활기찬 에너지를 한껏 반영한 차림새였다. 하늘거리는 빨간 드레스와 거기에 어울리는 목걸이, 포인트인 까만색 하이힐까지. 디디는 평소와 다름없는 미소를 띤 채 모두에게 인사를 건넸고, 그러면서도 시선을 두리번거리며 사람들의 반응을 살폈다.

어쩌면 당신은 바로 그 순간 음악이 뚝 그치고 어색한 정적이 흘렀다고 상상할지도 모르겠다. 천만의 말씀이다. 어떤 직원들은 심지어 그녀가 평소와 다른 점을 눈치채지도 못한 것 같았다. 다른 사람들은 알아채긴 했으나 재빨리 여느 때처럼 그녀를 반갑게 맞이했다. 파티는 계속되었고 모두가 그녀의 새 이름과 대명사를 받아들였다. 다음날 출근한 디디는 평소처럼 남녀 직원이 똑같이 입는 카키색 폴로 유니폼을 입고 있었다. 하지만 그녀는 이제부터 디디였다.

우리는 라이징 타이드를 자폐가 있는 이들도 가치를 인정받고 안전하게 느낄 수 있는 직장으로 만들고자 했다. 그리고 그 결과 여기서 일하는 모두가 그렇게 느끼는 일터가 탄생했다. 디디가 라이징 타이드에서 안전감을 느끼는 것은 우연이 아니다. 우리는 얼마 전 두 번째 논바이너리 직원을 고용했는데, 그가 우리를 찾아온 것은 다른 직원이 우리의 포용적인 환경에 대해 극찬했기 때문이라고 했다.

조직이 모든 직원의 다양성을 존중하고 '다름'이 '틀림'이 아님을 인식시키면, 직원들이 서로를 대하는 방식에 변화가 일게 된다. 하지만 그보다 더 중요한 변화는 따로 있다. 전략 커뮤니케이션 전문가인 사이먼 시넥은 어째서 군대에는 동료들을 위해 기꺼이 목숨을 거는 리더들이 그렇게 많은지 고찰하는 훌륭한 TED 강연을 한 적이 있다. 군대가 유독 그렇게 숭고한 사람들을 많이 끌어들이는 걸까? 사이넥은 그게 아니라고 결론짓는다. 그보다 군대는 평범한 이들이 영웅이 되는 '환경'을 조성한다. 그가 병사들에게 왜 동료 병사들을 위해 목숨을 거는지 물었을 때 그들은 이렇게 대답했다. "그들도 나를 위해 똑같이 할 테니까요."

마찬가지로 라이징 타이드에서 일하는 우리도 평범한 사람들이다. 우리가 한 일은 그저 각자 최고의 모습을 이끌어 내는 소우주를 조성한 것뿐이다. 우리 '영웅'들은 목숨을 걸지는 않지만, 동료들을 돕기 위해서라면 포기하지 않고 끝까지 해낸다. 서로를 실망시키고 싶지 않기에 더 열심히 일한다. 문제를 해결하고 일터를 더 나은 곳으로 만들기 위해 최선을 다한다. 간단히 말해, 우리는 사람들이 '심리적으로 안전하다'라고 느끼는 환경을 만들었다. 그랬더니 그들은 안전하다고 느껴 주어진 업무를 훌륭하게 해낸다. 그렇게 해야 하기 때문이 아니라, 팀에 기여하고 싶기 때문이다. 어쨌든 '그들도 나를 위해 똑같이 할 테니까.' 하버드대학교의 에이미 에드먼슨부터 구글의 아리스토텔레스 프로젝트^{Project Aristole}에 이르기까지, 많은 연구팀이 업무에 최선을 다하는 고성과^{高成果} 문화를 구축하는 데 가장 중요한 요소로 심리적 안전감에 주목했다. 고객 서비스와 문제 해결, 근속률, 협업에 미치는 긍정적인 영향을 측정한 다른 연구들도 있다. 이러한 요소들은 직원들이 학습과 실험을 통해 전력을 다하고 실패해도 좋다는 안전감을 부여하기 때문에 직원의 개발을 촉진한다.

직장에서의 심리적 안전감은 일반적으로 의견을 솔직히 말하거나 실수를 저질러도 비판이나 불이익을 받을 위험 없이 안전하다고 느끼는 것으로 정의된다. 하지만 라이징 타이드에서는 그 이상의 의미를 지닌다. 당신은 직장에서 일할 때 소속감을 느끼는가? 후환에 대한 두려움 없이 의견을 자유롭게 말할 수 있는 것은 당연히 중요하다. 하지만 일터에서 동료와 상사들로부터 자신의 가치를 인정받고 이해받고 있다는 느낌을 받지 못하면, 아예 입을 열고 싶지 않을 수 있다. 이는 결과보다도 더 중요한 문제. 애초에 직원들이 의견을 밝힐 가치가 있다고 느낄 수 있는 환경이 중요하다. 그들에게 충분히 신경 쓰고 마음을 기울여야 한다.

우리가 이러한 환경을 조성할 수 있었던 비결은, 앞서 1~4장에서 설명한 4가지 숨은 문제점을 해결한 데 있었다. 그 시작점은 우리의 채용 및 훈련 프로그램이었다. 지원자는 우리가 집단 내 편견이나 일반적 또는 신경전형적인 사회성 기술이 아니라, 능력과 성격적 특성을 기준으로 직원을 채용한다는 사실을 금세 알아차릴 수 있다. 이러한 원칙은 일상 업무의 모든 측면에 명확성과 일관성을 구축하는 것으로 이어져, 직원들은 자신이나 동료가 성공과 승진을 하려면 무엇을 해야 하는지 분명하게 이해하게 된다. 또한 명확하고 직관적인 언어를 사용하기 때문에 의사소통 내용을 해석하는 데 있어 불안한 추측을 할 필요가 없다. 나아가 라이징 타이드의 관리자들은 직원들의 성장과 개발을 위해 투자하고 실수를 배움의 기회로 변환하는 코치의 역할을 한다. 마지막으로 우리는 경청과 관찰, 협업을 통해 각자의 고유성을 존중하고 성공을 위해 진정으로 필요한 것을 기반으로 업무 환경을 꾸준히 재구성한다.

이 모든 것이 결합되면 심리적 안전감을 놀라운 수준으로까지 끌어올릴 수 있다. 1~4장의 내용을 실천하는 것만으로도 우리 직원들은 저널리스트 대니얼 코일이 저서 《최고의 팀은 무엇이 다른가》에서 '소속 신호'라고 부르는 것을 지속적으로 발산하게 되었다. 소속 신호란 '이곳은 안전해'라는 메시지를 전달하는 비언어적 신호다. 이런 일상 속의 작은 행동들은 그 어떤 기업문화 슬라이드 자료보다도 일터가 안전하다는 것을 보여 줄 수 있다. 여기서 핵심은 꾸준한 반복이다. 우리의 훈련 프로그램을 수료하고 처음으로 일터에 출근한 직원들은 안전감을 느낀다. 매니저가 실수를 했다고 질책하는 대신 "당신 입장에서 무슨 일이 있었는지 말해 봐요"라고 말할 때 직원들은 안전하다고 느낀다. 자신의 피드백을 수용해 신중하게 설계한 도구를 받을 때 직원들은 안전하다고 느낀다. 동료 직원이 '좋은 일!' 화이트보드에 그들의 이름을 적거나 격려하는 피드백을 주면 자신이 인정받고 있으며 이곳이 안전하다고 느낀다. 심지어 매니저가 부정적이지만 건설적인 피드백을 줄 때도 안전하다고 느낀다. 상사가 자신에게 마음 쓰고 있다는 사실을 알고, 그 과정에서 개인적인 발전을 이루는 것이 자신의 직무에 포함된다는 것을 알기 때문이다.

코일에 따르면 '소속 신호'는 보편적으로 3가지를 보여 준다. 첫 번째는 소속 신호를 보내는 이가 인간관계에 투자하고 있다는 것이다. 가령 관리자가 직원의 개인적 개발을 중요하게 여기는 경우를 예로 들 수 있다. 두 번째는 축하나 인정, 또는 훈련개발 과정에 참여시키는 등 직원을 독특하고 가치 있는 사람으로 인식하고 있다는 사실이다. 그리고 세 번째는 이러한 관계가 미래에도 지속된다는 신호를 보내는 것이다. 승진을 위한 경로가 명확하고, 조직이 나아가는 방향에 대한 정보가 공개적으로 공유되며, 관리자들이 개인적으로 직원의 성장에 투자한다는 점으로 미뤄 볼 수 있다.

심리적 안전감이 일상적으로 표현되는 방식인 소속 신호는

1~4장에서 얻은 통찰력을 구현할 때 자연스럽게 발산된다. 이를 통해 안전감을 조성할 수 있는 강력한 토대를 구축할 수 있다. 그러나 이를 유지하고 강화하려면 먼저 2가지를 받아들여야 한다. 첫째, 인간은 감정적 동물이며 특히 직장에서는 더욱 그러하다는 점. 둘째, 리더는 사람들이 업무적인 맥락에서 그러한 감정을 표현하고 관리하도록 돕는 역할을 할 수 있으며, 또한 그래야만 한다는 것이다.

앞장서서 이끌기

상사란 원래 직원들에게 강한 감정을 유발하는 존재다. 원래 일터에서는 상사의 존재만으로도 불안감이 조성된다. 라이징 타이드의 한 직원은 내가 본인 쪽으로 걸어오는 것만 봐도 불안발작을 일으켰다. 나는 그저 옆에 있는 공구를 챙기거나 인사를 건네거나 그에게 건설적인 피드백을 주려고 다가갔을 뿐인데, 그는 곧바로 내가 자신을 해고할 것이라는 결론으로 도약하곤 했다. 그는 매우 훌륭한 직원이었기에 가장 합리적인 대책은 그의 두려움을 다루고 관리할 방법을 찾아내는 것이었다. 그는 누구나 경험하는 감정적 현실을 과도한 형태로 표출하는 극단적 사용자였다.

소규모 비즈니스를 운영하는 이들은 종종 자신을 권력자라고 생각하지 않거나, 직원들이 자신의 행동을 얼마나 면밀히 관찰하고 모방하는지 인식하지 못한다. 사장이 아무리 직원들을 존중하고 떠받든다고 해도, 급여를 주는 사람은 강력한 권력을 갖게 마련이다. 이 사실부터 인정해야 한다. 사소한 행동에도 상징적인 무게감이 실릴 수밖에 없다. 나아가 당신이 보고 있지 않을 때 즉 어떤 상황에서도 직원들이 당신의 지시를 따르길 원한다면, 모든 일에서 안전한 소통을 최우선 과제로 여겨야 한다. 당신은 급여로 직원들의 시간을 산 것뿐이다. 그들의 열정과 충성심을 원한다면 그들의 지지와 뒷받침이 필요하다.

조직의 최상단뿐 아니라 모든 부류의 리더에게 유용한 조언이 하나 있다. 일터에서 직속 상사만큼 직원들의 안전감에 영향을 미치는 사람은 없다는 것이다.

리더로서 나는 직원들에게 안전감을 주기 위해서 개인적으로 다음 3가지에 중점을 두고 실천하고 있다.

겸허한 태도에 있어 모범을 보인다

나는 소박하고 변변찮은 분야에서 일한다. 다른 사람의 자동차에서 진공청소기로 그들의 지난여름 휴가의 잔재를 빨아들이는 일을 하고 있다면, 자존심을 내세우기 힘든 법이다. 세차작업장에 내려가 있을 때 마침 도움이 필요한 일이 생기면 나는 곧바로 가장 지저분한 일에 뛰어든다. 직원들의 업무를 시찰할 때도 손에는 언제나 빗자루와 쓰레받기가 들려 있다. 사실 바닥을 쓸고 닦는 데에 체력이나 정신력이 많이 필요한 것은 아닌데, 팀원들이 내 존재를 인식하는 방식에는 명백한 영향을 미친다. 지적 겸손함에 있어서도 나는 모범이 되고자 최선을 다한다. 때로는 엄청난 노력이 필요하지만 내가 항상 모든 해답을 아는 것은 아니라는 마음가짐으로 상황을 마주하는 것이다. 내 의견을 말하거나 밝히기 전에는 항상 먼저 질문을 던지고, 누군가가 내 말에 동의하지 않을 때는 상대방의 의견을 경청하고 숙고한다.

화를 참는다

명심하라. 몇 달간 공들여 안전 자산을 구축했다가도 단 한 순간의 실수로 모든 게 무용지물이 될 수 있다. 이런 사태를 방지하려면 자신이 주로 어떤 상황에서 화를 내는지 파악하고 감정적 반응을 억제할 계획을 세워야 한다. 내 경우 안전 문제나 고객 문제로 이어질 수 있는 상황에서 직원들이 최선을 다하지 않는다는 생각이 들면 머리끝까지 열이 솟구치곤 했다. 그래서 그런 상황이 발생하면 한 발짝 물러나야 한다는 사실을 인식하고, 화가 가라앉을 때까지 최소한 30분 정도 기다렸다가 다시 대화를 시도한다. 그리고 마음을 진정시키는 동안 작가이자 리더십 전문가인 브레네 브라운이 '엉망진창 초고'라고 부르는 것에 수정할 여지가 없는지 고민한다. 엉망진창 초고란, 우리가 편견과 선입견을 통해 얻은 부정적 정보와 제한된 관점으로 재구성한 사건을 말한다. 저 사람은 정말로 관심을 충분히 기울이지 않은 걸까, 아니면 다른 이유가 있었던 걸까? 시간을 가지고 추측에 의문을 제기하고 사건을 다른 관점으로 살펴보면 흥분을 많이 가라앉힐 수 있다.

취약함을 드러낸다

처음 리더십을 연마하는 여정을 시작할 때만 해도, 나는 훌륭한 리더가 되려면 전문성을 발휘하고 확고한 권위를 다져야 한다는 잘못된 생각을 갖고 있었다. 하지만 전문지식이 거의 없는 세차장을 운영하게 되자 새로운 전술이 필요했다. 세차업계에 대해 어느 정도 익숙해진 지금도 나는 의견을 제시하기 전에 다른 사람들은 어떻게 생각하는지 먼저 묻는 습관이 생겼다. 나는 사람들에게 내가 항상 정답을 아는 것은 아니며, 틀릴 때도 있다는 사실을 주지시킨다. 그리고 실수나 잘못을 저질렀을 때는 기꺼이 인정한다.

나는 이러한 리더십 스타일이 사건 당시의 순간이나 상호작용을 넘어서는 영향을 미친다는 사실을 알아차리고 빠르게 습관화시켰다. 조직행동 전문가인 제프 폴저는 대니얼 코일에게 취약성의 순환 고리가 형성되면 신뢰가 구축된다고 했다. 진정한 마법은 누군가 취약성을 드러내고 그 신호를 받은 사람이 똑같은 행동으로 되돌려줄 때 발생한다. 리더가 약한 모습을 내보이는 것은 조직 전체에 이 고리를 완성해도 안전하다는 신호를 보내는 것이다. 내가 실수를 흔쾌히 인정하는 것을 본 직원들은 매니저와 코칭 대화를 나누며 "무슨 일이 있었는지 말해 봐요"라는 말을 들었을 때 자신의 실수를 인정해도 안전하다고 느낀다.

무엇보다 좋은 것은 겸허한 리더가 되면 기분이 좋다는 것이다. 나 자신의 진정성을 보여 주고 있다는 느낌이 든다. 상사라고 해도 모든 것을 아는 것은 '아니며', 끊임없이 실수를 저지르고 잘못된 결론을 내릴 수 있다. 나 자신의 불완전성을 인정한 태도는 한때 상충되는 듯 보였던 2가지, 즉 '호감'과 '존경'이라는 두 마리 토끼를 모두 잡을 수 있게 해 주었다.

속에 담아 두지 말 것

심리적 안전은 정서적 안전의 형태이다. 일터에서 솔직히 털어놓지 않거나 직접적으로 말하지 않고 소문이 퍼지게 방치하는 것은 커다란 악영향을 끼칠 수 있다. 직원들은 무언가에 대해 자신의 감정을 표현할 만한 언어를 갖고 있지 않을 수 있다. 그들은 자신의 업무수행에 영향을 미치는 일에 대한 생각과 감정을 시인하는 것이 '허용'된다는 사실을 모르는 경우가 많다. 어려운 일이긴 하나,

기업은 이러한 정서적 장애물을 가시화하여 관리할 도구를 제공할 수 있고 또 제공해야만 한다.

이러한 점에서 내게 영감을 준 것은 울트라넷이다. 4장에서 소개한 울트라넷은 소프트웨어 및 데이터 품질 엔지니어링 회사로 우리처럼 많은 극단적 사용자를 고용한다. 하지만 우리와 다른 게 있다면, 울트라넷 직원들은 모두 원격근무를 하고 대부분의 의사소통이 협업 툴인 슬랙Slack을 통해 이뤄진다는 점이다. 울트라넷의 대다수 직원이 자폐 스펙트럼에 속하는데, 그들은 정서적인 측면에서 극단적 사용자다. CEO인 라제시 아난단은 이렇게 말했다. "우리 팀은 일반인에 비해 불안장애와 직장에서의 PTSD 수준이 매우 높습니다. 우리 팀원 중에는 과거에 일하던 직장에서, 또는 인생 전반에서 트라우마를 겪은 사람이 많아요." 아난단과 그의 팀은 이러한 문제를 고려하여 업무 방식을 설계했다.

울트라넷은 직원들의 정서와 그 영향을 가시화하고 나아가 측정 가능하게 만들기 위해, 매일 업무가 끝날 때마다 직원들에게 12가지 종류의 설문조사를 돌려가며 실시한다. 그들이 가장 먼저 다룬 감정은 외로움이다. 외로움은 모든 원격근무 환경에서 자연스럽게 발생하는 문제다. 울트라넷이 직원들의 외로움 수준을 추적하고 문제점을 해결할 사회적 도구와 기회를 마련한 결과, 일할 때 외로움을 느낀다고 응답한 직원이 15퍼센트 이하로 감소했다. 미국 직장인 전체에서 외로움을 느낀다고 응답한 비율이 40퍼센트 이상인 것과 비교하면 현저하게 낮은 수치다.

울트라넛은 분기마다 설문조사 주제 중 하나를 선정해 개선 방안을 모색한다. 최근에는 피드백에 대한 감정을 조사했는데, 설문조사에 따르면 팀의 40퍼센트가 정기 피드백을 받을 때 바람직한 기분을 느끼지 못하고 있다고 대답했다.

'상처를 주는 표현'이 업무 성과 및 개선에 얼마나 큰 방해가 되는지 이해하고 싶다면, 피드백이 가장 좋은 예시다. 피드백은 업무 성과와 관련해 매우 중요한 상호작용이지만, 종종 주는 사람과 받는 사람 모두의 감정적 저항에 부딪칠 수 있다. 대부분의 기업에서 이는 잠재적 이익을 저해할 수 있는 숨은 문제다. 다만 울트라넛에서 이는 언제 터질지 모르는 무시할 수 없는 문제다. 따라서 울트라넛은 모든 직원이 편안하게 피드백을 주고받을 수 있는 방법을 찾아내야 했다.

처음에 울트라넛은 직원들에게 피드백 기술을 가르쳤다. 하지만 설문조사 결과에는 아무 변화도 나타나지 않았다. 그래서 슬랙을 통해 칭찬이나 비판적 피드백을 할 수 있는 명령어를 개설해(다수가 사용하는 메시지 프로그램으로 바로가기) 마찰을 줄이고자 했지만 여전히 개선되지 않았다.

그들은 더욱 포괄적인 설문조사를 실시한 뒤에야, 대부분의 감정이 그렇듯 사람들이 피드백에 느끼는 감정이 매우 까다롭고 지극히 개인적이라는 사실을 알게 되었다. 일부 팀원은 피드백을 충분히 받지 못해서 불만이었고, 어떤 팀원은 피드백을 전달하는 방식이나 시기가 맘에 들지 않았다. 또 어떤 직원은 피드백이라는 것 자체를 좋아하지 않았다. 나아가 직원들은 가장 바람직한 피드백 방법에 대한 통념을 순식간에 뒤집었다. 이를테면, 긍정적인 말 사이에 비판적인 피드백을 끼워 넣는 것은 도움이 되기는커녕 사람의 기분을 상하게 한다고 했다. 심지어 울트라넛 직원 중 일부는 공개적으로 칭찬을 듣는 것도 좋아하지 않았는데, 불안감을 조성하기 때문이었다.

이러한 정서적 부담감이 결국 피드백 부족을 발생시켰다. "동료 사이든 프로젝트 매니저와 팀원 사이든, 사람들은 상대방의 마음을 다치게 하고 싶지 않아서 피드백을 꺼렸습니다." 아난단의 말이다. 직원들은 잘못된 피드백이 상대방의 안녕에 해를 끼칠 수 있다는 것을 알았다. 즉 피드백을 제공하는 것이 안전하지 않다고 느낀 것이다.

하지만 울트라넛은 포기하지 않았다. 팀은 대화를 지속했고 시간이 지나면서 유용한 통찰력이 드러나기 시작했다. "동료들이 피드백을 받고 싶어 한다는 것을 알면, 두려움이 완화될 수 있습니다"라고 아난단은 말했다. 다행히 울트라넛은 이를 전달할 완벽한 도구를 가지고 있었다. 그 도구란 바이오덱스^{BioDex}로, 한 직원이 화가 나서 내뱉은 말에서 영감을 얻어 만들어진 것이었다. "어떤 사람과는 도대체 어떻게 일을 같이 해야 할지 모르겠어요. 사람한테도 사용자 매뉴얼이 필요하다고요." 아난단은 말했다. "바로 그 단순한 생각에서 지금 우리가 바이오덱스라고 부르는 것이 탄생했습니다. 간단히 말하자면, 본인이 직접 작성한 '나와 함께 일하는 법'이라는 간단한 안내서죠." 바이오덱스에는 가령 '슬랙에서 평균 응답 시간이 얼마나 되나요?'처럼 일터에서 선호하는 상호작용 방식에 관련한 질문에 대한 대답으로 구성되어 있다. 덕분에 직원들이 언제 답신을 받을 수 있을지 알 수 없어 안절부절못하고 산만해지는 상황을 예방할 수 있었다.

알 수 없다는 불안감이 피드백을 제공하는 데 대한 두려움을 조성한다는 사실을 깨달은 울트라넛은 이와 관련된 다양한 질문을 추가했다. '중요한 피드백을 받아야 할 때 선호하는 시간대는 다음 중 언제인가요? 지금 즉시, 업무시간이 끝날 때, 주말', '어떤 도구로 피드백을 받고 싶나요?'

직원들이 바이오덱스를 사용하게 되자, 결과가 수치로 나타나기 시작했다. 이전에는 팀원들 중 40퍼센트가 피드백을 받지 못한다고 느꼈는데 그 숫자가 15퍼센트 미만으로 감소한 것이다. "모든 면에서 우리는 피드백 문제를 해결했습니다." 아난단은 이렇게 결론 내렸다. 울트라넛은 직원들이 말하지 않은 선호도를 확실히 파악함으로써, 까다롭지만 필수적인 비즈니스 기능에 안전감을 더했다.

토머스의 사용자 매뉴얼

라이징 타이드에서는 아직 바이오덱스를 전사적으로 도입하지는 않았다. 하지만 직원들을 위해 내 사용자 매뉴얼을 만들어 두었다. 템플릿은 내 친구이자 언차티드Uncharted의 CEO인 뱅크스 베니테스가 제공했다. 내 일정과 선호하는 것, 업무 스타일 등에 대한 기본 정보 외에도 현재 개선하기 위해 노력 중인 몇 가지 단점을 항목별로 나열하고 직원들에게 그런 것을 발견하면 바로 지적해 줄 것을 요청했다. 모두가 볼 수 있게 기록에 남기는 것은 내가 안전한 일터를 만들기 위해 앞장서는 또 다른 방법이기도 하다. 다음은 내 사용자 매뉴얼에서 직접 발췌한 내용이다.

"COO라고 해서 내가 모든 해답을 아는 것은 아닙니다. 해답을 얻기 위해 날 찾는다면 실망할 것입니다. 그보다 나는 함께 질문을 탐구하는 것에 더욱 능숙합니다. COO라고 해서 내가 늘 옳은 것은 아니기에 먼저 정보를 제공해 주어야 그것을 이용해 의견을 세우고 결정을 내릴 수 있습니다.

COO가 된다는 것은 내가 여러분보다 문제·영향·사람들로부터 더 멀리 떨어져 있다는 의미이기도 합니다. 따라서 내 의견을 참고하되, 여러분의 의견도 함께 고려할 필요가 있습니다. 내가 실제 현장을 잘 모를 수도 있습니다.

나는 팀에서 가장 똑똑한 사람이 아닙니다. 그게 누군지는 몰라도 여하튼 나는 아닙니다. 그러니 내 조언이나 충고를 진리처럼 받아들이지 마십시오."

표적 채용 프로그램을 고려하라

나는 라이징 타이드를 겸손한 리더십으로 이끌고 있다고 자부할 수 있지만, 사실 우리 회사의 사명만큼 안전에 대해 강력한 메시지를 보내는 것도 없다. 자폐가 있는 직원을 고용하든 전통적인 채용 시장에서 벽에 부딪힌 사람을 고용하든, 표적 채용 프로그램은 회사가 다른 규칙에 따라 운영되고 있다는 강력한 신호다. 그 규칙은 바로 '완벽한' 직원은 없다는 것이다. 어딘가 취약한 부분이 있어도 괜찮다. 일을 배우는 도중 서비스 실수를 해도 안전하다. 우리는 성공을 거두기 위해 경쟁하는 것이 아니라, 서로 협력한다.

표적 채용 프로그램은 채용의 표적이 되는 사람들뿐만 아니라 모든 사람에게 이득이 된다. 변화를 불러오는 그 힘에 관해 생각할 때면 생각나는 사람이 있다. 우리의 옛 직원 브래디다. 그는 신경 전형인으로 스물한 살 즈음부터 우리와 일하기 시작했다. 브래디는 체구가 작고 조용한 청년이었지만, 본인이 얼마나 터프한 사람인지 세상 모두에게 알리고 싶은 것 같았다. 길게 기른 머리와 문신, 고양이에게 긁힌 듯 스크래치 모양으로 깎은 눈썹만 봐도 그랬다. 겉모습만이 아니었다. 채용된 후 브래디는 본인이 극장이나 레스토랑에 줄을 서 있다가 누군가 자신을 무시했다는 생각이 들어 싸움을 했다는 이야기를 자주 했다. 그는 겉모습으로 평가받는 데 익숙했고, 그래서 어딜 가나 그럴 거라고 예상했다.

고등학교 졸업 후 브래디의 가장 안정적인 생계수단은 마약을 파는 일이었다. 그의 부친은 브래디 인생 대부분의 시간을 감옥에서 보내다 얼마 전 석방되었다. 그는 브래디에게 가르침 하나를 전해 주었다. "거긴 절대 가고 싶지 않을 거다." 그래서인지 일자리를 찾아 우리 세차장에 온 그는 삶을 변화시킬 방법을 알고 싶어 했다. 브래디는 자격지심이 엄청났고 비판은 물론 심지어 정중한 대화에도 공격적으로 반응했다. 그는 자신의 내면에 악마가 산다고 생각했다. 하지만 우리는 그것을 개발 욕구라고 부르며, 그가 그것을 성취할 수 있도록 도와주겠다고 말했다. 브래드가 살면서 처음으로 안전감을 갖게 된 장소가 라이징 타이드라고 해도 과장이 아닐 것이다.

신경전형인 직원들은 대부분 빠른 속도로 리더십 위치로 승진한다. 브래디도 다르지 않았다. 신뢰받는 관리직이 되고, 직속 직원들로부터 리더로 환영받는 경험은 브래디의 행동방식에 즉각적이고도 놀라운 영향을 미쳤다. 더는 안전감을 얻기 위해 거칠게 행동할 필요가 없게 되자 그의 상냥하고 부드러운 면모가 드러나기 시작했다. 브래디의 그런 모습이 가장 잘 드러난 곳은 토머스와의 관계였다. 토머스는 훈련 과정을 통과하는 데 꽤나 어려움을 겪은 직원이었다. 일처리가 빠른 편은 아니었지만, 열정이 가득해 모두의 사랑을 듬뿍 받았다. 그는 항상 팀에 도움이 될 방법을 찾아다녔다.

토머스는 금세 브래디를 좋아하게 되었고, 함께 일한 지 한 달쯤 되었을 무렵 그에게 '너처럼' 파트장이 되고 싶으니 도와달라고 부탁했다. 브래디는 사실 토머스가 승진할 수 있을 것 같지 않았지만, 그의 의욕을 꺾고 싶지 않았다. 토머스는 파트장의 수행 업무 중 일부를 어려워했다. 가령 현금을 관리하거나 고객을 응대하는 등 영업 기술을 필요로 하는 일들이었다. 그럼에도 브래디는 토머스에게 새로운 기술을 참을성 있게 가르쳤다. 브래디는 타인을 격려하면서 동시에 비판도 할 수 있는 보기 드문 재능을 지니고 있었기에, 항상 토머스의 사기를 북돋아 주었다. 결국 그는 토머스를 처음으로 승진시켜 애프터케어 업무를 맡겼다. 브래디의 코칭을 받으면서 토머스의 자신감과 능력도 상승했다. 고객들은 토머스를 좋아했다. 고객의 기대에 부응하기 위해 항상 열심히 노력하고, 낙담하거나 불평하는 일 없이 언제든 걸레질을 한 번 더 하거나 광을 낼 준비가 되어 있었기 때문이다. 토머스가 여기서 일하는 몇 년 동안, 나는 한 번도 그가 일을 대충 하는 것을 본 적이 없다. 결국 우리는 그를 파트장으로 승진시켰다. 하지만 브래디의 친절하고 배려심 깊은 코칭이 없었다면 과연 그가 그 자리에 도달할 수 있었을지는 의문이다.

브래디의 변화는 우리가 끝내 해고해야만 했던, 화가 많고 너무나 쉽게 폭발하던 직원을 다루던 그의 모습에서도 확인할 수 있었다. 브래디의 인내심 강한 코칭에도 불구하고 결국 이 직원은 성장할 의지가 없었다. 그는 자신이 해고당한 데 대해 브래디를 탓하며, 그를 총으로 쏴 버리겠다고 위협했다. 예전의 브래디였다면 그를 으슥한 골목으로 끌고 가 일을 '해결'했을 것이다. 하지만 브래디는 개인적인 감정은 전혀 없으며 그저 그가 더 나은 직원이 되도록 돕기 위해 최선을 다했을 뿐이라고 그에게 차분하게 설명했다. 그러나 해고된 직원은 소셜미디어에서 계속 비난을 퍼부었고, 결국 브래디는 나와 함께 법원에 가서 접근금지 명령을 신청해야 했다. 이는 브래디의 안전지대를 한참 벗어나는 일이었다. 법원 복도에 앉아 정장을 입은 사람들이 바쁘게 지나가는 모습을 바라보며 몇 시간을 기다리던 중, 브래디가 라이징 타이드가 준 기회가 본인에게 얼마나 중요한 의미를 지니고 있는지, 우리 팀이 그에게 어떤 의미인지, 토머스를 가르치는 일이 본인에게 어떤 의미였는지 털어놓기 시작했다. '심리적 안전'이라는 단어를 사용해 표현하지는 않았지만, 브래디는 주변 세상과 예전과 다른 관계를 맺고 성장할 수 있는 안전한 공간을 마련해 준 데 대해 우리에게 감사해하고 있었다. 브래디는 더는 자기 자신을 '동네 깡패'로 여기지 않았다. 그는 다른 사람들에게 도움을 주는 코치, 앞으로 미래에 더 좋은 일이 생길 수 있는 사람이었다.

우리의 표적 채용 프로그램은 브래디와 같은 이들, 즉 메시지를 단순히 보고 듣는 것을 넘어 직접 경험해야 하는 이들에게 강력한 메시지를 반복적으로 보낸다. 취약성을 드러내고, 신뢰를 주고, 또한 신뢰를 받는다면, 실질적인 보상을 얻을 수 있다. 그런 안전한 공간에서 성장과 배움은 거의 필연적인 것에 가깝다.

수치화의 중요성

직원들의 심리적 안전감을 측정하고 개선할 수 있게 돕는 플랫폼은 많다. 하지만 먼저 무기명 설문조사로 자체적인 조사를 시도해 보라. 다음과 같은 질문들을 설문에 활용할 수 있다.

- 비판이나 불이익을 받지 않고 자유롭게 의견을 말할 수 있나요?
- 상사가 당신의 편이 되어줄 것이라 믿나요?
- 동료들이 당신의 편이 되어줄 것이라 믿나요?
- 동료들이 당신을 신뢰하나요?
- 직장에 친구들이 있나요?
- 회사에서 당신의 의견을 중요하게 여긴다고 생각하나요?

이제 점점 더 많은 기업이 수익에 있어 심리적 안전이 중요하며 따라서 이를 추적 조사해야 한다는 사실을 깨닫고 있다. 울트라넛은 여기서 한 단계 더 나아가, 안전감 역시 고객 경험을 측정하는 순고객추천지수^{NPS}처럼 널리 공유되는 일반적인 지표가 되어야 한다고 여긴다. 그래서 호주에 본사를 둔 비영리단체 자폐협동신탁Autistic Collaboration Trust과 협력해 분기별로 감사를 실시하고 그 결과를 팀과 이사회에 보고한다. 울트라넛의 CEO 라제시 아난단은 말한다. "미래에는 자신의 심리 안전 등급을 모른 채 회사에 입사하는 일이 있어서는 안 됩니다."

가능성 상자를 여는 실행 과제 5: 심리적 안전

심리적 안전감은 조직 리더의 행동에 큰 영향을 받는다. 공적 권한을 가진 팀원들에게 핵심적인 행동 방침을 교육하고 연마시켜라.

- 조직의 최고 리더라고 해도 자신이 실수를 저질렀을 때는 직속 직원들 앞에서 기꺼이 실수를 인정하고, 모든 관리직 직원에게도 그렇게 행동하도록 요청한다.
- 직원들과 친밀하고 그들에게 쉽게 접근할 수 있는 관리자를 양성하라. 작업 흐름을 살펴보면서 관리자에 대한 접근성을 어떻게 강화할 수 있을지 파악하라. 예를 들면, 주중에 따로 시간을 내어 팀원들과 일대일 면담을 하거나, 근무시간 전후에 면담을 하거나, 프로젝트를 마친 후 사후검토분석After Action Review을 하는 등의 방안이 있다. 라이징 타이드에서는 대부분의 보고를 자동화하거나 간소화함으로써, 사무실 업무시간을 최대한 줄일 수 있게 관리자의 역할을 재설계했다. 덕분에 관리자는 근무 시간의 최대 80퍼센트를 팀과 함께 작업장에서 보낼 수 있다.

- "고마워요"를 남발하라. 관리자는 의도적으로 이를 습관화해, 입버릇처럼 팀원들의 노고에 감사하고 있음을 알려야 한다. 상사로부터 인정받고 있다고 더 많이 느낄수록 직원들은 더욱 기꺼이 대화할 것이다. 고맙다는 말이나 간단한 칭찬은 생각보다 사람들에게 커다란 영향을 미친다.

- 조용한 기여자들이 행동할 수 있는 여지를 마련한다. 어떤 팀원들은 나서서 의견을 개진할 때 약간의 도움이 필요할 수 있다. 이를 촉진하는 것이 리더의 역할이다. 조용한 팀원들에게 일부러 프로젝트에 대한 의견을 묻거나, 회의에서 모든 참석자가 발언을 해야 한다는 규칙을 만들거나, 관리자가 질문을 던진 후 의식적으로 가만히 있는 등의 방법이 있다.

- 직원들이 어렵고 까다로운 대화를 나눌 수 있도록 독려한다. 직원들의 의견을 들어야 할 때, 리더는 대화를 촉진하고 그러한 대화를 나눌 수 있는 기회를 마련해야 한다. 팀 회의에서 의도적으로 반대 의견을 가진 팀원에게 의견을 묻거나, 갈등을 겪고 있는 두 팀원이 서로 문제를 해결할 수 있게 시간과 공간을 제공하는 등의 방법을 활용해 보라.

- 팀원들에게 어렵지만 불가능하지는 않은 과제를 부여하고, 팀원들이 어려움에 직면하면 언제든 코칭을 하거나 도와준다.

Chapter

6

책임감이라는
성장 도구

✦

우리는 직원들이 최선을 다하고 매일 밤 자부심을 느끼며 퇴근할
수 있는 직무 경험을 제공하기 위해 노력한다. 하지만 아무리 열정
적이고 헌신적인 직원이라도 책임의식을 갖게 하려면 약간의 도
움이 필요하다. 나 역시 직접 경험한 적이 있다. 나는 세차장의 실
무 운영자이지만, 그런 내게도 상사가 있다. 바로 CEO인 아버지
다. 그분은 주로 재택근무를 하고 비즈니스를 분석적인 관점에서
보지만, 현장에 나오시면 필요할 때마다 항상 개선해야 할 점을
지적해 주신다. 아버지는 킴 스콧이 그의 책《실리콘밸리의 팀장
들》에서 정의한 훌륭한 상사의 본보기다. 직원에게 개인적인 관심
을 기울이면서도(어쨌든 내 아버지니까), 도전 과제를 직설적으로 제
시하기 때문이다.

앞에서 아버지가 지나치게 길어진 최종점검 과정을 지적한 덕분에 대대적인 검토에 들어간 사건을 기억하는가? 나중에 깨달았지만, 이는 1단계에 불과했다. 세차장을 다시 방문한 아버지는 '완벽해진' 프로세스 덕분에 효과적인 시간 단축이 가능해졌고 그로써 수익이 증가했다는 사실에 대해서는 신경 쓰지 않으셨다. 그가 발견한 것은 우리가 여전히 신경전형인 QC 직원에게 의존하고 있으며 일반 세차 직원이 수행한 기준 이하의 작업을 반복하고 있다는 것이었다. "이런 건 용납할 수 없다. 세차 직원들이 직접 책임져야 할 기회를 빼앗고 있잖아." 아버지가 말씀하셨다. 나는 방어적인 태도로 수없는 '하지만'을 늘어놓기 시작했다. 아버지는 한참 동안 내 말을 들으시더니 재차 주장했다. "세차 직원이 직접 세차할 수 있어야 해. 스스로 알아서."

내가 들을 준비가 되어 있든 아니든, 아버지의 말씀은 우리가 고안한 프로세스가 본인이 평생 번 수입의 상당 부분을 투자한 사명, 즉 자폐가 있는 사람들이 잠재력을 최대한 발휘하게 돕는다는 사명을 제대로 실천하지 못하고 있다는 것이었다. 내가 직원들에게 주어진 업무를 훌륭하게 완수하는 책임의식을 요구하지 않았기에, 아버지가 내게 그 커다란 실수에 대한 책임의식을 요구한 것이다.

순간 나는 이렇게 외치고 싶었다. "아버지는 내가 매일 어떤 상황을 겪고 있는지 몰라요!" 나는 생각했다. '아버지는 나한테 말도 안 되는 걸 바라고 있어.' 우리는 이미 첫 번째 해결책을 개발하고 시행하는 데 많은 시간을 투자했으며, 비즈니스적인 관점과 고객의 관점 모두에서 확실한 성과를 거두고 있었다.

답답한 마음에 벽에 주먹을 날리는 대신, 약간의 여유를 갖기로 했다. 나는 에버글레이즈에서 제일 좋아하는 장소인 파카해치 스트랜드 보호구역Fakahatchee Strand Preserve을 찾아갔다. 자존심을 버리고 객관적인 판단을 해야 할 때마다 가는 곳이었다. 낙우송과 대양야자수로 둘러싸인 수정처럼 맑고 주황빛이 도는 늪을 바라보면서, 나는 아버지가 옳다는 것을 인정해야 했다. 아버지가 일반 세차 직원들이 혼자 알아서 세차를 해낼 수 있어야 한다고 말씀하셨을 때, 나는 이렇게 대꾸하고 말았다. "그럼 내보내야 할 사람이 아주 많은데요." 사실 잘못은 내게 있었다. 우리의 최종점검 과정은 직원이 배우고 성장하며 자기 일을 자랑스러워하도록 만드는 데 도움이 되지 않고 있었다. 아니, 정확히 그 반대였다. 우리가 QC에게 '최종 정리'를 맡긴 까닭에, 세차 직원들은 자기가 한 일에 대해 책임감을 느끼지 않았고, 그 결과 자신에게 그 일을 잘해 낼 능력이 있다고 믿지 않았다. 우리가 코칭 과정에서 무엇이라 격려하든 우리가 설계한 프로세스는 그렇지 않다고 외치고 있었던 것이다.

반항심이 사라졌다. 그리고 디자이너처럼 생각하기 시작했다. 고객들이 불만을 제기하면서 고질적인 업무수행 문제가 드러나는 바람에 QC에 책임을 전가하게 되었지만, 변명의 여지가 없었다. 우리는 이 문제를 해결해야 했다. 제약은 혁신을 낳는다. 이제 나는 모든 일을 올바로 되돌리기 위해 어려운 일을 할 각오가 되어 있었다.

그것이 바로, 사람이 자신의 일에 충분한 관심을 갖고 책임을 지게 될 때 발휘되는 책임감의 힘이다. 좋은 소식은, 우리가 이미 4가지 숨은 문제를 해결해 책임친화적인 환경을 구축해 두었다는 것이다.

❶ 업무 기술이나 능력뿐 아니라 성격적 특성을 파악하는 채용 절차를 구축함으로써, 개인적 책임을 중시하는 문화의 토대를 마련했다. 이제 유용한 훈련 과정을 제공한다면 최선을 다할 의지와 능력을 갖춘 직원들과 함께 일할 수 있다(1장).

❷ 일관되고 명확한 비즈니스 프로세스를 구축하고 개선했다. 모든 직원이 본인이 해야 하는 바를 정확히 안다면 편안함과 자신감을 느낄 수 있다(2장).

❸ 성과 개선을 위해 징벌적 조치보다 코칭 및 개인 개발에 초점을 맞춰 관리자에게 권한을 부여했다. 훌륭한 코치는 강하고 밀접한 관계를 구축하여 개인의 성장과 개발을 가능케 한다(3장).

❹ 직원들을 직접 참여시켜 그들의 니즈에 부합하고 업무 수행에 필요한 지원을 제공하는 일터를 설계했다(4장).

대부분의 일터에서 책임감이란 무엇인가? 그것은 직원들이 선을 넘었을 때 찰싹 때리는 막대기다. 하지만 근무 기록에 남든 정직을 당하든 혹은 형편없는 업무평가점수를 받든 결과 그 자체가 고통스러운 것은 아니다. 막대기로 맞은 것이 고통스러운 것은, 지어야 할 책임이 종종 불공평하게 느껴지기 때문이다. 직원들은 일터에서 성공하는 데 필요한 것들을 제대로 제공받지 못한다. 역기능적 환경에서 최선을 다하기는 거의 불가능하다. 변화에 대한 요구는 무시되거나 묵살된다. 이런 맥락에서 책임을 지라는 것은 얼굴을 한 대 맞는 것과 같다. 어느 정도 영향을 줬을지는 몰라도 본인이 전적으로 만든 것도 아닌 엉망진창의 결과에 대해 책임을 져야 하는 건 너무 불공평한 일이다. 이런 종류의 책임감을 요구하면, 직원들이 단기적으로는 조용히 따를지 몰라도 결국 두려움과 불안 그리고 불신을 야기할 수 있다. 그리고 그러한 것들은 파괴적인 힘을 발휘한다.

심지어 관리자들마저도 그런 책임이 불공평하다는 것을 안다. 엉망진창인 세상에서 엉망진창의 상황이 발생했는데, 이를 어떻게 처벌하란 말인가? 그래서 사람들은 대충 넘어가면서 "다음에 더 잘해"라고만 한다. 비즈니스의 건전성을 희생해 인간관계를 유지하는 것이다.

반면 직원 중심의 직장에서 책임감은 다른 방식으로 작동한다. 그것은 부정적이 아니라 긍정적인 파급효과를 일으키는 강력한 개발 도구다. 대부분의 경우 책임감은 막대기가 아니다. 직원들이 잠재력을 최대한 발휘해 성장하도록 돕는 마지막 조각이며, 계속해서 상향하는 기준이다. 직원들에게 책임을 부여하는 것은 "당신이 이 일을 잘해 낼 것이라고 믿습니다"라고 말하는 것과 같다. 업무를 더욱 잘 수행할 방법을 배우거나 회사에 개선 방법을 가르칠 수 있는 기회다. 그리고 그것이 결과의 형태로 나타날 때, 직원들은 적어도 그것이 공평했음을 알게 된다.

직원들이 자신에 대한 기대치를 명확히 알고 성공에 필요한 것들을 회사가 제공해 줄 것이라고 확신한다면, 누군가 책임을 져야 할 때 발생하는 마찰이 크게 줄어든다(완전히 사라질 것이라고는 말하지 않겠다. 우리는 인간이니까. 마찰을 발생시키는 게 우리 일이다). 사람들은 안전감을 느끼고, 책임감은 신뢰성으로 이어져 안전감을 강화한다. 구글의 아리스토텔레스 프로젝트는 효과적인 팀을 구성하는 중요한 결정적 요인에 대해, 첫 번째 요인인 심리적 안전 다음으로 신뢰성을 꼽았다.[1]

하버드대학교의 에이미 에드먼슨 교수는 수십 년에 걸친 연구를 통해, 직원들의 학습과 개선에 대한 의지가 생명을 구하는 것으로 이어지는 병원 환경에서 심리적 안전이 유익한 책임감에 얼마나 중요한지 보여 준다.[2] 에드먼슨은 사람들이 안전하다고 느낄 때 책임감이 학습과 지속적인 개선으로 이어진다는 사실을 발견했다. 안전하다고 느끼지만 책임감이 없다면, 일터에서 편안함을 느낄지 몰라도 성장에 대한 자부심이나 만족감을 경험하지 못한다.

직원들이 자기 일을 중요하게 여길 때도 여전히 책임감은 필요하다. 책임감은 저절로 발생하는 것이 아니며 정기 평가에만 의존할 수도 없다. 당신에게 필요한 것은 이를 지원할 시스템이다. 어떻게 사람들에게 의미 있는 주인의식을 부여하고 일상적인 피드백이나 때로는 결과를 통해 성장을 지원할 수 있을지 신중하게 고민해 보라. 사람들이 게으르다는 의미가 아니다. 물론 가끔은 그렇기도 하지만. 아무리 목표가 분명해도 가정과 직장에서의 삶은 너무도 복잡하고 유동적이라 때로는 흑백을 모호하게 만든다. 책임감은 그런 우리를 재정비하는 도구다.

일터에 책임감 불어넣기

라이징 타이드에서 우리가 하는 모든 일은 자폐가 있는 이들의 역량을 강화하고 힘을 실어 주기 위한 것이다. 하지만 그런 우리조차도 직원들이 책임감을 갖게 하는 데에는 실패했다. 실패의 원인은 중간 관리자가 그들의 미흡한 솜씨를 바로잡도록 내버려뒀기 때문이 아니다. 진짜 원인은 성공적인 책임감을 기르는 데 가장 중요한 조건 중 하나인 '주인의식'을 키우지 못했기 때문이다. 주인의식이 있는 이들은 결과를 책임진다. 장애물을 맞닥뜨리더라도 이를 돌아갈 방법을 찾는다. 그들은 수동적으로 굴지 않고 주도적으로 행동한다.

사람들은 종종 주인의식을 '육성'해야 한다고 말한다. 하지만 이는 적어도 우리에겐 지나치게 추상적인 개념이었다. 주인의식은 직원들에게 업무에 대한 실질적이고 형식적인 주인의식을 부여할 때 나타나는 결과다. 리더인 당신은 누군가에게 주인의식을 부여해야 한다. 책임감을 중요하게 여기고 있더라도 누군가에게 주인의식을 부여하려면 신뢰가 필요하다. 직원들을 신뢰할 수 없다면 그 이유를 파악하고 문제를 바로잡아야 한다.

나는 에버글레이즈에 갔다 온 후 중간 관리자들과 함께 앉아, 우리가 일반 세차 직원들에게 차량 청소에 대한 책임을 전적으로 맡기지 못하는 이유가 무엇인지 목록으로 작성하기 시작했다. 가장 많은 이유는 계속해서 반복되는 고객들의 불만 때문이었다. 가령 벌레의 잔여물, 지저분한 컵 홀더, 물 자국이 남은 창문 등, 우리 세차 직원들이 해결하지 못하는 듯 보이는 것들이었다. 우리는 두 달에 걸쳐 이 모든 문제들을 하나씩 해결해 나갔다. 예를 들어, 컵 홀더를 깨끗하게 세척하기 위해 크기가 너무 커서 제대로 닦기 힘든 수건 대신 안전하게 개조한 고압분사기를 사용했다. 물 자국 문제를 해결하기 위해서는 창문닦이용 수건을 따로 개발했다. 그다음으로, 현재 QC가 수행 중인 작업이 전부 포함된 애프터케어 프로세스를 새로 구성했다.

실질적인 장애들을 해결하고 나자, 일반 세차 직원들도 얼룩 하나 없이 깨끗한 차량을 훨씬 쉽게 내보낼 수 있게 되었다. 하지만 여전히 문제가 있었다. 훈련 내용에 따르면, 깨끗한 자동차를 내보내는 것은 그들의 업무가 아니었다. 사실 그들의 업무 범위는 그보다 훨씬 제한적이었다. 엄밀히 말해 그들이 해야 할 일은 세차 과정의 모든 단계를 완료하는 것이었다. 우리는 그들에게 모든 단계를 마친 후 한 발짝 뒤로 물러나 그들이 한 일의 결과로 컵 홀더와 창문, 다른 모든 부위가 깨끗해졌는지 확인할 것을 요구하지 않았다. 그것은 QC가 해야 할 일이었고, 일반 세차 직원의 임무는 그저 프로세스의 각 단계를 완료하는 것뿐이었다. 다시 말해, 주인의식을 갖고 궁극적으로 책임을 져야 하는 사람은 QC였고, 일반 세차 직원들은 각 세차 단계를 수행하고 완료하는 일에 대해서만 책임을 졌던 것이다.

　　책임감이 의미를 가지려면 변화가 필요했다. 우리는 새로운 프로세스에서, 세차 직원들에게 자동차가 깨끗한지 아닌지를 직접 판단하도록 했다. 우리는 그들에게 세차 기준을 충족해야 한다는 명확한 책임을 부여하고, 기준을 충족하지 못한 경우에는 파트장이 책임지고 세차 작업을 다시 할 것을 요청하도록 했다.

　　아버지는 이 계획을 보더니 즉시 엄지손가락을 치켜세웠다. 내부적으로 축하 인사를 주고받은 후, 우리는 새로운 프로세스 실행을 위한 방대한 작업에 착수했다. 교육 자료를 만들고, 직원들을 훈련하며, 테스트를 하고, 마침내 파크랜드 지점에서 실행에 들어 갔다.

결과는 우리도 놀랄 정도였다. 새로운 프로세스를 시행한 결과, 일일 세차 가능 차량 수가 20퍼센트 이상 증가했다. 전체 인력은 줄지 않았으나 자폐가 있는 사람들이 할 수 있는 일이 늘어났다. 전에는 모든 팀에 QC가 배치되어 세차 결과를 확인하고 마무리 지어야 했다면, 이제는 한 명의 QC가 최대 3개의 팀을 맡았고, 이들 QC 중 절반이 자폐 스펙트럼을 갖고 있었다. 이들은 차량에는 손을 대지 않고 코칭만 제공하는 역할을 맡았다. 그렇게 일반 세차 직원들은 더 많은 책임을 맡게 되었지만, 대신 같은 시간대에 근무하는 직원이 늘어나 업무가 효과적으로 분산되었다.

무엇보다 중요한 것은, 우리의 기대 이상으로 일반 직원들이 자신의 업무에 대해 주인의식을 갖기 시작했다는 점이었다. 그러한 변화를 처음 눈치챈 것은 어느 날 도움을 요청하고 있는 고객을 발견했을 때였다. 세차가 끝났는데 아무도 그녀에게 자동차 키를 가져다주지 않았던 것이다. 보통 때라면 우리 세차 직원들은 그 고객을 모른 척하거나 피했을 테고, 고객은 매니저의 주의를 끌 때까지 어찌해야 할지 몰라 우왕좌왕하고 있었을 것이다. 하지만 이번에는 달랐다. 세차 직원 중 한 명이 그녀에게 다가가 무엇이 필요한지 물은 것이다. 며칠 후에도 또다시 비슷한 장면을 목격했다. 한 고객이 손을 들어 도움을 요청하자 한 세차 직원이 곧바로 그 사람에게 다가갔다. 고객이 트렁크를 다시 청소해 주길 부탁하자 직원은 즉시 처리해 주었다. 직원들의 태도가 '내 일이 아니야'에서 '고객이 내 일에 만족하는 걸 보고 싶어'로 바뀐 것이다.

이러한 급격한 변화는 코칭이나 대화로 만들어낼 수 있는 게 아니다. 이는 직원의 직무 설명을 수정했기 때문에 가능했다. 우리는 훈련 내용을 바꿔, 차량을 깨끗하게 세차하여 고객을 만족시키는 것이 세차 직원의 책임이라고 명시했고, 그들은 이 새로운 기대치에 자신감과 역량으로 부응했다.

많은 기업이 우리가 세차 직원에게 한 것과 같은 실수를 평사원들에게 저지른다. 회사는 사원들에게 의미 있는 책임을 부여하는 것을 꺼리고, 그런 주인의식을 관리자와 임원들에게 전가한다. 그 결과 직원들은 출근해서 업무를 완료하고(바라건대) 퇴근하는 게 전부다. 그들은 책임감, 즉 '문제에 휘말리는 것'에 대한 두려움 때문에 평균적인 직원은 될지 몰라도, 훌륭한 직원은 결코 되지 못한다.

프로세스를 조금만 조정해도 직원들의 주인의식에 큰 영향을 미칠 수 있다. 처음 세차장을 열었을 때부터 우리에게 인력 관리는 항상 골치 아픈 문제였다. 세차 수요가 항상 변화무쌍하여 끊임없는 고전분투의 연속이었기 때문이다. 수요가 항상 변화하는 상황에서 적절한 수의 애프터케어 직원을 현장에 배치하는 것은 무척 어려운 일이었다. 너무 많은 직원이 적은 일을 해서 수익성이 떨어지거나 직원이 충분치 않아 고객과 다른 직원이 고생해야 할 때도 있었다.

이 문제를 해결하는 데 있어 데이터는 매우 중요한 도구였다. '옛날'에는 급여를 계산해 본 다음 인건비가 매출을 크게 상회한다는 사실을 깨닫고 가슴이 철렁 내려앉곤 했다. 지금은 노동 효율성을 실시간으로 볼 수 있는 대시보드(오른쪽 도표 참조)를 통해, 매일 그리고 하루 종일 풀서비스 고객 대비 노동시간 비율을 측정한 데이터를 시각적으로 확인할 수 있다. 노동효율성이 높을 때에는 태블릿에 웃는 얼굴이, 그렇지 않을 때는 슬픈 얼굴이 나타나는데, 현재 상태를 더욱 상세하게 표현하는 다른 이모티콘들도 있다. 또 추가 휴식 시간 등 효율성을 개선할 수 있는 팁도 제공한다. 이 대시보드를 사용하면 지적장애가 있는 팀원도 애프터케어를 관리하는 데 필요한 운영상의 결정을 내릴 수 있다. 하지만 모든 사람에게 있어 이는 우리의 가장 시급한 과제인 책임감에 대한 시각화 도구의 역할을 한다.

또한 대시보드는 전날의 노동성과를 요약하는 일일 보고서를 생성한다. 이 보고서는 원래 나만 볼 수 있었다. 일주일에 한 번, 나는 자료를 총체적으로 점검한 다음, 모든 매니저에게 평가 결과를 이메일로 보냈다. 사실 나는 여기서 책임감과 관련해 엄청난 실수를 저지르고 있었다. 데이터를 통제함으로써 노동성과에 대한 실질적인 책임을 혼자 지고 있었던 것이다. 나는 능동적인 사람이었

라이징 타이드 - 파크랜드 지점

최종 업데이트 시간: 2022년 4월 18일

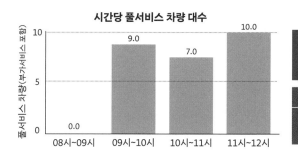

시간당 풀서비스 차량 대수

현재 수행 수준

1.47
풀서비스 차량 / 시간

노동효율성 권고 사항

매우 잘하고 있습니다.
지금처럼 유지하세요.

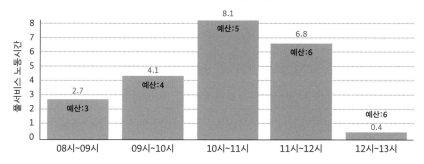

예산 대비 금일 실질 노동시간

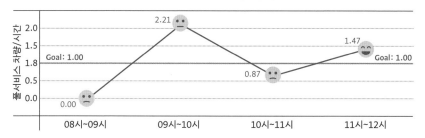

금일 실시간 노동효율성

책임감이라는 성장 도구

고 매니저들은 수동적인 이들이었다. 나는 비즈니스의 성공에서 가장 중요한 데이터 조각들을 차곡차곡 쌓아 정기적으로 보내는 이메일에 숨겨둠으로써 그 중요성을 약화시켰다. 읽을 수도 있고 읽지 않을 수도 있는 이메일만큼 책임감의 여부가 드러나는 것도 없을 것이다.

이런 이메일이 아무 효과도 없다는 사실은 3주 연속 노동효율성이 추락하는 바람에 결국 내가 직접 뛰어들어 궤도를 바로잡아야 했던 횟수만으로도 입증할 수 있을 것이다. 여기서 궤도를 바로잡는다는 것은 개인적인 근무시간을 줄이고, 세차작업장에서 더 많은 시간을 보내면서, 팀을 압박해 효율성을 최대한 끌어올리는 것을 뜻한다. 이렇게 적극적으로 통제한 결과 노동효율성 대시보드에 다시 웃는 얼굴이 나타나기 시작했지만, 직원들의 주인의식과 사기는 슬픈 얼굴(실제로는 화난 얼굴)을 띄게 되었다.

그때 아버지가 한 가지 제안을 하셨다. 기존의 방식을 바꿔 데이터를 매니저에게 보내고 매니저가 결과를 내게 보고하는 능동적인 역할을 하게 하는 건 어떨까? 이 작은 변화가 천지를 뒤흔드는 것과도 같은 혁신을 가져왔다. 매니저들이 완전한 주인의식을 갖게 된 것이다. 그들은 차후를 예측하고 신속하게 노동력을 관리하는 데 점점 더 익숙해졌다. 주간 수치가 가끔 잘못된 방향으로 향하는 듯 보이면, 단순히 내게 보고서만 건네주는 게 아니라 다음 주에 상황을 정상화하기 위해 무엇을 어떻게 할 것인지에 대해서도 보고했다. 최근에는 노무관리 성과도 꾸준히 개선되고 있으며, 모두가 더 행복해졌다.

직원들에게 주인의식을 부여하고 싶은가? 그렇다면 가장 먼저 이렇게 자문하라. 나는 사람들이 주인의식을 가질 수 있는 '여건'을 조성했는가?

다음 질문에 대답해 보라.

- 직무 설명에 의미 있는 결과에 대한 책임이 명시되어 있는가?
- 측정 및 평가 기준이 명확한가?
- 직원에게 보고에 대한 적극적인 역할이 주어졌는가?
- 직원이 주인의식을 갖는 데 필요한 기술과 훈련을 갖추고 있는가?
- 직원에게 필요한 도구와 지원을 제공해 주었는가?
- 성과가 부진할 경우 그에 따른 명확한 결과가 있는가?

새로운 애프터케어 프로세스를 도입해 성공을 거둔 지 1년이 지난 지금까지도, 나는 직원들의 주인의식이 가져올 수 있는 잠재력을 얼마나 과소평가했는지를 깨닫고 놀라곤 한다. 새로운 훈련에 적응하지 못한 사람은 아무도 없고, 서비스의 품질 저하도 나타나지 않았다. 사실 나는 이로 인한 혜택을 아직 전부 맛보지는 못했다고 생각한다. 우리 직원들의 업무 점검 능력은 시간이 지날수록 점점 더 세밀하고 꼼꼼해질 것이기 때문이다. 때로는 QC 담당자가 놓친 러브버그 흔적이나 벌이 남긴 노란 얼룩 같은 것들을 고객이 아닌, 일반 세차 직원들이 잡아내고 있을 정도다.

더 나은 데이터

구체적인 측정과 평가가 없다면 책임감도 의미가 없다. 목표를 이해하지 못하면 조준하여 맞출 수도 없다. 서비스 시간이 지연되고 인건비가 치솟고 고객의 불만이 증가한다면, 책임의식에 문제가 생겼다는 걸 알아야 한다. 그래서 우리는 매니저들에게 데이터에 직접 액세스하고 대응할 수 있는 책임을 부여했다.

데이터는 책임여부를 명확하게 구분하는 데 도움이 되며, 이는 직원과 관리자 모두에게 유용하다. 최근 우리 회사에서 가장 사랑받는 직원인 자리 서튼이 더 좋은 파트장이 될 수 있었던 것도 데이터의 도움을 받은 덕분이었다. 그리고 어쩌면 그녀가 앞으로 매니저가 되는 데에도 도움이 될 것이다. 조지아 출신인 자리에게는 자폐가 있는 남동생이 있다. 자리는 개인적으로 우리의 사명과 팀을 중시하며, 그녀가 하는 모든 일에 그러한 사고방식이 스며있다. 자리의 팀원들은 언제나 휴식 시간을 완전히 누린다. 그녀가 본인의 휴식 시간을 반납해서까지 그렇게 만들기 때문이다. 무척이나 사려 깊고 차분한 경청자인 자리는 문제를 해결해야 할 때 우리 직원들이 가장 먼저 찾는 사람이기도 하다. 간단히 말해, 자리는 기꺼이 책임을 지고자 하는 모범적인 직원이다.

하지만 아무리 모범적인 직원이라고 해도, 도움은 필요한 법이다. 불안장애를 가지고 있는 그녀는 갑자기 고객들이 몰려들 때 힘들어한다. 자리의 팀이 박차를 가하는 데는 시간이 오래 걸렸기에, 세차가 밀려 줄이 정체되고 멈추는 경우가 잦았다. 그렇게 혼란이 시작되면 자리의 불안증세가 도져 그녀의 관리 능력에도 문제가 생겼다. 그렇게 되면 자리는 결국 공황을 일으켜 외부와의 소통을 닫아 버리곤 했다.

자리가 매니저가 되려면, 상황이 통제 불능으로 흘러가기 전에 더 빨리 일하라고 팀원들을 밀어붙여야 한다. 하지만 그녀에게 그건 쉽지 않은 일이다. 자리는 스트레스를 받는 것을 싫어하고, 팀원들을 재촉하는 것도 꺼리며, 긴박하게 일하는 것을 거부하기 때문이다. 그렇다면 자리가 이런 저항감을 극복하기 위해 필요한 것이 무엇일까? 바로, 그녀가 언제 가속 페달을 밟아야 할지 알려 줄수 있는 명확한 신호, 즉 데이터 책임의식이다.

자리의 상사가 그녀를 코칭할 방법에 관해 조언을 구하러 왔을 때, 우리는 다행히도 완벽한 도구가 있다는 걸 깨달았다. 라이징 타이드에서는 세차 터널에 차량이 들어가면 번호판이 스캔되어 실시간 대시보드에 기록된다. 세차 시작부터 완료까지 소요되는 기준 시간은 20분이다. 업무가 밀리지 않을 때는 기준 시간에 맞추는 게 어렵지 않지만, 일이 밀려 애프터케어에서 차량들이 대기하기 시작하면 평소보다 서둘러 움직여야 한다. 이 대시보드가 자리에게 명확한 기준을 제시해 주었다. 대시보드에 노란색이 표시되면, 차량이 세차를 시작한 지 18분이 흘렀으며 팀원들이 작업 속도를 끌어올려야 한다는 의미였다.

실시간 데이터는 자리를 당황하게 했던 모호한 문제들에 대해 명확한 해결책을 제시해 주었다. 언제부터 작업을 서둘러야 할까? 대시보드는 자리가 팀원들에게 작업 속도를 높이라고 요청해도 그것이 못되게 굴거나 호들갑을 떠는 게 아니라는 걸 확신할 수 있게 해 주었다. 그것은 자리가 더 나은 파트장이 되고, 결국 훌륭한 매니저가 되는 데 필요한 도구였다. 자리는 "내 가장 큰 목표는 안전지대에서 벗어나 더 나은 의사소통 기술을 배우는 것이었어요. 대시보드는 마음을 가라앉히고 눈앞의 일에 집중하는 데 큰 도움이 되었습니다"라고 말했다.

대시보드는 자리의 상사에게도 필요한 도구였다. 그녀의 책임을 정의하는 확고한 기준선이 되어 주었기 때문이다. 자리처럼 동기부여가 잘되고 '마음에 드는' 직원이 있을 때 관리자는 좋은 의도를 내세우면서 결과를 무시하기 쉽다. 하지만 데이터는 관리자가 책임감을 갖고 상황을 개선하도록 인도한다.

점검과 감사

데이터 외에도 점검은 책임의식의 중요한 도구이다. 점검을 하지 않으면 기준이 빠르게 저하될 수 있다. 라이징 타이드는 매주 각 지점에서 유지관리, 청결 및 재고관리의 실태를 매우 철저하게 점검한다. 각 점검 범주마다 약 100여 개의 항목이 있으며, 이를 통해 프로세스가 예상대로 수행되고 있는지 정기적으로 명료하게 확인할 수 있다.

또한 '감사audit'라고 부르는 우리만의 고유한 점검 방식도 있다. 감사는 우리가 고객 경험에 관해 더욱 자세한 정보를 얻기 위해 고용한 '비밀 고객'이 낮은 점수를 주거나 바람직하지 못한 보고를 하는 등 심각한 문제가 발생했을 때 시행한다. 첫 번째 단계는 카메라 감사다. 카메라 영상을 통해 고객이 세차장에 들어와서 나갈 때까지의 과정을 꼼꼼히 지켜보면서 어디서 무엇이 잘못되었는지 살피는 것이다. 많은 비즈니스가 인적 오류를 발견하면 그 외의 조사를 중단한다. 문제의 직원을 탓하고 그의 잘못을 바로잡는 데에만 집중하고, 다른 모든 사람은 평소처럼 일을 계속한다. 하지만 여기서 정말로 필요한 것은 근본적인 원인을 파악하는 것이다. 애초에 해당 직원이 실수를 범한 원인은 무엇일까?³

열에 아홉은 그 문제가 단순히 한 개인에게만 국한된 것이 아님을 발견하게 될 것이다. 결국 진짜 필요한 것은 프로세스의 개선이다. 실제로 실수를 저지른 것은 한 사람이더라도 다른 사람들 역시 언제든 같은 함정에 빠질 수 있다. 이는 에이미 에드먼슨 교수가 말한 '비난받아야 할' 실패와는 다르다. 비난받아야 할 실패는 매우 드문 유형의 실수로, 쉽고 합리적인 프로세스를 간과하고 따르지 않았을 때 발생한다. 만일 비난받아야 할 실패를 발견했다면, 다음 단계는 코칭 대화를 나누는 것이다.

코칭 대화를 나눌 때, 관리자는 팀원과 함께 영상을 검토하고 그 일이 고객에게 어떤 영향을 끼쳤는지 설명한다. 때로는 코칭 대화만으로도 문제를 해결할 수 있지만, 실수가 반복된다면 해당 개인에 대한 재교육 및 검증을 시행한다. 근무시간보다 3시간 일찍 출근하여 현 기준인 8분 이내에 세차 프로세스를 3번 연속 완벽하게 완료할 수 있게 될 때까지, 다시 훈련을 받아야 한다. 우리의 신경다양인 팀원들의 경우에는 거의 항상 문제를 해결할 수 있다. 예를 들어, 얼마 전 차량 내부 청소를 시간 내에 끝마치는 데 어려움을 겪는 팀원이 있었다. 그는 훈련을 다시 받게 되었는데, 나중에 그의 상사가 말했다. "당신은 방금 자신이 할 수 있다는 것을 우리 모두에게 보여줬어요. 당신은 그걸 할 수 있다는 것을 알아요. 우리도 당신이 할 수 있다는 것을 압니다. 그러니 이제 가서 방금 한 일을 매번 똑같이 하면 됩니다. 그렇게 하지 않으면 직장을 잃을 거예요."

나중에 그의 역량 여부를 또다시 검증해야 할까? 아마도 그럴 것이다. 그는 주의가 산만해지는 경향이 있으니까. 그 직원은 몇 가지 세부 사항을 다시 배워야 했지만, 재훈련은 그의 업무에 명확한 기준이 있고 그에게는 그 기준을 충족해야 할 책임이 있음을 다시 일깨워 주었다.

라이징 타이드에서는 지금까지 프로세스를 따르지 못했다는 이유로 자폐를 가진 직원을 내보낸 적이 단 한 번도 없다. 그러나 신경전형인 직원의 경우에는 다르다. 코칭 대화를 나눈 후에도 프로세스를 준수하지 않는 문제가 지속되면 신경전형인 직원 역시 재훈련을 거쳐야 하는데, 그 과정은 신경다양인 직원과 정확하게 동일하다. 하지만 이 경우에 재검증은 그리 효과적이지 않다. 그래서 똑같은 일이 다시 발생한다면 해고해야 한다.

결과가 어찌됐든, 모든 직원이 거쳐야 할 절차는 아주 간단하고 전부 동일하다.

- 첫 실패: 코칭 대화
- 실패의 패턴화 또는 감사를 유발하는 사건이 반복됨: 재교육 및 검증
- 재검증 후 첫 실패: 프로세스 미준수에 대한 최종 경고
- 재검증 후 두 번째 실패: 해고

현재 우리는 '패턴'을 정의하는 기준을 만들기 위해 고심 중이다. 이와 관련해 명확한 지시 사항이 있다면, 언제 코칭에서 재검

증으로 전환해야 할지 확신하지 못하거나 주저하는 신입 관리자에게 도움이 될 것이다.

마지막으로, 점검과 관련해 매우 중요한 핵심이 있다. 점검의 목적이 단순히 나쁜 행동을 적발하기 위해서뿐 아니라 그에 못지않게 '좋은 행동'을 찾는 데 있다는 것이다. 점검 및 실태조사는 관리자가 구체적이고 의미 있는 칭찬을 할 수 있는 계기를 제공한다. 근무가 끝났을 때 그냥 "수고했어요!"라고 말하는 대신 "존, 지난 3주일 동안 화장실이 완벽히 깨끗했어요" 또는 "지난달에 비해 재고 관리가 얼마나 향상됐는지 알겠네요"처럼 구체적으로 칭찬할 수 있다.

책임감의 3가지 함정

시스템이 직원으로 하여금 책임감을 갖도록 설계되어 있는 경우에도 함정은 있다. 우리가 인간이기 때문이다. 지금부터 일터에서 반복적으로 발생하는 3가지 '인적 오류'를 소개한다.

1. 편애
관리자는 때때로 일관성 없이 또는 편견을 가지고 직원에게 책임을 부여하곤 한다. 좋은 의도를 가지고 열심히 일한다는 직원(앞서 언급한 자리가 좋은 사례)이 사소한 규칙이나 요건을 위반할 경우, "그럴 의도가 아니었을 것이다"라든가 "다른 모든 면에서는 110퍼센트 충실한 직원이다" 같은 말로 감싸며 못 본 척 넘어갈 때도 있다. 이러한 이유로 '좋은' 직원은 '나쁜' 직원이었다면 곧바로 기록에 남을 행동을 저지르고도 빠져나가곤 한다. 모범적인 직원이라고 해도 항상 20분 늦게 출근한다면 기록에 남겨야 한다. 배움과 성장을 독려하기 위한 책임감과 그에 따른 결과는 모두에게 똑같이 공정하게 적용되어야 한다. 그렇지 않으면 직장 내 심리적 안전감을 훼손하게 되며, 직원들이 주인의식을 잃고 자신이 피해자라는 느낌을 받을 수 있기 때문이다. 당연히 좋을 리가 없다.

2. 주중 슬럼프

직장은 더 큰 현실이 반영된 곳이다. 세상은 항상 엔트로피를 향해 나아간다. 사람들이 게으른 게 아니라, 우리가 서로 엎치락뒤치락하는 우선순위와 책임을 잔뜩 짊어지고 걷고 있는 것이다. 책임감은 우리가 일에 집중할 수 있게 돕지만, 그것이 먼 미래의 문제가 되어서는 안 된다. 일상적인 업무 경험에 깃들어 있어야 한다.

우리가 직원들에게 주인의식을 부여할 때 가장 효과적이었던 방법은 구역팀장 역할을 만든 것이었다. 구역팀장의 주요 업무는 차량이 깨끗이 청소되었을 때 세차 직원을 칭찬하고, 그렇지 않을 때는 다시 세차하라고 요청하는 등 책임감을 점검하는 것이다.

문제가 지속되면 팀원들과 함께 어떠한 요소가 성공적인 결과를 방해하는지 검토하고 파악한다. 일방적으로 비난이나 설교를 하는 게 아니라, 직원이 질문이나 우려사항을 제시하면 관리자가 해결책을 찾게 돕는 쌍방향 대화가 되어야 한다.

3. 친근한 상사

나를 비롯해 대부분의 신입 관리자가 어려워하는 일이 하나 있다. 새로 얻은 직책에 맞춰 대인관계 스타일을 조정하는 것이다. 관리자로서 호감을 얻는 방식과 친구로서 호감을 얻는 방식은 매우 다르다. 좋은 친구가 된다는 것은 편안하고, 부담이 적고, 재미있다는 뜻이다. 하지만 좋은 상사가 되려면 직원의 부족한 점을 정확히 파악하고, 더 나아질 방법을 찾게 도와야 한다. 두 역할 모두 배려심 있고 호감을 얻을 수 있지만, 게임의 규칙이 서로 다르다. 이를 적절히 조절하지 못하면, 결국 사람을 해고해야 할 수도 있다.

일터 밖에서의 책임감

직원들은 더 많은 책임을 갖게 될수록 주체성을 키우게 된다. 직장에서의 성패 여부가 자신의 손에 달려 있으며, 결과를 좌우할 수 있는 중요한 통제권을 본인이 갖고 있다고 믿게 되기 때문이다. 이러한 믿음은 켜고 끌 수 있는 스위치가 아니라, 시간이 지날수록 점점 더 강화되는 근육처럼 작용한다. 주체성은 누구에게나 중요한 성격적 특성이지만, 특히 자폐가 있는 이에게는 더욱 중요하고 당연히 더욱 어려운 문제이기도 하다. 라이징 타이드의 많은 직원이 비장애인이나 신경전형인에 비해 일상생활에서 어려움을 겪는다. 현실적인 장벽 외에도 주변에서 그들이 할 수 있는 일과 할 수 없는 일이 있다는 말을 끊임없이 듣게 되다 보니, 수동적인 피해의식에 빠지거나 완전히 포기하기 쉽다. 하지만 주체성을 회복하는 것만으로도 삶이 완전히 바뀔 수 있다.

예전에 감정적 폭발 때문에 어려움을 겪던 윌리엄이라는 팀원이 있었다. 대개 그는 무더운 여름날에 고객들이 몰려들면 한계점에 다다르곤 했다. 매니저가 비판적인 피드백을 하거나 다른 팀원이 실수로 그의 기분을 상하게 하는 말을 하면, 윌리엄은 마구 화를 냈고 때로는 벽이나 문을 주먹으로 치는 등 폭력적인 행동을 하기도 했다.

나는 감정적 반응을 통제하려는 그의 노력이 개인적인 삶에서 이미 심각한 결과를 가져왔음을 알고 있었다. 윌리엄은 자신과 타인에게 위협이 된다는 이유로 정신병원에 72시간 동안 구금된 적도 있었다. 그는 자폐가 있는 데다 근육질의 젊은 흑인 남성이었기에 그의 행동이 다른 사람들, 특히 경찰의 주의를 끌면 진짜 위험에 처할 수 있었다.

나는 그와 함께 일하고 싶었다. 윌리엄이 처음으로 감정 폭발을 일으켰을 때, 나는 그에게 이렇게 말했다. "직장에서 하는 행동에 대해서는 본인 스스로 책임져야 해요." 우리는 함께 머리를 맞대고 필요할 때 그가 주문처럼 외울 문장을 고안했다. "나는 직장에서 프로답게 행동한다." 그에게 '프로답게'라는 표현은 침착한 태도를 유지하고 자신이 동료들에게 어떤 식으로 말하는지 의식하는 것이었다. 윌리엄은 수년 동안 이 주문을 외웠다. 그는 이를 매우 진지하게 받아들였고 이 방법은 도움이 되는 것 같았다. 대부분의 상황에서 윌리엄은 자신의 반응을 조절할 수 있었다.

그러던 어느 날, 윌리엄이 완전히 자제심을 잃고 말았다. 너무 사소해서 지금은 생각조차 나지 않는 일 때문에 너무 화가 난 나머지 문을 경첩에서 완전히 떼어 내버린 것이다. 그 일로 인해 일부 동료들이 겁을 먹었고, 유감스럽게도 우리는 그를 계속 고용하는 것이 다른 팀원들이나 그 자신을 위해 안전하지 않다고 결론 내렸다. 결국 우리는 그를 내보내야 했다. 고통스러운 일이었지만, 압박감이 높고 변동성이 심한 세차장 환경이 윌리엄의 정서적 어려움에 적합하지 않다는 사실을 인정할 수밖에 없었다.

윌리엄에게 삶은 쉽지 않다. 그에게 있어 직장을 갖고 사회에서 환영받으며 공동체에 소속되는 일은 객관적으로 볼 때도 다른 사람들에 비해 훨씬 어렵다. 그럼에도 직장에서 자신의 행동에 스스로 책임을 져야 한다는 생각은 그에게 깊은 의미가 있었다. 윌리엄은 여러 차례 무척 고맙게 생각한다고 말했고 그 후로도 계속 나와 연락을 주고받았다. 지금 그는 몇 년째 근처 슈퍼마켓에서 일하고 있다. 그의 업무는 카트를 쌓고 선반에 물건을 채우는 것이다. 그처럼 차분한 환경에서 "나는 직장에서 프로답게 행동한다"는 주문은 매우 효과적이었다. 윌리엄은 그만의 페이스를 찾았다.

윌리엄은 몇 달에 한 번씩 세차장에 찾아와 항상 같은 말을 한다. "난 직장에서 프로답게 행동해요, 톰. 난 프로답게 행동해요." 그의 말에는 진정한 자부심이 담겨 있다. 그가 매일 스스로 성취하여 얻어 낸 자부심이다.

가능성 상자를 여는 실행 과제 6: 책임감

안전하고 원활하게 기능하는 일터에서 책임감은 직원 개발을 위한 궁극적 도구다.

올바른 여건 조성하기

- 조직 내에서 책임감이 발휘되게 하려면 먼저 기대치를 명확하게 설정하고, 사람들을 효과적으로 교육 및 지도하며, 성공에 필요한 도구를 제공해야 한다.
- 책임감을 극대화할 수 있는 역할과 직무 설명을 마련한다.
- 여기서 제시한 개념 외에도 책임 문화 구현에 대해 더 깊이 탐구하고 싶다면, 로저 코너스의 저서들을 적극 추천한다.

책임감을 강화할 관행 도입하기

- 정기적으로 점검 및 감사를 시행한다.
- 항목별 확인 및 경영진의 현장 방문 등을 통해, 일상적인 책임감을 강화한다.
- 기술을 활용해 모니터링 및 현황을 분석하고, 문제를 파악할 때뿐 아니라 직원들을 칭찬할 때에도 첨단기술을 활용한다.

'기울어진 책상' 활용하기

리더 양성 전문가인 리즈 와이즈먼이 《멀티플라이어》에서 설명하듯이, 최고의 리더는 팀원들의 문제를 경청하고 해결책을 찾아내도록 돕는 한편, 팀원들에게 주인의식을 부여한다. 간단히 말해, 기울어진 책상에 연필을 놓는 것처럼 문제가 리더가 아닌 팀원들에게 다시 돌아가게 하는 것이다. 관리자와 함께 팀원들을 지원하되, 완전히 구제해 주어서는 안 된다. 그러한 행동은 직원들이 책임감을 키우는 것을 방해한다.

경계를 늦추지 말 것

이 일은 결코 끝나지 않는다. 정기적으로(최소한 1년에 1회) 책임감을 북돋는 관행을 검토하고 업데이트하라. 우리는 개인적으로 기꺼이 책임지는 사람들을 채용하고 있는가? 기대치를 명확하게 표현하고 있는가? 직원들이 결과를 책임지지 못하게 가로막는 명백한 장애물이 있는가? 관리자들은 지속적으로 팀에 책임을 묻고 있는가?

Chapter

7

확고한
목적의식

✦

20년 전에 누군가 내게 미래에 내가 세차장 주인이 될 거라고 말했다면, 헛소리 말고 당장 꺼지라고 했을 것이다. 하지만 10년이 지난 지금, 나는 세차장 두 곳을 운영하고 있고, 세 번째 세차장을 짓고 있으며, 내가 운영하는 비즈니스에 만족감과 자부심을 느끼고 있다. 그때 내가 꿈꾸던 미래와 지금 처해 있는 현실의 차이는 무엇일까?

바로 확고한 목적의식이다. 나는 내가 숭고한 목적을 위해 일하고 있다는 데 만족감을 느낀다. 내가 하는 일은 곧 나의 소명이다. 나는 라이징 타이드 세차장이 지역사회와 공동체에 기여하고 있는 사실이 자랑스럽다. 젊은이들은 우리 회사에서 직장생활을 시작한다. 소규모 비즈니스 하나가 이러한 행보를 20~30년 동안 지속함으로써 사회에 어떤 영향을 미칠지 추정해 본다면 그 결과는 매우 극적일 것이다. 우리 회사의 경우 25년 동안 각 지점에서 약 236명의 자폐가 있는 사람들을 고용할 것이며, 그중 약 151명은 언젠가 라이징 타이드를 떠나 이 지역에 있는 다른 직장에서 일하게 될 것이다. 우리는 많은 젊은이를 열정적인 리더로 훈련하고 세수 증가와 공공서비스 감소를 가져옴으로써, 사회에 수백만 달러를 절약해 줄 것이다. 또한 우리의 서비스를 받은 고객들은 자폐증에 대한 생각과 태도를 바꾸고 편견과 싸울 기회를 얻을 것이다.

하지만 여기에는 더 깊은 의미가 있다. 사회적 영향이라는 우리의 사명은 '목적'이라는 빙산의 일각, 그저 수면 위로 아주 약간 드러나 있는 부분에 불과하다. 수면 아래에는 일터에서 목적을 경험하는 보다 직접적인 방식이 있다. 이는 이 책 전반에서 설명한 라이징 타이드의 고유한 디자인 특성에서 비롯된 것이며, 이 모든 것이 합쳐져 다른 명시적 사명과는 구분되는 목적을 지닌 일터가 탄생한다.

기업의 목적에 대한 논의는 리처드 브랜슨 같은 최고경영자가 이미 정의한 바 있다. 그는 자신이 운영하는 모든 비즈니스가 목적을 추구한다고 말한다. 예를 들어 버진 갤럭틱Vergin Galactic의 경우, 단순히 돈을 벌기 위해 세계 최초의 상업용 '우주여행선'을 개발하는 것이 아니라 '모두에게 우주를 열어 주고 미래 세대에게 영감을 주기' 위해 노력하고 있다고 밝혔다.[1] 여기서 초점을 맞추고 있는 것은 집단적 목적이다. 이론적으로 목적의 광의는 '이윤 극대화를 넘어서는 기업의 구체적 목표 또는 목적'이라고 할 수 있다.[2] 그것은 독특한 사회적 영향이란 의제가 될 수도 있고, 아니면 직접적으로 회사가 하는 일에 초점을 맞춘 것일 수도 있다. 가령 자포스Zappos를 생각해 보자. 자포스의 명시적 목적은 '놀라움을 실현하고 전달'하는 것이다. 우리 라이징 타이드도 매우 확고하고 변치 않는 목적을 갖고 있다. 여기까지 읽었다면 잘 알겠지만 자폐가 있는 이들을 고용할 기회를 확대함으로써 우리 팀원들이 최고의 잠재력을 발휘하게 돕는 것이다.

나는 집단적 목적이 중요하다고 생각한다(그 이유는 곧 설명하겠다). 하지만 그것이 일터에서의 성취감과 동기부여에 관한 논의에서 너무 많은 부분을 차지하고 있다고도 생각한다. 집단적 목적이 기업이 집중해야 할 가장 빛나고 눈부신 목표인 건 확실하다. 그러나 그것은 누가 보고 있든 아니든, 심한 두통이 있든 아니든, 집에서 심한 말다툼을 했든 아니든, 하루에 백 번째 컵홀더를 마치 첫 번째 컵홀더를 닦을 때와 똑같이 닦아야 하는 이유를 찾는 사람이 된다는 것이 무얼 의미하는지를 무시한다. 그럼에도 많은 경영 서적이 조직의 목적을 마치 기적의 동기부여 요인인 양 힘주어 강조한다. 자신의 업무 뒷면에서 설득력 있는 '이유'를 찾을 수 있는 직원이라면 더 오래, 열심히 일할 것이다. 하지만 이를 직원들에게 동기를 부여하는 유일한 해답으로 보는 것은 지나친 단순화다.

업무 공간 설계를 통해 형성되는 목적의식은 집단적이라기보다는 개인적이고 감정적이다. 내 머릿속에 가장 먼저 떠오르는 사례는 '우후맨'이다.

우후맨은 내가 우리의 가장 열성적인 팀원 중 하나인 콜과 나누는 우리만의 농담이다. 콜은 신이 날 때마다(대략 30분마다) "우후우우우~" 하고 소리를 지르곤 한다. 그래서 우리는 그에게 우후맨이라는 별명을 붙였고 그도 그 별명을 좋아했다. 나와 마주칠 때마다 콜은 반반의 확률로 "우후맨이 누구게?"라고 묻곤 했는데, 그럴 때마다 나는 "바로 당신이 우후맨이죠, 콜!" 하고 대답해 주었다. 그러면 콜은 바로 "우후우우~" 하고 외치며 웃음을 터트렸다.

세차장을 개업한 첫해, 유독 힘들었던 어느 날이었다. 안 그래도 바쁜 시간에 파이프 부품이 파손되어 심각한 누수가 발생했다. 배관이 터지는 바람에 헹굼 과정이 완료되지 않아, 세차 터널에서 나오는 차량들은 반짝반짝 광이 나는 대신 비누거품에 흠뻑 젖어 있었다. 기계를 잘 아는 사람이 있었다면 5분만에 해결될 문제였지만, 마침 그 사람이 며칠 전에 일을 그만둔 상태였다. 그래서 나는 고객과 직원 들의 질문 포화를 맞으면서 직접 이 문제를 처리해야 했다. 분노와 좌절감으로 삐걱거리며 공구대에서 바이스를 가져와 부품을 갈아 끼워야 했던 게 생각난다. '대체 내가 여기서 왜 이러고 있는 거지? 왜? 왜? 왜?' 파이프를 고치고 모든 일이 제자리로 돌아오기까지는 1시간이 걸렸다.

그날 콜과 마주쳤을 때 나는 침울한 기분으로 축 쳐져 있었다. 한편 콜은 그날도 평소와 다름없는 하루를 보내고 있었다. 다시 말해, 기분이 좋았다는 뜻이다. 우리는 당연히 평소처럼 우후 인사를 나눴고, 그가 신나서 환호하는 것을 보자 내 우울함도 날아가고 말았다. 나는 오랜만에 그와 함께 큰 소리로 웃음을 터트렸다. 기분이 좋았다. '아, 그래. 이래서 내가 여기 있는 거지' 하는 생각이 들었다.

당신에게도 우후맨이 필요하다. 즉 일에 '감정적 목적'을 부여해 줄 사람이나 다른 무언가가 필요하다는 의미다. 콜은 내게 연결감을 느끼게 해 주었다. 내가 사명과 감정적으로 연결되어 있다고 느낄 수 있게, 그래서 기분을 북돋을 수 있게 해 주었다.

또 다른 사례도 있다. 어느 날 우리 세차 직원 중 한 명이 출근시간보다 몇 분 늦게 나타났다. 그는 벌건 얼굴로 숨을 가쁘게 몰아쉬고 있었다. 알고 보니 버스를 놓치는 바람에 지각을 안 하려고 1.5킬로미터가 넘는 거리를 뛰어왔단다. 그는 왜 그렇게까지 애를 쓴 걸까? 내가 관찰한 바에 따르면, 그가 그토록 필사적으로 노력한 이유는 우리의 사명에 부응하기 위해서가 아니었다. '우리 자폐인 공동체를 실망시킬 수는 없지'라고 생각해서도 아니다. 그는 그저 '내 친구들을 실망시킬 순 없어'라고 생각했다. 그가 하는 일과 그것과 그를 연결해 주는 공동체는 그에게 개인적으로 큰 의미가 있었다.

이러한 종류의 목적은 대단히 강력하다. 내 생각에는 집단적 목적보다도 더 강한 것 같다. 누구나 쉽게 접근할 수 있기 때문이다.

누구나 개인적 목적을 가질 수 있다

목적이 연공서열이나 지위를 통해 획득하는 특별한 무언가가 되어서는 안 된다. 목적은 모든 직원이 경험하는 고용 경험의 일부가 되어야 한다. 하지만 집단적 목적과 관련해 대부분의 회사에는 지저분한 비밀이 하나 있다. 바로 회사의 목적이 실제로는 모두를 위한 게 아니라는 것이다. 어떻게 목적을 일선에서 모두에게 의미 있게 만들 것인지 아무도 묻지 않는다. 《몰입의 경영》의 저자 미하이 칙센트미하이가 일의 몰입에 관한 비슷한 논의에서 말했듯이, "많은 조직에서 경영진은 그 질문이 적절하지 않다고 생각한다. 모든 직원이 수행할 가치가 있고 복잡성을 통해 성장할 수 있는 일을 하도록 하는 것이 회사의 책임이라고 여기지 않기 때문이다."[3] 실제로 하버드 경영대학원, 컬럼비아대학교, 뉴욕대학교 스턴 경영대학 교수들의 기업의 목적에 관한 공동 연구에서는, '조직의 하위 수준에서 목적의식을 확산하는 것은 많은 기업에서 성공하지 못했다'[4]라는 실무자의 주장을 인용하고 있다.

하지만 우후맨은 어쩌고? 아무도 그의 매력을 부인할 수 없지 않은가! 여기서 중요한 것은 우리가 직원들과 힘을 모아 일터를 설계하기 위해 기울인 각고의 노력 덕분에, 상사들뿐 아니라 모든 직원이 근본적으로 만족할 수 있는 환경이 만들어졌다는 것이다. 심지어 온종일 반복적이고 지루한 일을 수행하는 우리 회사의 일선 직원들조차 본인들이 하는 일에 목적이 있다고 느낀다.

열일곱 살 때 신입으로 들어와 차근차근 승진한 신경다양인 매니저 중 한 명은 내가 우리 세차장의 목적에 대해 묻자 이렇게 대답했다. "우리는 (직원들에게) 자아정체성을 느끼게 해 줍니다. … 일을 해서 돈을 버는 것 말고도 도움이 되는 요소가 아주 많아요. 사회성 기술을 발전시키고, 자신이 누구이며 무엇을 원하는지 깨닫게 되죠." 라이징 타이드에서 일하는 것은 세차 직원부터 나와 아버지에 이르기까지 모두에게 목적과 의미가 충만한 일이다. 그것은 우리가 하는 일이 인간이라면 누구나 갖고 있는 근본적인 욕구를 충족시키기 때문이다.

자기결정이론이라 불리는 심리 이론은 이러한 특별한 욕구를 3가지로 설명한다.

1. 자율성, 자신의 삶을 통제하고자 하는 욕구
2. 유능성, 업무에서 능력을 발휘하고 능숙함을 경험하는 능력
3. 관계성, 타인과 연결되고자 하는 욕구

자율성

자율성은 2장에서 만난 댄의 사례에서 찾아볼 수 있을 것이다. 그는 매주 내 사무실에 나타나 자신이 관리직으로 승진할 수 있도록 사회적, 정서적 학습 기술의 발전 경로를 명확하게 설계하라고 요구했다. 그리고 이러한 주장을 관철하여 결국 우리가 신경전형인 직원만이 할 수 있다고 잘못 생각했던 직책으로 승진했다.

자율성이 일선 업무의 프로세스 중심 구조와 양립할 수 없는 것처럼 보일 수도 있다. 아마도 일터에서의 자율성에 관한 대중적 논의가 노동자들에게 언제, 어디서, 어떻게 일을 할지 선택할 자유를 부여하는 데에만 초점이 맞춰져 있기 때문일 것이다. 하지만 본질적으로 자율성은 단순히 완전한 자유를 누리는 것이 아니라, 자신에게 통제권이 있다고 느끼는 것이다. 그래서 우리 직원들은 프로세스를 따른다. 정해진 절차를 따르지 않으면 모든 것이 빠르게 무너질 것이다. 하지만 직원들은 또한 목소리를 낼 수 있다는 것을 안다. 무언가 제대로 작동하지 않을 때 우리는 그들의 말을 경청할 것이다. 직원들은 회사에 무엇을 기대해야 할지, 회사가 자신들에게 무엇을 기대하는지 안다. 승진을 위해서 무엇을 해야 하는지 정확히 알고 있다. 또 자폐가 있는 상당수 직원들은 처음으로 스스로 돈을 벌어 개인적인 삶에서도 더 많은 자율성을 경험하고 있으며, 이것이 또한 독립성을 증진시킨다.

유능성

유능성도 중요하다. 라이징 타이드의 한 신입 직원은 지난주까지는 어려웠던 운전석 쪽 세차를 완벽하게 해냈고, 이를 알아챈 상사가 '좋은 일! 화이트보드'에 그의 이름을 올렸다. 우리는 보드에서 자신의 이름을 발견한 신입 직원의 표정이 놀라움에서 기쁨으로 변하는 것을 지켜보았다.

우리가 직원들의 유능성을 경험할 수 있는 것은, 대개는 직설적으로, 때로는 부족한 고용 옵션이라는 간접적인 방식으로 수없이 능력이 부족하다는 말을 들어온 사람들과 일하고 있기 때문일 것이다. 우리의 일터는 유능성 부분에서 특히 보람을 느낄 수 있는 곳이다. 직원들은 세차 프로세스를 배우고 수행하면서 자신이 이 일을 능숙하게 할 수 있다고 느낀다. 처음 회사에 출근한 날부터 그들은 이미 자신이 주어진 역할을 할 수 있도록 완벽한 훈련을 받았고 따라서 유능하다는 사실을 안다. 채용 전 교육프로그램을 성공적으로 이수했기 때문이다.

하지만 그들은 또한 업무에 필요한 하드 스킬과 소프트 스킬 양쪽 모두를 끊임없이 개발하고 성장해야 한다는 도전에 직면하게 된다. 한편 나와 관리자들에게 유능함이란, 좋은 리더가 되고 비즈니스를 효율적으로 운영하며 확장하는 방법에 대해 매주 조금씩 더 많이 배우고 있음을 인식하는 것이다. 주위를 둘러보며 한때 이곳이 얼마나 엉망이었는지 떠올릴 때마다 나는 내 능력에 자신감을 느낀다. 우리는 참으로 먼 길을 왔다.

관계성

마지막은 관계성이다. 고용주로서 직원에게 제공하는 모든 이점 중에서 이보다 더 매일같이 절감하는 것도 없다. 우리 직원 중 많은 수가 가족이나 학교 외에는 공동체를 경험해 본 적이 없다. 훈련 프로그램이 시작되고 초창기에 봤던 한 장면이 떠오른다. 앤드루가 점심시간에 다른 훈련생들과 함께 앉아 있었다. 모두 조금은 긴장하고 쭈뼛거렸다. 그중 대다수가 외톨이나 반사회적이라는 평판을 들었던 이였다. 하지만 그들은 지금 이 자리에서 서로 대화를 나누고, 함께 점심을 먹는다. 또 방금 훈련받은 이야기를 나누며 유대감을 쌓고, 심지어 농담도 주고받고 있다. 우리 회사는 분기마다 사교 행사를 여는데 참석률이 아주 높다. 나는 조용히 앉아 우리 팀원들이 서로 어울리는 모습을 지켜보는 것을 좋아한다. 많은 이가 다양한 배경을 지니고 있으며, 그중 일부는 아주 보기 드문 관심사를 갖고 있다. 대다수는 고등학교 시절 '인기 있는 무리'와는 거리가 멀었을 것이다. 그들이 한데 어울리는 모습을 보면 그들이 이곳에 소속감을 느끼고 서로를 받아들이고 있다는 걸 분명히 알 수 있다.

우리 회사에는 신입 사원을 맞을 때마다 항상 "가족이 된 걸 환영합니다"라고 말하는 직원이 한 명 있다. 관리자인 내 입장에서는 절대로 하지 않을 말이지만, 그는 우리 세차장의 많은 직원이 동료 팀원들에게 느끼는 감정을 대변하고 있을 뿐이다. 사람들은 이곳에서 진실되고 오래가는 우정을 쌓는다. 많은 직원이 퇴근 후에도 시간을 함께 보낸다. 앞에서 설명했듯이 심리적 안전감 덕분에 쉽게 친해질 수 있기 때문이다. 가장 중요한 것은, 그들이 취약성을 노출해도 안전하다고 느낀다는 것이다. 한때 사람들은 자신의 약점을 드러내는 것을 두렵게 생각했지만 브레네 브라운의 연구에 따르면 실제로 이는 만족스러운 인간관계와 소속감을 구축하는 데 있어 매우 핵심적인 요소다.[5] 취약한 상황에 있을 때 우리는 내면에서 일어나는 일에 대해 솔직해진다. 타인이 자신을 알아준다는 생각에 기분이 좋아진다.

자폐가 있는 직원들은 보통 평균적인 직원들에 비해 자율성과 유능성, 관계성에 대한 욕구를 충족시킬 기회가 적다. 하지만 우리의 신경전형인 직원들도 이런 혜택을 함께 누릴 수 있다. 내 임원 비서인 루이사는 긴급의료 서비스 업체에서 오랫동안 행정 업무를 담당했다. 그녀는 자신이 세차장에서 일하게 될 것이라고는 상상도 하지 못했지만, 우리와 일하며 얻은 전문적인 경험은 그녀를 라이징 타이드로 이끈 사명을 넘어 이전의 사무직에서와는 비교도 할 수 없는 방식으로 보람을 주고 있다.

예일대학교 경영대학원 교수인 에이미 브제스니브스키의 연구에 따르면,[6] 직장인의 약 3분의 1만이 일을 '소명'이나 개인적인 성취 수단으로 여긴다. 나머지 3분의 1은 일을 그저 돈 버는 수단인 '직업'으로 생각하며, 마지막 3분의 1은 브제스니브스키의 표현을 빌면 '경력' 지향성의 의미일 뿐이다. 이 집단에게 성취란 지위를 확보하거나 조직의 사다리를 높이 오르는 것이다. 흥미로운 일이지만, 단순히 직업의 유형으로는 셋 중 어떤 집단에 속하는지 예측할 수가 없다. 다만 '소명' 집단에 속한 사람들에게는 장점이 있다. 이들이 자신의 일과 삶 전반에 만족할 가능성이 더 크다는 점이다.

기업은 직장에서의 목적 추구를 가장 바람직하게 보기 때문에 나머지 3분의 2 중에서 이를 잘할 수 있는 노동자를 찾으려 한다. 나는 자율성과 유능성, 관계성을 통해 성취감을 얻는 것이 일에서 목적을 찾는 데 대한 일종의 '입문용 약물'이라고 생각한다. 어떤 종류의 일이든 의미 있는 소명이 될 수 있고, 그래야만 한다. '일하기 위해 사는 것이 아니라 살기 위해 일한다'는 사고방식을 가진 사람이 개인적으로 일에 투자하게 하려면, '일을 통해 산다'고 느낄 수 있게 만들어야 한다. 자기결정욕구의 충족은 그곳으로 이어지는 다리다.

개인의 목적은 중요하다. 이것이 조직의 목적에 비해 덜 중요하거나 아래 단계에 있다고 여겨서는 안 된다. 팀이 팀과 사명을 얼마나 중요하게 생각하든, 개인적인 만족감도 중요하다. 동기는 매일 같이 바뀔 수 있다. 더욱 높고 숭고한 목적을 설정해 두기만 하면 그로써 모든 문제가 해결될 것이라고는 기대하지 마라.

우리처럼 세차장에서 일하면서 목적을 성취할 수 있다면, 어디서든 가능할 것이다. 3가지 욕구를 충족시킬 수 있는 환경을 조성하라. 앞에서 살펴본 것처럼 그 자체만으로도 엄청난 노력이 필요할 테지만, 여기에 군이 사회적 영향이라는 거창한 목표가 있을 필요는 없다. 이 책에 담긴 모든 조언이 자율성과 유능성, 관계성이 번성하는 긍정적 환경을 조성하는 데 도움이 될 것이다. 일터에서 개인의 목적을 더욱 강화하고 싶다면, 직원 경험에서 이 3가지 측면을 강화하는 참신한 계획과 코칭에 집중하라.

앞장에서 직원들에게 더 많은 책임을 부여하기 위해 최종점검 시스템을 재설계했다고 말했다. 우리 세차장에는 브라이언이라는 직원이 있었는데, 그가 이 새로운 변화에 저항할 것임은 자명했다. 브라이언은 고등학교를 졸업한 후 4년간 우리와 일했다. 라이징타이드는 그의 일터이자 사회적 공동체이기도 했다. 그는 세차장에서 다른 3명과 절친한 친구 사이가 되었는데, 쉬는 날마다 그들은 동네 워터파크에서 온종일 함께 시간을 보내곤 했다. 간단히 말해 브라이언에게 일은 깊은 의미를 지니고 있었다. 이는 직장에서 그의 헌신적인 모습으로 나타났다. 사실 브라이언은 지적장애를 갖고 있었기에 재훈련을 하려면 많은 노력과 인내가 필요했다. 변화는 모두에게 불편한 일이지만, 특히 그에게는 더욱 그랬다.

훈련 과정 중 브라이언이 나를 불러냈다. "톰." 그가 말했다. "이

전에 있던 걸로도 충분한데 왜 그걸 바꿔야 해요?"

그의 질문에 대한 내 첫 반응은 교육용 영상에서 하는 말을 그대로 되풀이하는 것이었다. 우리의 '전략적 이유', 즉 조직의 명시된 목적에 따라 세차 직원들의 기술을 향상시키고, 더 유용한 지원을 제공하며, 고객 경험을 개선해야 하기 때문이라고 말이다. 우리는 프로세스를 바꿀 때마다 그 이유를 항상 조직의 목적과 연관 지어 설명했는데, 이것이 직원들의 업무 수행 동기부여에 도움이 되기 때문이었다. 하지만 훈련 과정에서 제공한 것이든 내가 따로 설명한 것이든, 내 대답은 브라이언의 회의적인 태도를 움직이지 못했다. 그는 고개를 저으며 얼굴을 찡그렸다.

브라이언은 이 새로운 접근 방식을 통해 어떤 이득을 얻을 수 있는지를 보다 분명하고 확실한 방식으로, 즉 '개인적으로' 납득할 수 있어야 했다. 나중에 나는 그를 따로 불렀다. 브라이언은 방금 파란색 도요다 툰드라를 갓 뽑은 새 차처럼 깨끗하게 세차한 덕에, 구역팀장으로부터 엄지 척을 받은 참이었다. 햇빛 아래 그가 세차한 차량은 반짝반짝 빛났고, 물 자국 하나 보이지 않을 정도로 완벽했다.

"저 차를 봐." 나는 명랑하게 말했다. "엄청나지? 네가 세차를 마친 뒤로 누구도 손대지 않았는데. 저 차가 저렇게 멋진 모습이 된 건 다 '네' 덕분이야. 네 덕분에 고객은 행복한 기분으로 세차장을 나갈 거야."

그 즉시 브라이언의 얼굴에는 환한 미소가 번졌고, 눈빛은 자부심으로 반짝였다. "'내가' 했어요!"라고 말할 수 있다는 것, 그리고 자신이 혼자 한 일에 대해 오롯이 인정받는 일은 그에게 새로운 경험이었다. 그의 유능성 계량기가 100퍼센트에 맞춰지기 시작했다. 나는 그 뒤로 들어온 차량들이 애프터케어를 거칠 때마다 브라이언을 지켜보았다. 구역팀장이 그에게 컵홀더를 다시 청소하라고 말하자 브라이언은 순순히 고개를 끄덕였다. 재훈련 시 비쳤던 좌절감은 더 이상 보이지 않았다.

집단적 목적의 목적

개인의 정서적 욕구를 충족하는 것이 모든 직원을 확고하게 붙들어 주는 닻이라면, 집단 전체의 조직적 목적은 성공을 만드는 그림의 일부이다. 제대로 설계된 직장에 깃든 목적이 비즈니스 성공으로 가는 길의 80퍼센트를 열어 준다면, 나머지 20퍼센트는 모두가 공유하는 조직적 사명이 채워 준다.

모두가 진정성을 느끼든 아니든, 라이징 타이드의 집단적 목적은 지금껏 이야기한 개인적 목적과는 또 다른 고유한 보상을 가져다주었다. 다만 이는 닭이 먼저인지 달걀이 먼저인지와 비슷하다. 우리의 경우 자폐가 있는 사람들에게 고용 기회를 제공한다는 조직의 목적이 업무 공간 설계로 이어졌고, 이는 다시 모든 직원에게 목적의식을 부여했다. 다시 강조하지만, 우리는 오늘날에 이르기까지 결코 쉽지 않은 여정을 지나왔다. 단순히 새로운 산업을 배우는 것을 넘어 이를 재창조해야 했기 때문이다.

자폐가 있는 직원들의 작업 속도가 느리고 기본 시스템도 제대로 갖춰지지 않아 성과를 내지 못하던 초창기에, 만약 자폐가 없는 직원들을 고용했다면 훨씬 편했을 것이다. 당시 세차업계에서 오래 일했던 우리 매니저는 조용히 이를 주장하기도 했다. 우리가 보다 중요한 목적을 위해 이 일을 시작한 게 아니었다면 그 말을 들었을지도 모른다. 그러나 그러한 의견은 묵살되었다. 특히 아버지의 반응이 단호했다. 우리 모두는 자폐가 있는 직원들에 대한 헌신을 포기하느니 불구덩이에 뛰어드는 단기적인 고통을 감내할 각오가 되어 있었다. 나아가 우리는 앤드루와 다른 가족들에게 한 약속을 지켜야 했다. 내게 진정한 목적이란 이런 것이다. 우리의 사명에 어긋난다면 '예'라는 쉬운 대답이 있는데도 '아니오'라고 말하는 것. 다행히도 우리를 비롯한 많은 이가 이러한 제약이 도리어 혁신을 낳는다는 사실을 발견했다. '의지'가 있는 곳에 길이 있는 법이다. 우리의 경우, 사명이라는 제약이야말로 이 책에 등장하는 거의 모든 아이디어가 탄생한 비결이 되었다.

책임감에 관해 다룬 장에서 내가 신경다양인 직원들에게 책임을 부여하는 데 실패했음을 아버지가 지적했던 사건에서 볼 수 있었던 것처럼, 목적은 우리로 하여금 "나는 반드시 방법을 찾을 것이다"라는 마음가짐으로 진화하며 앞으로 나아가도록 만들었다. 사이먼 사이넥부터 잭 머큐리오, 대니얼 코일에 이르기까지 목적에 대해 말하는 전문가들은 목적이 미래 지향적이며 열망적인 포부라고 강조한다. 즉 목적을 가진 조직은 결코 안주하지 않는다. 아무리 노력해도 일에는 끝이 없지만 그러나 끈질기게 앞으로 나아가는 과정은 사람을 지치게 하는 것이 아니라 도리어 활력을 불어넣는다. 작은 승리 하나하나가 만족스럽고 그 자체로 축하할 가치가 있다.

집단이 공유하는 목적은 책임감을 강화한다. 목적이 그 자체로 우리 모두가 책임져야 하는 궁극적인 권한이기 때문이다. 집단적 목적은 모두가 한 방향으로 나아가게 만든다. 앞에서도 언급한 적 있는 루이사는 사명감이 설사 불편하고 어색할 때에도 과감히 말할 수 있는 용기를 준다고 말했다. "만일 업무를 진행하는 데 어떤 문제가 있고 팀 리더가 적절한 지원을 받지 못하고 있다면, 무언가를 더 해야 한다는 의미입니다. 바로 행동을 촉구하는 것이죠." 루이사는 팀원들이 우리의 가치관과 맞지 않는 행동을 할 때면 경고 신호를 보내곤 했다. 설사 그 팀원이 직속상사인 나일 때도 말이다. 얼마 전 한 고객이 애프터서비스 직원이 아무것도 하지 않고 차 안에서 음악만 틀고 있었다는 불만을 제기했다. 부끄럽게도 나는 그만 이성을 잃고 그 직원을 호되게 꾸짖던 와중에 욕설을 내

뱉고 말았다. 직원도 엄청나게 화를 내며 자신은 라디오를 켠 적이 없다고 주장했다. 그게 사실이든 아니든(실제로 그의 말이 옳았지만), 내 행동은 완전히 부적절했다. 루이사는 내 잘못을 지적하며 그 직원의 안전감을 회복시키기 위한 조치를 취하게 했다.

하지만 집단의 목적을 정의하고 명확히 표현하는 것만으로 이러한 이점이 저절로 따라오게 될까? 나는 그렇게 생각하지 않는다. 그 이유에 대한 단서는 내가 언급한 연구조사에서 찾을 수 있다. 앞에서 말한 공동연구에서, 가튼버그, 프랫, 세라페임 교수는 '특정 유형의 기업'(잠시 후에 더 자세히 설명하겠다)이 목적을 지닐 경우, 향후 더 높은 재정적 성과를 기대할 수 있다는 사실을 발견했다. 다만 여기에는 '중요한' 조건 하나가 수반되어야 했는데, 바로 관리자가 그 목적을 진심으로 믿어야 한다는 것이었다.[7] 창립자나 CEO 또는 경영진이 사명감에 불타오르고 있더라도 성과에는 아무 영향도 미치지 않을 수 있었다. 차이를 만드는 것은 바로 중간 관리자의 목적의식이었다. 일선 직원들의 목적과 재정적 성과 사이에서도 연관성은 발견되지 않았다.

연구진은 고용 계약에서 무형 자산을 포착하는 어려움이라는 복잡한 논의를 시작으로 왜 그렇게 생각하는지 설명한다. 하지만 작은 세차장을 운영하는 평범한 내 눈에는 그 이유가 아주 명백해 보인다. 관리자가 조직의 목적을 믿을 때에야 좋은 관리자가 되기 때문이다. 그들은 용기와 명확성을 보유하게 될 뿐만 아니라(앞서 소개한 루이사처럼), 이 책에서 설명한 것처럼 어렵고 꾸준한 코칭을 할 만큼 직원들에게 관심을 쏟는다. 또 직원들을 잘 알고 세심한 주의를 기울이기 때문에 집단의 목적을 개인적 목적과 구체적인 행동으로 전환할 수 있다. 회의가 있을 때나 분기별로 그러는 게 아니라 매일 사람들의 니즈와 동기가 변할 때마다 말이다.

이제 집단적 목적을 유효하게 만드는 것이 관리자라는 것을 알았으니 당연한 질문이 뒤따를 차례다. 조직의 관리자가 진심으로 사명을 따르게 하려면 어떻게 해야 할까?

진정성이 중요하다

그 해답 중 하나는 채용이다. 당신이 중요하게 여기는 것을 중요하게 여기는 사람을 고용하라. 이 책의 조언을 따르고 있다면, 이미 공유하는 가치에 따라 직원을 채용하고 있을 테니 좋은 시작이라고 할 수 있겠다. 당신이 추구하는 목적을 외부에 전파하면 거기에 관심 있는 사람들을 끌어들일 수 있다. 우리 회사에서 뛰어난 직원들 중 상당수도 우리의 이야기를 듣고 사명에 기여하고 싶어 지원했다.

하지만 그보다 더 중요한 것은 목적을 설계하는 것이다. 사람들이 목적을 중심으로 행동하기를 바란다면 진정성이 있어야 한다.

목적이 진정성을 갖추는 데 필요한 것은 2가지다.

1. 사람들에게 중요해야 한다

직원들이 조직의 목적에 의미가 있으며, 그들의 일상적인 업무와 직접적으로 연결되어 있음을 알 수 있어야 한다. 일반적인 믿음과 달리, 모든 회사는 목적 지향적이 될 수 있다. 책의 첫머리에서 나는 대부분의 비즈니스가 시작되는 이유는 누군가가 무언가에 관심을 갖고 중요하게 여기기 때문이라고 말했다. 물론 돈도 벌고 싶을 것이다. 하지만 그들은 다른 이의 문제를 해결함으로써 돈을 벌기를 원한다. 비결은 직원들이 그 문제에서 개인적인 의미를 찾게 하는 것이다. 그러니 회사의 목적을 아직 파악하지 못했다면 스스로에게 이렇게 물어보라.

> **이 비즈니스가 '중요한' 이유는 무엇인가?**

이 질문에 대답하려면 성찰과 창의성 그리고 결국엔 발전이 필요하다. 어떤 규모의 기업이든 거기에 도달할 수 있다. 내가 좋아하는 사례 중 하나는 WD-40이다. 누구나 알아볼 수 있는 파란색과 금색, 빨간 뚜껑이 달린 이 스프레이 캔으로 귀에 거슬리는 끽끽 소리나 집안에서 뻑뻑해서 불편한 문제를 해결해 본 적이 있을 것이다. WD-40은 평범한 유지보수 제품이다. 거창한 목적을 소리 높여 부르짖지도 않는다. 그럼에도 1953년에 설립되어 2021년 현시점 500명 이상의 직원을 고용하고 있는 WD-40은 매우 명확하게 정의된 목적에 따라 운영되고 있다. 이를 분명하게 천명한 것은 1997년에 CEO로 임명된 게리 오 리지였다. "우리는 우리가 하는 모든 일에서 오래도록 긍정적인 기억을 남기기 위해 존재합니다. 우리는 문제를 해결합니다. 우리는 모든 것을 원활하게 돌아가게 만듭니다. 우리는 기회를 창출합니다."[8] 이 목적은 제품과도 연결되어 있되 한층 더 깊은 의미를 지니고 있다. 리지는 WD-40의 기업 문화를 직원들이 '학습광'이 되는 문화로 탈바꿈시켰다. 오랜 역사를 지닌 조직에서 문제를 해결하고 기회를 창출하려면 학습과 실험, 즉흥적인 조치로 가산점을 얻을 수 있는 문화가 조성되어야 했다.[9] 이러한 문화는 2009년부터 2016년 사이 WD-40의 주가가 3배로 뛰어오르는 데 기여했을 뿐만 아니라, 직원들의 일상적인 업무 경험에도 영향을 끼쳤다. 직원들도 개인적인 의미를 부여하고 성장과 자율성을 체감하게 된 것이다.

다음은 이보다 훨씬 더 어려운, 목적에 진정성을 불어넣는 두 번째 단계다.

2. 언제나, 항상, 늘 중요해야 한다

회사가 하는 모든 일이 그 이유와 일치해야 한다. 기업의 목적이 관리자가 실행해야 하는 전략에 아주 세세한 부분에까지 반영되어 있지 않으면, 그건 사실상 아무 의미도 없는 것이다. 조직의 목적은 웹사이트의 '회사 소개'에 적혀 있는 뭔가 있어 보이는 문구가 아니다. 그것은 조직의 궁극적인 의사결정 필터가 되어야 한다. '우리의 목적에 부합하는가?'는 '수익으로 이어지는가?' 만큼 중요하게 취급되어야 하며, 이러한 우선순위와 목적에서 파생된 다른 가치가 비즈니스에 관여하는 모든 이에게 명확하고 끊임없이 전달되어야 한다.

현실 속 기업 목적의 사례들

대기업 세 곳이 회사의 목적에 얼마나 많은 노력을 투자하고 있는지, 회사 웹페이지를 통해 이를 어떻게 전달하고 있는지 살펴보자.

회사: 팀버랜드Timberland

제품: 아웃도어 장비

목적: "우리의 사명은 사람들이 세상에 변화를 가져올 수 있게 준비시키는 것입니다. 우리는 이를 실현하기 위해 우수한 제품을 생산하고, 우리가 살고 일하는 지역사회에 변화를 가져오기 위해 노력합니다. 우리는 제품부터 직원들의 지역사회 참여에 이르기까지 회사의 모든 측면에서 이러한 철학을 실천하고 있습니다."

회사: 와비 파커Warby Parker

제품: 안경

목적: "와비 파커는 비전과 목적, 스타일을 통해 세상에 영감을 주고 영향을 미친다는 사명으로 설립되었습니다. 우리는 끊임없이 더 많은 일을 하고, 더 큰 영향을 미칠 수 있는 방법을 스스로에게 묻습니다. 그것은 회사와 산업이 될 수 있는 모든 것을 새롭게 상상하는 것에서 시작됩니다. 우리는 비즈니스가 더 높은 가격을 부과하지 않고도 규모를 확장하고 수익을 창출하며 세상에 더 좋은 일을 할 수 있다는 것을 보여 주고 싶습니다."

회사: 세포라^{Sephora}

제품: 미용제품

목적: "고급 옴니리테일^{omni-retail} 산업의 선두 주자인 세포라의 사명은 모두가 환영하는 뷰티 쇼핑 경험을 만들고 공동체에 대담함을 불어넣는 것입니다." 세포라는 또한 다양성과 포용성에 대한 사명을 표명한다. "모든 아름다움을 과감하게 옹호하고, 우리 직원과 고객 그리고 지역 사회를 위해 포용적인 환경을 구축하는 것을 결코 멈추지 않습니다."

리더, 끊임없이 이유를 전달하는 사람

조직의 목적과 관련해 CEO를 비롯한 리더의 역할이 중요한 이유가 여기에 있다. 앞에서 목적 지향적이 된다면 '특정 유형의 회사'

에서 향후 더 높은 재정적 성과를 예측할 수 있다고 했다. 이러한 '목적 명확성' 기업의 관리자들은 조직의 목적을 믿고, 경영진이 그러한 목적을 달성할 방법에 대해 명확하게 설명하고 있다고 느낀다. 공동연구자들의 표현을 빌면 "요컨대, 우리의 분석에 따르면 목적 명확성이 높은 조직은 조직의 중간 직급에 있는 이들이 이러한 믿음을 갖고 있을 때 향후 더 높은 재정적 성과를 보인다."[10]

명확성은 리더가 성취해야 하는 일이다. 2장에서 나는 뛰어난 회사와 직원 경험을 창출하는 데 명확성이 얼마나 중요한지 강조했다. 이는 목적에도 적용된다. 리더는 목적을 분명하게 명시하고 널리 전달해야 한다. 나는 사소한 행동 하나까지도 끊임없이 우리 회사의 '이유'와 연결 짓고 관리자들에게도 그렇게 행동하도록 교육한다. 이를 올바로 실행할 수 있는 간단한 규칙이 있다.

> **요청할 때 언제나 '이유'를 설명한다.**

목적은 아무리 많이 설명해도 지나치지 않다. 고장 난 레코드판처럼 느껴져도 어쩔 수 없다. 직원들에게 자주 말하고 상기시켜야 한다. 대니얼 코일은 저서 《최고의 팀은 무엇이 다른가》에서, 필요하다고 생각하는 것보다 10배 더 명확하게 설명하라고 조언한다. 덧붙이자면 나만 해도 그의 충고가 얼마나 옳은지 몇 번이나 실감했는지 모른다. 당신에게는 무언가가 목적과 어떻게 연관되어 있는지가 당연해 보일지 몰라도, 그것이 직원들에게까지 분명히 보이리라는 보장은 없다. 예를 들어, 라이징 타이드에서는 끊임없이 바뀌는 인력 수요에 대응하기 위해 직원들이 그날의 근무시간 단축 여부를 스스로 결정하는 정책을 시행하고 있다. 비가 와서 세차장이 한가해졌을 때 노동효율성을 유지하는 것은 관리자의 역할이다. 이때 활용할 수 있는 방법은 무급 휴식 시간을 추가하거나 직원을 일찍 집에 보내는 것이다. 대부분 경우 우리 직원들은 이런 추가 휴식 시간이나 예기치 못한 휴일을 얻는 데 동의한다. 사실 거절하는 경우가 매우 드물기에, 관리자는 자신이 근무 일정을 변경하도록 명령하는 것이 아니라 요청해야 한다는 사실을 종종 잊곤 한다.

우리는 훈련 과정에서 이렇게 하는 이유에 대해 직원들에게 설명해 준다. 우리가 직원들의 시간을 소중히 여기고, 그들이 자신의 일정에 대해 통제권을 갖고 있다는 느낌을 받을 수 있길 바라며, 이것이 그들이 성공할 수 있는 환경을 조성하는 또 다른 방법이기 때문이라고 말이다. 따라서 우리는 매번 휴식 시간을 선택 사항으로 제시함으로써, 혹여 거절해도 안전한 환경을 만들어야 한다. 하지만 날마다 일이 바쁘게 돌아가다 보면 이유가 뒷전으로 밀릴 수 있다. 선택권이 형식적인 것에 불과하거나 심지어 업무 속도가 느려지기 때문에 거절하는 것이 부담으로 느껴질 수도 있다. 또한 직원의 거절은 관리자가 노동효율성을 관리하기 어렵게 만든다.

이때 리더의 역할이 중요하다. 나는 항상 현장에 나가 관리자에게 왜 이런 규칙을 따라야 하는지 설명한다. 또는 얼핏 보기엔 관련이 없어 보이지만 하나씩 모여 전부 합치면 우리의 목적에 도움이 되는 다른 수백 가지 행동을 해야 하는 이유에 대해서도 마찬가지다.

반복이 명확성을 보장해 주지는 않는다. 몇 번을 반복해도 쓸데없는 횡설수설은 그냥 횡설수설일 뿐이다. 조직의 목적과 가치를 설명할 때 어떤 언어를 사용할지 충분한 시간과 노력을 들여 고심하라. 예를 들어 우리는 채용 과정에서 '실패의 존엄성'이라는 용어를 사용한다. 간단히 설명하자면, 우리는 직무 역량이 아슬아슬한 수준에 걸쳐 있는 지원자(초기 평가에서 75~83점을 얻은)도 훈련 프로그램에 참여시키는 것을 원칙으로 하고 있다. 신입 관리자들은 이를 불편하게 여길 수 있다. 자폐가 있는 사람, 즉 이것이 유일한 고용 기회일 수 있는 사람들에게 그들이 실패했다고 말하는 것을 좋아할 사람은 아무도 없기 때문이다. 그럼에도 우리가 이 원칙을 고수하는 이유는 훈련 과정을 통해 그들이 실제로 작업을 수행할 수 있는지 다시금 판단하고 가능한 한 많은 사람에게 기회를 주고 싶기 때문이다. 비록 결과가 실패의 존엄성으로 끝나더라도, 우리는 그들에게 기회를 제공한 셈이다. 또 팀원들에게 새로운 것을 시도하고 넘어지는 것은 부끄러운 일이 아니라는 것을 상기시킬 때에도 이 용어를 사용한다.

세차장이 정신없이 돌아가고 있는 지금도, 우리는 관리자가 목적 지향적인 의사결정을 더욱 쉽게 내릴 수 있도록 간결하고 기억하기 쉬운 언어를 개발하기 위해 계속 노력 중이다.

목적은 항상 눈앞에

많은 회사가 흥미롭고 화려한 대의를 찾는 데만 집중하느라, 목적이 될 수 있는 보다 확실한 대상인 '자사 직원'을 간과하는 경우가 많다. 사우스웨스트 항공사의 그 유명한 '승객이 항상 먼저는 아니다' 정책부터 넥스트점프의 해고금지 정책 그리고 이 책에서 설명한 직원 중심 원칙에 중점을 둔 어느 비즈니스 설계에 이르기까지, 직원 중심의 사명을 확립하는 방법에는 여러 가지가 있다. 그러나 이 같은 목적을 성취하는 최고의 방법 중 하나가 바로 표적 채용 프로그램이다. 직원 경험을 완전히 변화시키기 때문이다. 팀원들에게 사명은 매일 매 순간 존재할 것이며, 추상적이거나 현실과 동떨어진 것도 없다.

표적 채용 프로그램은 '이 비즈니스가 중요한 이유는 무엇인가?'라는 질문에 대해 훌륭한 답을 제공한다. 쉬운 대답은 아니지만 여러 사람의 삶을 바꾸고 당신의 비즈니스를 혁신할 잠재력을 지닌 대답이다.

라이징 타이드의 표적 채용 프로그램은 자폐가 있는 사람들에게 초점이 맞춰져 있다. 우리는 이 집단의 실업률을 80퍼센트까지 낮추기 위해 함께 노력하고 있고, 지금도 계속 성장 중인 기업 커뮤니티의 일원이다. 여기에는 마이크로소프트, SAP, 언스트 앤 영, 델, 딜로이트, 포드 그리고 신경다양성 기업 고용주 원탁회의Neurodiversity@Work Employer Roundtable에 참여하고 있는 약 40개 기업을 비롯해 자폐가 있는 사업가가 창업하거나 가족구성원에게서 영감을 얻어 설립된 수많은 소규모 비즈니스까지 포함되어 있다.

고용 시장에서 부당한 불이익을 받는 다른 집단에 초점을 맞춘 기업들도 있다. 오하이오주 콜럼버스에 위치한 레스토랑 체인 핫 치킨 테이크오버Hot Chicken Takeover는 노숙자였거나 감옥에 수감된 적이 있는 사람들의 고용을 확대하는 데 중점을 두고 있다. 그들 직원의 대다수가 이 두 집단에 해당한다. 그들은 웹사이트에 이렇게 소개한다. "TCT는 단순한 치킨 레스토랑이 아닙니다. 이곳은 우리 직원들을 위한 곳입니다. 고객이라는 특별한 공동체를 넘어, TCT는 공정한 기회를 필요로 하는 이들을 지원하는 일자리를 제공합니다." 비영리 레스토랑과 요리 교육을 결합한 댈러스의 모멘텀 카페Momentum Cafe 역시 그와 유사한 집단을 대상으로 삼고 있다.

드러그스토어 체인인 월그린Walgreen은 장애인 고용의 선구자다. 이들은 공정한 기회를 창출하기 위한 노력의 일환으로 설립 이래 줄곧 장애가 있는 사람들을 고용해 왔다. 하지만 최근 수십 년 사이에는 그러한 사명을 더욱 확장하여 전용 시설과 교육 프로그램을 창설하고 있다. "미국에 존재하는 모든 커뮤니티의 건강과 복지를 옹호합니다. 우리는 모든 측면에서 다양성을 수용하고, 장애인과 비장애인이 나란히 협력하고 효과적으로 일할 수 있는 포용적인 일터를 제공하기 위해 노력합니다." 또한 이 회사는 모든 직원이 동일한 업무 기준을 적용받고 동일한 급여를 받는다고 강조한다.

포용적인 일터라는 명시된 목적이, 목표 집단을 넘어 모두가 그 혜택을 누릴 수 있게 하는 것을 목표로 삼고 있음을 명심하라. 균등한 기회는 모든 사람에게 이로운 목적이다. 마찬가지로 라이징 타이드의 가장 중요한 목적은 신경다양인이든 아니든 직원들이 잠재력을 최대한 발휘하게 돕는 것이다. 표적 채용은 우리 사명의 핵심이지만, 우리가 이 책에서 다룬 여정을 통해 발견한 것은 보다 포용적인 일터가 결국 모두에게 이롭다는 것이다.

그로써 혜택을 얻는 집단이 또 있다. 바로 고객이다. 그들에 대해서는 마지막 장에서 이야기하자.

가능성 상자를 여는 실행 과제 7: 목적

팀원들이 개인적 목적을 이끄는 원동력을 이해하도록 돕기

- 목적은 고유하며, 대단히 개인적이다.
- 대부분의 사람들은 개인적 목적을 진지하게 성찰하지 않기 때문

에, 자신의 원동력이 무엇인지 잘 모를 수 있다.

- VIA 연구소^{VIA Institute}의 성격강점조사^{VIA Character Strengths Survey}나 긍정조직센터^{Center for Positive Organizations}의 직무설계연습^{Job Crafting Exercise} 같은 훌륭한 평가 도구로 대화를 시작하는 것도 좋다.

관리자가 팀원의 목적을 강화하도록 장려하기

- 팀원들이 각자의 목적을 이해하게 되면 관리자는 그들이 그러한 통찰력을 활용해 업무 경험을 더욱 의미 있게 만들게 도울 수 있다.
- 이런 대화는 관리자와 팀원 간의 관계를 강화할 수 있다.
- 직원이 조직과 팀원 모두에게 '윈윈'이 되는 방향으로 목적을 강화할 기회를 찾으려면, 능숙한 관리자가 필요하다. 관리자는 이러한 문제를 투명하고 솔직하게 다룰 수 있다. "나는 진심으로 당신의 일을 보다 의미 있게 만들고 싶습니다. 더불어 당신과 조직 모두에게 도움이 되는 해결책을 고안할 수 있길 바랍니다. 그것은 우리 둘 모두가 배우는 과정이 될 것입니다. 당신이 이 문제를 솔직하고 공개적으로 해결할 의향이 있는 한, 나도 그렇습니다."

팀 토론을 촉진하여 기업의 목적과 가치를 발견하고, 정의하고, 명확하게 전달하기

- 조직에 아직 명확하게 정의된 진정성 있는 목적이 없다면, 팀원들과 함께 집단적 목적을 정의한다.
- 면담을 통해 직원들이 무엇을 진정으로 중요하게 여기고 있으며 어떤 목표가 당신의 비즈니스에 부합하는지 분명하게 파악할 수

있다.

- 잭 머큐리오의 저서 《보이지 않는 리더The Invisible Leader》를 읽어 보면, 이 같은 대화를 촉진할 수 있는 훌륭한 팁을 배울 수 있다.
- 모두가 공유하는 목적을 정의하고 규정했다면, 이제 메시지를 명확하게 표현하고 소통하는 보다 어려운 일을 시작해야 한다. 리더는 지나치다 싶을 만큼 다른 이들과 소통하고, 항상 목적을 염두에 둔 채 팀을 이끌어야 한다.

Chapter

8

만족스러운
고객 경험

✦

지금은 믿기 힘들겠지만 처음 세차장을 열었을 때만 해도 우리는
소위 브랜드 소속감을 의도적으로 추구하지 않았다. 오히려 고객
들에게 우리의 사명을 숨기는 쪽을 택했다. 마케팅, 간판, 서비스
등에서 볼 수 있는 우리의 판매 상품은 세차의 품질뿐이었다. 업계
에 처음으로 발을 들여놓은 상황에서 우수한 품질을 제공하지 못
한다면, 자폐가 있는 이들은 세차장도 성공적으로 운영할 능력이
없다는 잘못된 인식을 가져올까 두려웠기 때문이다. 비즈니스를
시작한 첫해에 우리 고객 중 최소 75퍼센트가 우리의 사명을 알지
못했다. 고객들이 우리를 다시 찾는다면 그건 단지 우리의 세차 서
비스가 마음에 들었기 때문이었을 것이다.

 '그저 또 다른 평범한 세차장'으로서 우리는 꽤 잘해 나갔다. 조

직으로서의 학습 곡선이 가장 가파르게 상승한 처음 6개월 동안, 우리는 금전적으로 손해를 봤다. 그것도 아주 많이. 하지만 그다음 6개월에는 적당한 수익을 낼 수 있었다. 우리의 사명에 대해 계속 침묵을 지킨다면 길고 느린 증가세를 이어 나가거나, 건전하고 지속 가능한 수준에서 안정을 유지하되 괄목할 만한 성장은 이루지 못할 터였다.

개업 후 1년 만인 2014년 4월, 엄청난 변화가 찾아왔다. 우리의 비즈니스 모델에 자신감을 얻어 처음으로 미국 전역으로 송출되는 방송에 출연할 기회를 수락한 것이다(초창기에 고용한 홍보팀 듀리 앤 컴퍼니Duree & Company 덕분에 이미 지역 방송에는 여러 차례 나갔다). 전국 TV 방송을 통해 라이징 타이드의 이야기를 널리 알릴 기회였다. 촬영 당일의 스트레스는 엄청났다. 우리는 모든 것이 완벽하길 바랐다. 촬영팀이 도착했을 즈음에 나는 벌써 식은땀을 흘리고 있었다. 한데 얼마 지나지 않아 터널의 모터가 고장 나면서 세차장 장비 중 3분의 1이 작동을 멈추고 말았다. 세차는 계속 진행됐지만 직원들이 직접 비눗물을 닦아내야 했다. 나는 허둥거리다 아버지의 트럭에 올라탄 다음(트럭에 있는 큰 트렁크가 필요했다), 내가 없는 사이 또 다른 사고가 일어나지 않기만을 바라면서 공급업체로 달려가 새 모터를 받아왔다. 세차장에 돌아오니 마침 어머니가 인터뷰를 하고 계셨다. 직원들은 기운을 차린 것 같았고 아버지는 역시 프로처럼 잘 대처하고 계셨다. 하지만 나는 불안감에 휩싸였다. 이 커다란 기회를 망쳐버린 건 아닐까 싶어서였다.

며칠 후, 나는 매니저 한 명과 함께 방송을 지켜보았다. 나도 모
르게 여러 번 몸이 움츠러들었다. 눈에 들어오는 것이라곤 고장 난
장비 때문에 발생한 문제들뿐이었다. 하지만 이제껏 우리가 이룬
것들에 대한 어머니의 인터뷰 내용을 듣고 있으니 자부심이 솟구
쳤다. 그날 밤 나는 아무런 문제도 없는 상황에서 다시 촬영할 수
있다면 참 좋겠다고 생각하며 잠자리에 들었다. 어쨌든 우리가 가
족 경영의 훌륭한 성공 사례가 될 수도 있으니 말이다.

다음 날 아침에 일어난 나는 평소와 똑같이 하루를 시작했다.
그러다 이메일을 확인했는데, 얼굴에 피가 확 쏠리는 것 같았다.
수십 개의 메시지가 들어와 있었다. 전국 각지에서 수많은 사람이
보내온 감사 메일이었다. 자폐가 있는 조카나 딸, 혹은 친구가 있
는 사람들이었다. 이메일은 하나같이 그들에게 희망과 유대감 그
리고 공동체 의식을 느끼게 해 준 데 대한 감사의 메시지를 전하고
있었다. 그들은 자신이 사는 곳에도 라이징 타이드가 생기길 바랐
다. 월말이 되었을 무렵, 내가 받은 이메일은 거의 1000통에 달했
다.

프로그램이 방영된 후 세차장은 들뜬 분위기에 휩싸였다. 기존
고객들이 우리 등을 두드리며 우리를 먼저 '알게 되어서' 자랑스럽
다고 말했다. 새 고객들도 찾아오기 시작했다. 우리가 두 번째 지
점을 열기 전, 실적이 가장 좋았던 달의 세차 실적은 약 8000대였

다. 그러더니 4월에는 1만 대, 5월에는 1만 2000대, 10월에는 1만 3000대를 돌파하며 빠르게 상승했다. 기존 업계의 관행과 달리 광고에 한 푼도 쓰지 않았는데도 숫자는 계속 늘어만 갔다. 직원들은 유명인이 된 것 같은 기분을 느꼈고, 그들의 자부심은 성과로 이어졌다. 신규 고객들이 밀려들었지만 우리는 훌륭하게 대처해 냈다.

사명을 공유함으로써 우리는 평범하고 평균적인 세차장에서 대성공을 거둔 사례로 거듭났고, 이는 수년이 지난 지금까지도 지속되고 있다. 우리의 영상이 바이럴이 되거나 전국적인 언론의 주목을 받을 때마다 고객이 지속적으로 증가했다. 또 우리는 특정 서비스보다 사명에 집중하는 편이 광고 효과에 더욱 도움이 된다는 사실을 알게 되었다. 우리의 상승세가 지속될 수 있었던 것은 브랜드 소속감이 단순한 마케팅에 그치는 게 아니라, 고객이 우리 세차장에 방문하고 떠날 때 느끼는 감정 그 자체였기 때문이다. 우리는 사람들이 공동체와 하나가 되었다고 느끼고 자기 자신과 세상에 대해 더욱 뿌듯하게 느끼도록 해 준다.

사람들은 우리가 모든 직원에게 "당신은 지금도 충분합니다"라고 말하고, 한때 불가능했다고 여겼던 것을 실현하게 돕는 곳이라는 것을 알게 된다. 겨우 20분을 투자해 누군가가 자신의 가능성을 한껏 발휘하는 모습을 보는 것을 마다할 사람이 있을까? '해야 하는' 귀찮은 일을 하는 시간이 하루에 가장 편안하고 영감을 주는 시간이 되고, 자신보다 더 크고 중요한 무언가의 일부, 모두가 함께 속해 있는 공동체의 일원이 될 수 있다고 생각해 보라. 고객에게 이런 이로움을 주는 회사가 우리가 유일한 것은 아니다. IBM과 다른 기업들도 목적 중심 기업이 고객들을 감정과 연결된 사명에 참여시킬 때 탄생하는 '소속감 기업'에 대해 검토한 바 있다.

이 책의 조언을 따르면 최고의 제품이나 서비스를 제공하는 길로 나아갈 수 있다. 그리고 목적 중심 사명에 고객까지 초대한다면 도구를 하나 더 추가할 수 있다. 아무리 뛰어난 비즈니스에도 위협적인 경쟁자가 있을 것이다. 소속감 브랜드는 상품 이상의 것을 제공한다. 그리고 이는 우리를 비롯한 많은 이에게 극적인 차별성을 가져다주었다.

우리의 고객 경험이 뛰어난 이유

이 책 전체의 메시지를 간단하게 요약하면 다음과 같을 것이다.

직원을 최우선으로 여겨라.

이는 자폐가 있는 이들을 고용하는 사업체 설립을 결정할 때 탄생한 궁극적인 비즈니스 설계 원칙이다. 하지만 이 원칙이 내가 이 책에서 말한 모든 이점을 이룩하고, 나아가 궁극적으로 전혀 예상하지도 못했던 최종적인 승리를 일궈 낼 것이라고는 상상치도 못했다. 그 승리란 바로 고객들도 직원들 못지않은 이로움을 누리게 된다는 것이다.

세차장 운영 초기 온라인 평점 사이트 옐프^{Yelp}에 리뷰를 남겨 준 지나 P.에 따르면, 라이징 타이드의 고객이 된다는 것은 다음과 같다(간단한 오타가 있어 약간의 편집을 거쳤다).

"나는 보통 경쟁업체 세차장을 이용한다. 하지만 그곳은 주말에 항상 붐비기 때문에 조금 멀어도 이번에는 라이징 타이드에 가기로 했다.

일단 고객이 훨씬 적어서 좋았다. 매니저 스페셜을 이용했는데, 28달러로 차량 외부와 내부 세차를 모두 받을 수 있다. 접수 기계가 있어서 어떤 세차 서비스를 이용할 것인지를 직접 선택할 수 있는데, 어느 친절한 직원이 내가 서비스를 고를 수 있게 옆에서 도와주었다.

외부 세차장은 다른 드라이브스루 자동세차장과 비슷하다. 차량 내부는 직원들이 직접 청소하고 진공청소기로도 밀어준다. 에어컨이 완비된 근사한 대기실이 있어서 자동차가 자동세차 터널을 통과하는 모습을 구경할 수 있다. 아이들(또는 마음만은 아직 아이인 어른들)을 위해 버튼은 누르면 비눗물이 나오는 분사기 2대가 설치되어 있어서, 대기줄을 따라 움직이는 자동차에 뿌려 볼 수도 있다.

대기실에서 기다리는 동안 액자에 담긴 <선 센티널$^{Sun\ Sentinel}$> 기사를 읽었는데, 그들의 '사명'에 대한 설명이 있었다. 세차장 주인의 아들 중

한 명이 자폐가 있어서 자폐인을 고용하기 위해 이 세차장을 열었다고 한다. 직원 중에 자폐가 있는 사람이 32명이나 되고, 핵심 가치를 공유하는 프랜차이즈로 확장하고 싶다고 했다. 나도 가족 중에 자폐인이 있기에 정말 대단하다는 생각이 들었다. 이런 사명을 가진 사업체를 후원할 수 있어 기분이 정말 좋았다.

이제 내 차는 새것처럼 완전히 깨끗하고 쾌적해졌다. 직원들은 정말 놀라운 일을 해냈다. 이제부터 라이징 타이드의 단골이 될 거다!"

라이징 타이드만의 특별한 고객 경험은 아주 강력한 3가지 요소로 구성된다. 이 3가지는 모두 우리의 직원 우선 정책이 만든 결과다. 첫 번째는 일관된 서비스를 제공하고 모든 측면을 세심하게 고려하여 최적화함으로써 원활하게 운영되는 비즈니스의 고객이 된다는 경험이다. 가령 맥도널드는 언제 가도 바삭바삭하고 맛있는 감자튀김을 먹을 수 있다는 것을 고객이 아는 것처럼, 우리 고객들은 라이징 타이드 세차장에 오면 20분 안에 '새것처럼 완전히 깨끗하고 쾌적한' 차량을 몰고 나갈 수 있다는 것을 안다. 또 우리의 대기실과 화장실이 티끌 하나 없이 깨끗하고 시원하며 편안하리라는 것도 안다. 우리는 세차라는 경험을 한 차원 더 끌어올릴 방법을 찾고 있고, 그 결과 옐프의 리뷰어 그레샤 P.는 이런 평을 남겼다. "가장 먼저 눈에 띈 것은 세차할 때 사용하는 세제의 예쁜 색깔이었다. 세차 터널에 들어가자마자… 파란색, 초록색, 분홍색,

노란색 비누 거품이 있었다. 아주 예쁘고 재미있었다."

두 번째는 직원과 상호작용하는 경험이다. 매뉴얼에 뭐라고 적혀 있든, 고객에게 서비스하는 방법에 대한 진정한 교육은 결국 우리가 직원들을 대하는 방식이다. 홀푸드의 창업자 존 매키는 이렇게 말한 적이 있다. "사업이란 매우 간단하다. 경영진의 일은 직원을 돌보는 것이다. 직원의 일은 고객을 돌보는 것이다. 행복한 고객들은 주주들을 돌본다. 이것이 선순환이다."[1] 매키의 말은《매슬로에게 경영을 묻다Peak》에서 저자인 호텔리어 칩 콘리가 직원 우선주의에 대해 엮은 수많은 훌륭한 증언 중 하나다.

이 책은 직원들이 양심적이고 열성적인 홍보대사가 되도록 그들을 대하는 방법을 알려주는 로드맵이기도 하다.

1장: 우수한 인재를 정확하게 골라낼 수 있는 객관적인 채용 절차를 구축한다.

2장: 일관된 프로세스와 명확한 소통으로 기대치를 설정한다.

3장: 직원을 직업적 및 인간적으로 발전시키는 데 관심을 기울인다.

4장: 직원의 니즈를 중심으로 비즈니스를 설계하고, 그 과정에 직원을 참여시킨다.

5장: 학습과 실험에 안전한 환경을 조성하고 유지한다.

6장: 직원들에게 개선에 대한 책임감을 부여한다.

7장: 진정한 목적에 따라 발전하고, 소통하며, 실천한다.

마지막으로 세 번째 요소는 우리의 목적에 뿌리를 두고 있다. 지나 P. 같은 고객들이 우리 세차장이 더 먼데도 한번 방문한 후부터는 다른 곳을 이용하지 않는 이유도 바로 여기 있다. 그들은 고객이 됨으로써 우리 공동체의 일원이 된다.

소속감 브랜드란?

2017년 IBM은 전 세계적으로 사람들의 소속감이 악화되는, 일부 사회학자들이 사회적 위기로 간주하는 추세에 대한 기업의 대응 방안을 연구하기 시작했다. 첨단기술부터 당파성, 종교와 정부에 대한 신뢰 감소에 이르기까지 무수한 원인이 제시되었지만, 원인이 무엇이든 사람들이 그 어느 때보다 외로움과 고립감을 느끼고 있다는 데에는 이견이 없었다. IBM의 컨설턴트는 이런 격차를 해소하는 데 기업이 도움이 될 수 있으며, 그것이 기업으로서 경쟁 우위를 확보하는 중요한 기회가 될 수 있다고 했다. 연구에 따르면, '뛰어난 성과를 낸 소속감 브랜드는 성과가 낮은 브랜드에 비해 6년간 매출이 3배 이상 빠르게 증가했으며 시장점유율은 최대 10퍼센트 높았다.'[2]

소속감 브랜드란 무엇일까? IBM은 개인 및 집단적 속성을 통해 고객에게 소속감을 주는 브랜드라고 정의한다. 개인적인 측면에서 소속감 브랜드는 평범한 순간에 의미를 불어넣고, 공유 가치를 기반으로 강력한 관계와 공동체를 형성하며, 고객들이 기대하는 경험을 제공한다. 한편 집단적인 측면에서는 사회적 책임과 고객에게 의미 깊은 핵심 목적을 달성하기 위해 전념한다. 이들은 공동체 의식을 강화하고 직원과 고객들의 피드백을 통해 더 나은 기업이 되기 위해서 다른 기업들에 비해 훨씬 노력한다.

연구 범위와 깊이가 뛰어나지는 않았지만, 이 연구는 내 관심을 사로잡았다. 라이징 타이드 고객 커뮤니티에서 볼 수 있는 모습과 정확히 일치했기 때문이다. 소속감은 놀랍도록 훌륭한 가치 제안이다. 실제로 기업의 수익과 고객 참여와의 관련성에 관한 연구는 대단히 많다. 글로벌 컨설팅기업 맥킨지의 한 연구에 따르면, 감정적으로 몰입한 고객은 제품을 다른 사람에게 추천하거나 반복 구매할 확률이 일반적으로 3배나 높다.[3] 경영대학원의 수많은 연구에 따르면[4] 고객은 중요한 사회적 목적을 추구한다고 믿는 기업들과는 다른 관계를 맺는다. 즉 이런 기업들과는 '거래'를 하는 대신 충성스러운 장기 고객이자 전도사가 되어 회사의 노력에 대한 좋은 소식들을 실어 나르는 것이다.

라이징 타이드는 그저 세차장에 불과하지만, 동시에 전 세계적 수준의 소속감 엔진이기도 하다. 우리 직원들과 그보다 훨씬 넓은 자폐 커뮤니티, 고객들에게 역량을 부여하고 힘을 실어 주기 때문이다. 이것이 바로 우리가 일군 성공의 원동력이다. 세차장 한 곳에서 시작한 우리는 이제 지점을 3곳으로 확대했고 수많은 소규모 세차장이 문을 닫아야 했던 시기에도 전국적인 확장을 꾀했다. 오늘날 우리가 보내는 메시지는 명확하다. "우리는 일로써 잠재력을 실현한다."

사명을 전달한다

오늘도 한 고객이 우리의 비즈니스가 그에게 개인적으로 어떤 영향을 주었는지 이야기해 주었다. 사실 이는 매일 있는 일이다. 그들에게 우리 세차장을 찾아오는 것은 자녀, 조카, 또는 연인의 자녀에 이르기까지 자신의 가족을 격려하는 일이기도 하다. 어떤 고객은 "내 조카도 자폐가 있는데 여기서 일하는 사람들에 비하면 기능 수준이 떨어져요"라고 말하기도 했다. 그들이 낙담하는 이유는 이해하지만, 어떨 때는 그런 생각이 틀렸다고 말하고 싶다. 나는 솔직하게 털어놓는다. "아시면 놀랄 텐데, 우리 직원 중 상당수가 처음 우리 회사에 찾아왔을 때는 지금 같은 모습으로 걷지도 않았어요." 그런 다음 나는 그들의 가족이 몇 살인지 묻는다. "열여섯 살이 되면 여기로 데려오세요."

자폐는 사람들의 삶에 예기치 않게 찾아온다. 사랑하는 사람이 자폐가 있어도 그에 대해 잘 모를 수 있다. 자폐가 있는 가족 구성원의 미래를 상상하기란 어려운 일이기에, 그들의 잠재력을 과소평가할 수도 있다. 우리 가족은 교육도 많이 받고 경제적으로도 넉넉했지만, 별반 다르지 않았다. 처음에는 앤드루가 세차에 필요한 수준의 작업 능력과 집중력을 유지할 수 있을지 확신할 수 없었다. 결과적으로 내 동생은 그럴 수 있었고, 그 이상의 능력을 지니고 있었다. 앤드루가 새로운 어려움에 맞닥뜨려 자신이 무엇을 할 수 있는지 알게 될 때마다, 우리는 그의 어린 시절 트라우마가 한 겹씩 벗겨지는 느낌을 받았다.

우리는 고객들을 교육하고 있으며, 그 교육의 결과는 바로 희망이다. 하지만 그것도 우리가 그들을 초대할 때에만 가능한 일이다. 우리는 비전을 소통하고 전달한다. TV에 처음 노출된 뒤부터는 거기에 점점 능숙해지고 있다.

오늘 라이징 타이드를 찾아오는 사람들은 가장 먼저 단순하지만 굵고 선명한 글씨로 적힌 간판을 마주칠 것이다. "우리는 일로써 잠재력을 실현합니다. 우리는 자부심을 가지고 자폐가 있는 업계 전문가들의 전문적인 서비스를 제공합니다." 세차를 하러 가서 그곳 직원들에게 큰 관심을 기울이는 사람은 많지 않다. 그들은 세차장의 톱니바퀴일 뿐이니까. 하지만 우리의 간판은 세차장 직원들이 나름의 고충을 겪고 있는 같은 인간임을 상기시킨다. 대기실에서 반복해서 재생하는 직원 칭찬 영상은 고객들에게 여기서 일하는 개개인에 대해 알려준다. 이런 인간중심적인 분위기에서 고객들은 미소를 짓고 보다 흔쾌히 대화를 나누게 된다. 세차가 끝나면 서둘러 차를 몰고 떠나는 대신, 대기실에서 낯선 사람과 공통점을 찾기도 한다. "아들이 자폐가 있다고요? 우리 이웃집도 그래요." 단골고객은 애프터케어 직원들과 하이파이브를 하고 이름을 부르며 감사 인사를 한다. 그리고 모든 고객이 잠시나마 자기 자신을 초월한 심리적 고양감을 느끼며 미소를 띤 채 깨끗하게 청소된 차를 몰고 떠난다. 이제 그들에겐 집에 돌아가거나 친구나 직장 동료를 만날 때 꺼낼 수 있는 즐겁고 긍정적인 화제가 생겼다. 그렇게 우리에게 새 고객이 찾아오고 다시 선순환이 시작된다. 타인의 위로를 받을 정도로 아주 나쁜 경험을 했을 때에만 화제가 되는 평범한 세차장의 '입소문'에 비하면 어마어마한 발전이다.

오늘날 우리의 마케팅은 라이징 타이드라는 '경험'을 판매한다. 우리 신규 비즈니스의 대부분을 창출하는 것은 입소문이지만, 고객들이 우리를 방문했을 때 어떤 기분을 느낄지 미리 맛볼 수 있는 언론과 온라인 영상도 커다란 효력을 발휘하고 있다. 우리 회사의 홈페이지에는 커다란 배너가 걸려 있다. "우리는 함께 더 밝게 빛납니다. 자폐가 있는 우리의 전문 직원들이 고객님의 자동차를 새 것처럼 반짝반짝하게 만들어드릴 것이며, 고객 여러분은 우리 팀이 얼마나 유능한지를 증명할 기회를 제공했다는 사실을 알고 떠나실 수 있습니다." 우리 세차장을 이용하는 고객은 애초에 경험을 통해 스토리를 전달하는 방식 때문에 관심을 갖게 된 바로 그 스토리의 일부가 될 수 있다.

라이징 타이드 후기

아주 인상적인 세차장! 직원은 예의 바르고 정중하며, 대기실은 깨끗하고 에어컨도 있다. 커피도 공짜. 가격도 훌륭하다. 제일 비싼 패키지를 이용했는데 다른 곳의 일반 패키지보다 저렴하다. 무엇보다 자폐가 있는 성인을 고용하는 회사라면, 기꺼이 충성고객이 될 것이다. 좋은 사람들이 취업 기회를 공정하게 얻을 수 있다니 아주 뿌듯하다!
_카일라 V.

이 기업에 관한 글을 읽은 적이 있어서 반드시 와 보고 싶었다. 사람들을 돕고 사회에서 '소수자' 또는 '장애인'으로 분류되는 사람들에 대한 인식을 개선한다는 사명을 가진 회사라면, 당연히 살펴보고 지지할 가치가 있으니까. 라이징 타이드는 자폐인을 고용하는 세차장인데, 그들이 생산적인 일을 하고 스스로도 그렇게 느끼게 할 기회를 주어 "나도 직업이 있다"라고 말할 수 있는 기회를 제공한다. 이를 통해 그들이 이 일을, 또 다른 일을 얼마나 유능하게 해낼 수 있는지를 모든 사람에게 알려 준다. … 30분 만에 세차가 끝났고 내 차는 깨끗하고 반짝반짝해졌다. 차가 깨끗해진 것도 좋았지만 더 중요한 것은 그로 인해 바뀐 감정이었다. 내가 변화를 창출하려는 그들의 노력을 응원하고 있으며, 다른 사람도 이 '운동'에 동참하도록 돕고 있다는 느낌이 들었기 때문이다.
_그레쉬카 P.

자동차 카펫을 환상적으로 청소해 줬다. 아주 빠르고 효율적이었다. 직원을 배치하고 교육하는 사람이 누구인지 몰라도, 아주 놀라운 일을 해냈다. 내가 서비스업계에서 만난 이들 중 가장 친절한 직원들이다. 팬데믹으로 인해 서비스업계가 겪고 있는 어려움을 생각하면 이 회사는 칭찬받아 마땅하다. 고맙습니다! _**브라이언 M.**

성공을 위한 표적 채용

표적 채용 프로그램은 이제껏 이 책에서 설명한 모든 이유로, 목적 중심 기업을 구축할 수 있는 이미 입증된 수단이다. 목적이 비즈니스 깊숙이 뿌리내리게 만드는 데 필요한 것은 마케팅이 아니라, 포용적인 일터로 재구성하는 완전한 혁신이다. 다만 여기서는 마케팅에 관해 이야기해 보려 한다. 마케팅이 비전통적인 성공 사례를 이끌어 낼 수 있는 커다란 요인이기 때문이다.

앞에서 우리의 사명에 대한 이야기를 널리 알렸을 때 어떤 일이 일어났는지 이야기했다. 하지만 초기에 플로리다 자폐 커뮤니티로부터 받은 지지와 응원이 없었다면, 우리는 비즈니스로서 이 정도까지 성장하지 못했을지 모른다. 초반에 훈련생을 모집했을 때는 유기적인 마케팅 캠페인 덕분에 규모가 2배로 확대되었다. 프로그램의 첫 수업을 시작했을 무렵엔 이 지역 자폐 커뮤니티에서 우리에 대해 들어 보지 못한 사람이 없을 지경이 되었고 거의 모두 열렬한 반응을 보냈다. 세차장을 열었을 때 그들은 우리의 첫 유료 고객이 되었고, 우리가 운영상의 문제점을 해결하는 동안에도 변함없이 충성스러운 고객으로 남았다. 처음 TV 방송에 나간 것도 자폐 커뮤니티의 지지 덕분이었다. 세계에서 가장 잘 알려진 자폐 옹호 단체인 오티즘스픽스^Autism Speaks의 임원들이 우리를 NBC 〈나이틀리 뉴스〉 제작진에게 소개해 주었기 때문이다.

마케팅이 본격적으로 위력을 발휘한 것은 그때부터였다. 이 세상에 있는 거의 모든 사람은 어떻게든 자폐가 있는 사람과 개인적으로 연결되어 있기 때문이다. 또한 개인적으로 과소평가되거나 기회에서 배제되는 것에 대한 두려움은 모두의 공감을 이끌어 낼 수 있는 주제다. 표적 채용은 보편적인 감정에 호소하는 사명이며, 그런 이유로 수많은 성공 사례의 원천이기도 하다. 훌륭한 제품과 표적 채용을 결합해 큰 성공을 거둔 소규모 비즈니스의 사례를 몇 가지 더 소개한다.

존의 크레이지 삭스^John's Crazy Socks

다운증후군을 가진 존 크로닌은 취직에 대한 전망이 불투명해지자, 2016년 아버지와 함께 양말 사업을 시작했다. 존은 수천 달러의 투자금을 들여 롱아일랜드 지역에서 양말을 직접 배달하기 시작했는데, 소셜미디어에서 강력한 입소문을 타면서 널리 알려졌다. 웹사이트에서는 회사에 대해 이렇게 설명하고 있다. "우리는 사회적 사명과 사업적인 사명을 지니고 있으며, 이 둘은 분리할 수 없습니다. 우리는 누군가에게 기회를 주었을 때 무엇이 가능한지 보여 주고 싶습니다. 우리는 지적장애가 있는 사람이 무엇을 할 수 있는지 매일같이 증명하고 있습니다."

2016년에 이들의 연 매출은 170만 달러까지 성장했다. 2년 뒤에는 〈투데이쇼〉와 CNBC를 비롯해 전국 언론의 주목을 받았고, 이제 연 매출액은 600만 달러에 이를 것으로 추정된다. 같은 해에 회사는 35명의 직원을 고용했는데, 그중 18명이 자폐증과 다운증후군을 비롯해 다양한 장애를 가진 이들이었다. 회사는 수익의 5퍼센트를 스페셜 올림픽에 기부하고 있다.

비티 앤 보 Bitty and Beau's Coffee

2016년 1월, 에이미 라이트는 노스캐롤라이나주 윌밍턴에 약 45평방미터 규모의 커피숍을 열었다. 10월에는 유명 셰프 레이철 레이가 자신이 진행하는 TV 프로그램에서 비티 앤 보를 2화에 걸쳐 소개하고 이곳을 공식 커피공급업체로 지정했다. 그리고 2017년에 CNN은 라이트를 '올해의 영웅'으로 선정했다. 비티 앤 보가 이처럼 빠르게 인정받을 수 있었던 것은 회사 웹사이트의 설명처럼 이곳이 '단순히 커피를 마시는 장소 그 이상'이기 때문이다.

에이미는 자폐가 있는 한 아이와 다운증후군이 있는 두 아이(비티와 보)를 포함해 총 4명의 자녀를 두었는데, 처음 커피숍을 열었을 때 지적장애 및 발달장애 직원 19명을 고용했다. 〈레이철 레이 쇼〉는 이 이야기를 널리 알렸다. 비티 앤 보의 매장은 2021년에 12개 주에 걸쳐 20개 이상으로 늘어났고, 직원 수는 200명을 훌쩍 넘겼다. 매장 중 다수가 프랜차이즈에 입점해 있으며, 회사는 기업들과 제휴해 그들의 본사에 매장을 열 계획이라고 한다.

비전의 확장

2021년에 우리는 플로리다주 코럴 스프링스에 세 번째 세차장을 열 수 있는 승인을 받았다. 이곳은 우리 회사 최초의 야외 자동세차장이 될 예정이다. 우리는 자폐가 있는 직원을 15~23명 고용하고, 팀원의 100퍼센트를 신경다양인으로 구성하는 것을 목표로 삼았다.

코럴 스프링스가 우리를 환영한 이유는 우리의 비즈니스가 단순한 세차장 이상이었기 때문이다. 아버지는 도시계획 회의에서 이렇게 말씀하셨다. "라이징 타이드는 지역사회 전체에 영향을 미칩니다. 앞으로 지역의 다른 사업체들도 자폐가 있는 사람들의 잠재력을 발견하고 거부감을 버리고 이들을 고용하게 될 것입니다. '우와, 나도 누군가에게 기회를 줘야지'라고 말하면서 말입니다."

우리가 사업 승인을 받은 의회 회의는 화상으로 진행됐는데, 당시 내 약혼녀이자 지금의 아내를 포함해 온 가족이 부모님의 집에 모여 있었다. 거기 앉아서 지역사회 구성원과 직원들 그리고 자폐 옹호자들이 우리 세차장의 이점에 대해 말하는 것을 들으면서 나는 우리가 얼마나 멀리 왔는지를 실감했다. 특히 그중 한 명의 발언이 내 가슴을 뭉클하게 했다. 바로 마이애미 자폐 및 관련 장애 센터의 소장인 마이클 알레산드리였다. 그가 운영하는 해당 센터는 마이애미데이드와 브로드워드, 먼로 카운티에 거주하는 1만 4000명 이상의 자폐인을 돕고 있다. 그는 초창기부터 우리의 가장 중요한 파트너 중 하나였다(1장에서 그를 만난 기억이 나지 않는가?).

알레산드리가 말했다. "제가 사람들에게 이해시키고 싶은 것은 이 비즈니스가 전 세계 사람들에게 중요하다는 것입니다. 이건 그냥 자동차 세차장이 아닙니다. 믿지 않으실지 몰라도, 실은 자폐 커뮤니티 내에서 일어나고 있는 국제적인 현상이에요." 그가 전 세계를 돌아다니며 강의와 자문을 하면서 본인이 플로리다에서 왔다고 하면, 사람들이 가장 먼저 하는 질문이 거의 "라이징 타이드 아세요?"였다는 것이다.

그는 말했다. "제가 '라이징 타이드는 제 친구이고, 지금도 함께 일하고 있으며, 사우스플로리다에 있는 바로 우리 집 뒤편에 있답니다'라고 말할 때마다 얼마나 뿌듯했을지 상상이 가시나요? 이들은 그토록 많은 사람에게 희망의 등불입니다."

내가 매일같이 하는 일은 훌륭한 세차 회사를 운영하면서, 우리 팀에 훌륭한 업무 경험과 그들을 응원하고 지지하는 공동체를 제공하는 것이다. 대부분의 경우 이는 아주 어렵고 힘든 일이다. 그래서 종종 우리가 만든 희망 찬 이야기가 얼마나 멀리 퍼져 나가는지 쉽게 잊어버리곤 한다.

어떤 비즈니스를 운영하고 있든, 잠재력의 힘을 발휘하는 것은 어렵지만 보람찬 일을 기꺼이 무릅쓴다면 '단순한 사업' 이상이 될 수 있다는 사실을 믿기 바란다.

가능성 상자를 여는 실행 과제 8: 연결 가능성

브랜드 스토리 쓰기

- 팀과 가장 충성도 높은 고객을 참여시켜 회사가 추구하는 바를 반영한 브랜드 스토리를 쓴다.
- 브랜드 스토리는 고무적이고 공감할 수 있어야 하며, 고객들이 어떻게 사명에 참여할 수 있는지 명확하게 설명해야 한다.
- 이 과정에 도움이 될 만한 자료로 다음 책을 추천한다. 도널드 밀러의 《무기가 되는 스토리》, 칩 히스와 댄 히스의 《스틱!》, 사이먼 시넥의 《나는 왜 이 일을 하는가》.

지역 매체에 홍보하기

- 지역사회의 고객들은 현지 매체를 시청한다. 보고 듣는 사람이

적은 매체 역시 스트레스 없이 의사소통 기술을 연습할 수 있는 기회를 제공할 수 있다,

- 홍보대행사를 활용하는 것도 고려해 보라. 대행사가 스토리를 가다듬고 홍보를 통해 빠르게 주목받게 해 줄 것이다. 라이징 타이드는 일찍부터 듀리 앤 컴퍼니를 고용했는데, 우리에게 매우 큰 영향을 미친 결정 중 하나였다.

미니 다큐멘터리 회사에 홍보하기

- 우리의 이야기를 다룬 네이션스웰^{NationSwell}과 식스티세컨닥스 ^{60SecondDocs}의 바이럴 영상은 다른 어떤 전통적인 언론 매체보다 어마어마하게 큰 영향을 미쳤다. 이 영상들은 각각 6000만 회 이상의 조회 수를 기록했다. 대다수 시청자는 우리 세차장에 평생 오지 않을 사람들이었지만, 충분한 수의 지역 주민들도 포함되어 있었기에 매우 효과적으로 신규 고객을 확보할 수 있었다.
- 이 같은 팀은 보통 앞서 언급한 것과 같은 뉴스 매체를 검색해 다루고 싶은 소재를 찾지만, 직접 찾아가서 제안할 수도 있다. 여기서도 홍보 회사가 도움이 될 수 있다.

브랜드 참여를 유도할 창의적인 방법 만들기

- 훌륭한 소속감 브랜드는 적극적으로 고객 커뮤니티를 구축한다.
- 소속감 플랫폼은 브랜드 스토리에 진정성을 갖춰야 하며, 정해진 형식은 없다. 몇 가지 예를 들어보자.
  - 할리데이비슨을 타는 사람들의 모임: 지역을 기반으로 하는 이 오토바이 라이더 모임은 그룹 라이딩, 안전한 코드, 시합, 갤리 등과 같은 행사

를 조직한다.

- 펠로턴Peloton: 순위집계, 관심사가 비슷한 사람들과 함께 운동하는 태그, 하이파이브, 친구의 피트니스 과정을 확인할 수 있는 기능 등 사용자를 연결하는 다양한 기능을 제공한다.

- 포오션4Ocean의 해변 청소: 바다를 생각하는 라이프스타일 브랜드 포오션은 코로나19 전에는 한 번에 1000명 이상의 자원봉사자가 참여하는 해변 청소 행사를 정기적으로 개최했다.

Epilogue　　　**내 동생 앤드루**

이 모든 여정이 시작된 것은 내 아버지가 수많은 자폐 가정이 겪는 것과 똑같은 두려움을 느꼈기 때문이다. '내가 죽고 나면 우리 아이는 어떻게 하지?' 다만 우리는 자폐가 있는 가족의 일원이 나중에 빈곤에 시달릴까 봐 걱정할 필요는 없었다는 점에서 운이 좋았다. 그나마 그런 상황에 대비할 수단이 있었기 때문이다. 우리가 걱정한 부분은 삶의 질이었다. '앤드루의 주변에 그를 꾸준히 보살피고 생계 이상의 것까지 돌봐 줄 가족과 사랑하는 사람이 없다면 앞으로 그는 어떤 삶을 살게 될까?'

아버지는 앤드루에게 미래를 주고 싶어 하셨다. 거기에는 물론 생계도 포함되어 있었지만, 그보다 더 중요한 것은 소속감을 느낄 수 있는 긍정적이고 목적 있는 공동체였다. 아버지는 당신의 자식이 평생을 외톨이로 살기를 원치 않으셨다.

그로부터 10년이 조금 지난 지금, 우리는 아버지가 꿈꾸던 미래에 살고 있다. 사실 그분의 꿈을 넘어서지 않았나 싶다. 나는 이 사업이 사랑에서 시작되어 우리 가족의 힘으로 지탱된 덕분에 수많은 어려움을 극복하고 여기까지 올 수 있었다고 확신한다.

앤드루는 나름 이 지역의 유명 인사가 되었다. 본인 스스로 그것을 알고 있고 명백히 즐기기까지 한다. 내 아내가 해 준 이야기가 있다. 어느 날 아내가 우리 세차장을 이용했다. 세차 터널에서 나올 때 앤드루가 보여서 손을 흔들었는데, 앤드루는 그녀를 알아보지 못했는지 인사하는 대신 마치 퍼레이드 축제 때 미스 아메리카처럼 가볍게 손을 살랑거렸단다. 형수를 자기 팬으로 착각한 것이다! 물론 그랬겠지. 앤드루에게는 팬이 아주 많으니까. 애초에 앤드루가 없었다면 이 세차장은 존재하지도 못했다. 언론 매체들은 항상 앤드루와 인터뷰를 하고 싶어 하고 세차장을 방문한 고객들도 종종 흥분 가득한 목소리로 묻곤 한다. "혹시… 앤드루 아니에요?"

앤드루는 따뜻함과 자신감을 보이며 라이징 타이드의 실질적인 사장이 되었다. 신입 사원이 입사하면 그는 그들을 맞이하며 이렇게 말한다. "톰, 이 사람이 우리 새 직원이야?" 내가 그렇다고 대답하면 앤드루는 이렇게 말한다. "어서 오게, 제다이. 자네는 우리의 제다이 마스터 톰에게서 훈련을 받을 거라네!(앤드루는 항상 영화 대

내 동생 앤드루

301

사를 인용하는 솜씨가 뛰어나다)" 팀 행사가 열리면 그는 적극적으로 사람들을 참여시키려 한다. 볼링이 됐든 피자 파티나 비디오 게임 트럭이 됐든, 앤드루는 자신을 주최자로 여긴다.

앤드루와 그의 팀 동료들은 더 이상 우리 공동체에서 방관자나 소외된 사람이 아니다. 그들은 참여자이다. 동시에 기여자이며, 생산자이다. 그들은 보다 큰 무언가의 일부다. 우리 파크랜드 세차장 근처에는 세 블록에 걸친 상가가 있는데, 그곳 사람들은 전부 앤드루와 우리 직원들을 알고 있다. 앤드루는 음료수를 사러 편의점에 들를 때 손을 펄럭이거나 혼잣말을 중얼거리거나 큰 소리를 내기도 한다. 하지만 가게 점원인 윌버는 앤드루를 다른 사람들과 다르게 대하지 않는다. 그는 앤드루를 있는 그대로 받아들인다. 다른 사람들과 '다르다는' 것이 행동에서 드러나면 간혹 위험한 문제가 발생할 수도 있는데, 그럴 때도 다른 많은 사람이 앤드루를 보호해 준다. 우리가 이 세상의 모든 고통을 없앨 수는 없겠지만, 적어도 이제 앤드루에게는 그를 보살펴 주는 공동체가 있다.

우리 형제의 관계도 달라졌다. 대학교에 다닐 때 나는 방학 때만 앤드루를 만났고 그때만 해도 앤드루는 식사할 때만 자기 방에서 나왔다. 우리는 별로 대화를 나누지 않았고 실제로 같이 어울리지도 않았다. 하지만 이제 우리는 날마다 대화를 나눈다. 앤드루는 내가 주말에 무엇을 했는지 다음에는 언제 집에 올 건지 알고 싶어 한다. 언제부턴가 우리끼리만 하는 인사를 만들기도 했다. 내가 주먹을 내밀면 앤드루는 자기 주먹을 뒤로 뺐다가 다시 내 주먹에 갖다 대며 말한다. "어이이이."

솔직히 앤드루가 혼자 살 준비가 되었다고는 말하지 못하겠다. 하지만 왜 그게 꼭 목표가 되어야 하지? 어떤 인간도 진실로 독립적일 수는 없으며, 그래서도 안 된다. 몇 년 전 아버지가 앤드루를 따로 내보내려고 노력한 적이 있다. 하지만 동생이 부모님과 함께 살고 싶다는 의사를 분명히 밝히자, 결국 아들의 청을 들어주셨다. 누가 그러고 싶지 않겠는가? 우리 가족은 해변에 있는 아름다운 집에 살고, 우리 어머니의 음식 솜씨는 대단히 훌륭하신데! 앤드루는 그 집에 사는 것을 좋아한다. 언젠가는 나와 같이 살아야 할 것이다. 하지만 그렇게 된다고 해도 내가 그의 생계를 책임진다는 의미는 아니다. 앤드루에게는 자신만의 삶이 있다.

이제 앤드루와 우리 세차장에서 일하는 수십 명의 직원들에게는 직장 동료와 상사, 친구와 팬 그리고 지지자가 있다. 그들이 '평범한' 삶을 사는 것이 희귀한 일이 되어서는 안 된다. 이 책을 쓰면서 내가 가장 바라는 것은 자폐가 있는 모든 사람이 그런 미래로 갈 수 있는 길을 앞당기는 것이다. 바라건대, 사람들이 이 책에서 영감을 받아 스스로 한 걸음씩 나아가 수많은 이에게 그러한 미래를 열어 줄 수 있기를.

● 감사의 말 ───────────

이 책은 수많은 사람의 노력과 희생 그리고 사랑의 결정체다. 비록 내 입을 빌려 말하고 있긴 하지만, 이 책은 신경다양성 공동체에 공정한 기회가 제공되기를 간절히 바라는 수많은 이에게 바치는 찬사다.

무엇보다 이 일을 가능하게 해 주신 아버지 존 디에리에게 감사드린다. 그분을 아버지로 둔 건 내 인생 최고의 축복이었다. 아버지는 라이징 타이드 세차장을 성공시키고 내가 진정한 리더이자 남자로 성장하는 데 모든 것을 바치셨다. 엄청난 재정적 위험을 무릅쓰고 동생 앤드루를 위해 창업하고, 그분의 유산이 될 사업체의 최고운영책임자로 아무것도 모르는 스물네 살짜리 새파란 젊은이를 앉혔으니까. 아버지는 무엇보다 두 아들이 완전한 잠재력을 최대한 발휘하는 것을 보고 싶어 하셨다. 내가 이 이야기를 모두와 공유하고 라이징 타이드가 지금처럼 큰 영향력을 가질 수 있었던 것은 모두 아버지가 그의 꿈을 단순히 생각에 그치지 않고 행동으로 옮기셨기 때문이다.

라이징 타이드 세차장, 나아가 이 책은 가족 모두가 함께 일군 노력의 결과이다. 어머니 도나 디에리에게도 감사의 말을 전한다.

급여를 지급하든, 회사 파티를 기획하든, 혹은 아버지와 내 의견을 가장 먼저 듣고 평가하든, 어머니는 언제나 웃는 얼굴과 각별한 따스함으로 비즈니스에 기여할 준비가 되어 계셨다. 어머니의 아낌없는 지원 덕분에 나는 무엇이든 할 수 있다고 믿을 수 있었다. 비즈니스에 영감을 준 동생 앤드루 디에리에게도 감사한다. 매일 열정적으로 나를 반겨주고 고객을 위해 열심히 일하는 그의 모습을 보는 것은 내 하루 중 가장 즐거운 시간이다. 그리고 내 아내 메건 디에리에게 고마움을 전한다. 나의 헌신적인 파트너가 되어 주고, 지난 3년간 이 책을 쓰느라 수많은 주말을 보내는 동안에도 놀라운 인내심을 발휘해 주었다.

라이징 타이드를 시작할 수 있게 도와준 모든 파트너와 소중한 친구들도 빠트릴 수 없다. 특히 마이클 알레산드리 박사와 폴 파지오에게 감사드린다. 두 분 모두 몇 번이고 그들이 가진 조직적 자원과 신뢰 그리고 시간을 아낌없이 지원해 주셨다. 케빈 래퍼티와 데니스 개빈, 빌 버크, 파라다이스 은행 이사회, 장애기회기금The Disability Opportunity Fund의 찰리 해머맨에게도 감사 인사를 전한다. 그들은 대부분이 손을 내밀지 않았을 때도 위험을 감수하고 우리를 도와주었다. 그들의 도움과 지지가 없었다면 라이징 타이드는 존재하지 않았을 것이다.

그리고 이 책을 가능한 한 최고의 모습으로 만들어 준 동료 작업자 세라 그레이스와 리사 디모나에게도 감사를 전한다. 크리스

예가 처음 리사를 소개해 주었을 때만 해도, 나는 그녀와 같은 에이전트를 가질 자격이 없다고 생각했다. 하지만 리사가 나와 라이징 타이드의 메시지를 믿어 준 덕분에, 정말로 책을 쓸 수 있을지도 모른다고 믿게 되었다. 그러다 리사는 놀랍도록 재능 넘치는 세라에게 나를 소개해 주었다. 매주 세라와 나누던 스카이프 통화가 그리울 것 같다. 나의 아이디어(와 때로는 횡설수설)를 듣고 이를 간결하고 흥미로우면서도 강력한 메시지로 변신시키는 세라의 능력은 참으로 경이로웠다.

하퍼콜린스의 리더들과 특히 이 책의 메시지를 세상에 널리 알리고 싶어 했던 맷 보가드에게 감사한다. 편집자 팀 버가드는 함께 일하기에 정말 환상적인 사람이었다. 그의 응원과 인내심 그리고 통찰력은 처음 대화를 나눴을 때부터 이 신인 작가의 긴장감을 풀어 주었다.

헤일리 모스에게도 고맙다. 자폐증 자기옹호자로서 그의 관점은 이 책이 신경다양인을 존중하는 목소리로 쓰이는 데 결정적인 역할을 했다. 그야말로 장애인 포용의 진정한 리더이다.

그리고 언제나 피드백과 사랑, 지지를 아끼지 않는 모든 친구와 가족 여러분 모두를 헤아릴 수 없을 만큼 사랑한다고 전하고 싶다. 또한 친절하고, 재능이 넘치며, 극도로 근면 성실한 내 비서 루이사 에스코바에게도 고마움을 전한다.

마지막으로 가장 중요한 라이징 타이드 세차장의 우리 팀원들.

그들의 노력은 우리가 봉사하는 지역사회에 기쁨을 주고, 나아가 자폐 공동체에 무한한 희망을 주며, 신경다양성 인력이 매우 훌륭한 인력임을 증명하고 있다. 그들의 도움이 없었다면 이 책에서 이야기한 그 무엇도, 단 하나도 발견되지도, 증명되지도, 만들어지지도 않았을 것이다. 참으로 놀라운 노력이다. 그들이 사우스플로리다의 뜨거운 여름 태양 밑에서 일하는 모습을 본 적이 있는 사람이라면 "와우, 이 팀은 날마다 정말 멋진 직업윤리를 실천하고 있구나"라고 생각하지 않을 수 없을 것이다. 특히 이 책에서 자신의 이야기를 들려주거나 프로필에 소개할 수 있게 흔쾌히 허락해 준 팀원들에게 특별한 감사를 전한다. 세드릭 에이크, 매튜 켈러, 로버트 프로시아 주니어, 샤니크 라이트, 디디 브로드즈키, 자리 서튼, 브라이언 로비, 프란츠 프랑소와, 에즈라 존슨, 데이비드 피어스, 루카스 마칼루소, 브레야나 마티스, 제프리 나슬런드 주니어, 루크 젠다, 숀 폴에게 깊은 감사를 표한다.

어떤 회사든
사회적 기업이 될 수 있다

표적 채용 프로그램으로 전통적인 고용에 가로막힌 이들을 고용한다면, 어떤 회사든 사회적 기업이 될 수 있다. 비즈니스를 통해 자폐가 있는 사람들에게 기회를 창출하는 방법을 소개한다.

먼저 당신은 회사에 자폐가 있는 사람을 고용하면 어떻게 될지 약간의 걱정과 두려움을 갖고 있을 수 있다. '참 좋은 이야기이긴 하지만 이 방법이 우리 회사에도 통할까? 만약에 실패하면 어떡하지? 다른 팀원들이나 상사가 찬성하지 않으면?'과 같은 생각이 들수도 있다. 또는 반대로 많은 예산과 원대한 포부를 가지고 전혀 망설임 없이 덤벼들 수도 있다. 당신이 어느 쪽이든 자폐인 고용 프로그램을 시작하는 가장 좋은 전략이 있다. 일단 소규모로 시작하고 프로토타이핑 접근 방식을 취하는 것이다.

프로토타이핑 사고방식

우리는 자폐인에 대한 사회의 인식을 바꾸고, 수천 명의 자폐인을 고용하겠다는 원대한 포부를 품고 라이징 타이드 세차장을 열었다. 하지만 실제로 큰 도박을 하기 전에, 체계적인 기업가적 접근 방식으로 먼저 우리의 가설을 테스트했다. 그러니 당신도 그렇게 해야 한다. 왜 그래야 할까?

- 소규모로 시작하고 가설을 테스트하면 불확실성을 줄이고 위험을 낮출 수 있다.
- 이 과정을 통해 자폐인 고용 프로그램이 회사에 갖는 진정한 가치를 파악하고, 메시지를 구체화할 수 있다.
- 위험을 무릅쓰고 과감히 대중에게 공개하기로 결정했을 때, 시간과 자원을 어디에 투자해야 할지 정확히 알 수 있다.

나는 지난 수년간 자폐인 고용 프로그램 도입을 고려하는 다양한 고용주에게 도움을 줄 기회가 있었다. 〈포천〉 500대 기업부터 소규모 가족 기업에 이르기까지, 실질적으로 모든 이가 가장 먼저 꺼낸 말은 자폐가 있는 직원을 고용하기 '전'에 어떤 편의시설을 마련해야 할지 알고 싶다는 것이었다. 그런 편의시설 중 일부는 꽤 많은 비용이 든다. 사무실의 모든 조명을 감각 친화적 조명으로 교체하거나 사무실을 보다 차분한 색상으로 칠하거나 귀중한 업무 공간의 일부를 '휴식 공간'으로 바꾸는 것 등은 고용주가 프로그램을 시작하기 전에 투자해야 하는 것 중 일부에 불과하다. 다만 이러한 편의시설은 의도가 아무리 좋아도 팀에게 좋지 않은 메시지를 보낼 수 있다. 사람들이 프로그램을 개인적으로 경험하기도 전에 은연중에 '이들은 우리가 갖고 있지 않은 것을 필요로 하고, 아주 많은 도움을 줘야 할 거야' 같은 인식을 가질 수 있기 때문이다. 또 어떤 편의시설이 중요한지 미리 결정해 버림으로써 당신이 지지하고자 하는 사람들이 설계 과정에 참여할 중요한 기회를 박탈하게 된다.

그런데도 이 같은 생각에 빠지는 것은 신기할 정도로 쉽다. 실제로 우리도 그랬기 때문에 안다. 나 역시 처음 라이징 타이드를 준비할 때 우리에게 '당연히' 필요할 거라 생각한 감각적 편의시설에 관해 열심히 연구했다. 자폐가 있는 모든 직원에게 노이즈캔슬링 양방향 무전기를 제공하는 비용과 차량 내부 청소 구역에 온도조절 장치를 설치하는 비용도 분석했다. 하지만 실제로 도입하는 일정은 뒤로 미뤘는데, 그게 얼마나 다행이었는지 모른다. 개념 증명을 하다 보니, 처음에 자폐가 있는 직원들을 지원하는 데 필요하다고 여겼던 것들이 '단 하나도' 맞아 떨어지지 않았기 때문이다. 그들에게 정말 필요한 것은, 명확하고 체계적인 작업 환경과 그들에게 지극한 관심을 쏟고 직설적인 피드백을 제공하는 관리자였다.

자폐가 있는 직원에게 진정으로 필요한 역량을 부여하는 업무 체계를 설계하고 싶은가? 그렇다면 프로토타이핑 접근 방식을 사용하라. 이는 결과적으로 모두에게 유용한 업무 체계를 설계하는 것으로 이어진다.

프로토타이핑팀 구성하기

프로토타입을 제작하기 전에 먼저 프로토타이핑팀을 구성하라. 훌륭한 팀이라면 으레 그렇듯이 비전에 열정적이고 다양한 관점과 일을 완수하는 데 필요한 기술을 가진 사람들을 모아야 한다.

가장 먼저 해야 할 일은 회사 내에서 해당 계획을 구상하고 실천하는 데 뛰어난 잠재력을 가진 사람을 파악하는 것이다. 당신 조직에 신경다양인 리더가 있는가? 자폐가 있는 자녀를 둔 부모는? 혹은 형제자매나 가까운 친구 중에 자폐가 있는 사람을 둔 사람은? 당장 떠오르는 사람이 없다면 가까운 동료들에게 물어보거나 소셜 미디어에서 자폐, 장애, 또는 일반적으로 사회적 영향과 관련이 있는 글을 게시하거나 '좋아요'를 누른 사람이 있는지 찾아보라.

후보들을 찾았다면 자신을 포함해 3~7명으로 이뤄진 팀을 구성한다. 7명 이상으로 구성된 팀은 속도가 느리고 관리하기에 복잡한 경향이 있다. 반면에 3명보다 적은 팀은 팀원들이 각자 너무 많은 일을 책임져야 하며 의견이 양극화될 위험이 있다.

모든 프로토타이핑팀에는 의사결정권자가 있어야 한다. 소규모 회사의 경우에는 대개 비즈니스 소유주나 CEO가 의사결정권자가 되지만, 일단 프로젝트의 효과가 입증되면 조직 내에서 영향력이 있어서 완전한 운영 프로그램으로 성장시킬 수 있는 사람이라면 누구나 해당 직책을 맡을 수 있다. 만일 의사결정권자가 당신이 아니라면, 그 사람이 최대한 쉽게 참여할 수 있게 하는 것이 중요하다. 어려운 일을 맡길 필요는 없지만 때가 되면 장애물을 제거하고 프로그램을 확장하는 데 도움이 될 수 있도록 계획에 꾸준히 관여해야 한다.

또한 팀에 채용 및 운영에 관여하고 있는 사람이 있다면 큰 도움이 된다. 이 2가지가 자폐 고용 프로그램의 성패에 가장 큰 영향을 미치는 경향이 있기 때문이다. 다만 계획에 도움이 될 기술을 갖춘 사람은 어느 부서에든 있다. 가령 마케팅 부서는 고객들을 위한 가치를 구축하는 스토리를 찾아낼 수 있고, 회계 및 재무팀 사람들은 프로그램을 통해 투자수익을 창출하는 데 도움을 줄 수 있다.

기본적으로는 다양한 조합을 갖추는 것이 가장 좋다. 그러면 자폐가 있는 사람을 고용함으로써 가장 큰 이점이 무엇인지 파악하는 데 도움이 되기 때문이다. 또한 회사 문화 구조에 프로그램을 융합하는 능력도 크게 향상시킬 수 있다.

프로토타이핑 과정 간단히 살펴보기

- 가설 세우기: 자폐가 있는 인재가 가치를 발휘할 가능성이 가장 큰 역할이 무엇인지 파악한다.
- 구조 구축하기: 테스트할 직무, 성공 기준 및 훈련생을 모집할 방법을 결정하고, 테스트를 설계한다.
- 테스트하기: 훈련생을 모집하고 실험하여 가정을 검증한다.
- 다듬기: 자폐가 있는 직원들을 위해 면접, 적응지원, 훈련, 작업 환경 등 주요 접점을 수정하고 원하는 결과를 얻을 때까지 실험을 반복한다.

직무 역할 파악하기

자폐 고용 프로그램으로 어떤 직무나 역할의 인재를 고용할지 결정하기 위해서는 답해야 할 몇 가지 중요한 질문이 있다. 프로토타이핑 팀원들이 개별적으로 답하되, 팀이 함께 모여 각자의 의견을 논할 시간이나 '기한'을 정하는 것이 좋다.

이들이 필요한 곳은 어디인가?
- 충원에 어려움을 겪고 있는 역할이 있는가?

자폐인 고용 프로토타이핑 과정

1단계: 가설 세우기

- 자폐가 있는 사람을 고용하는 동인(이점)과 필터(제약)를 파악하여 적절한 잠재적 역할을 식별한다.

2단계: 구조 구축하기

- 1~3가지의 중요한 직무를 파악한다.
- 이렇게 찾은 직무 기능을 서면으로 작성한다.
- 직무 수행에 걸리는 시간 및 품질 기준을 결정한다.
- 1~4명의 훈련생을 모집한다.
- 면접 과정을 설계한다.

3단계: 테스트하기

- 모집 인원을 교육한다.
- 각 훈련 단계마다 데이터를 확보한다.
- 훈련생 모집, 면접, 훈련 과정에서 존재하는 허점을 파악한다.

4단계: 다듬기

- 면접 과정, 적응지원 과정, 훈련 과정을 다듬고 개선한다.
- 필요한 시각적 지원을 구축한다.
- 훈련생의 70퍼센트가 기준을 통과할 수 있을 때까지 훈련을 반복한다.

- 세부사항이 중요한 업무를 일관되고 정확하게 수행하고, 패턴을 인식하거나 프로세스와 안전 규칙을 일관되게 따라야 하는 인재를 찾는 데 어려움을 겪고 있는가?
- 앞선 이유로 인해 직무를 중요하게 여기지 않거나, 단순한 중간 발판으로 여기거나, 혹은 최선을 다할 만큼 충분히 참여하지 않는 이들을 회사에 데려와야 하는가? 그 결과 이직률이 증가하거나 유해한 업무 환경이 조성되어 직원을 해고해야 하는 상황이 발생하는가?

이러한 직무나 역할에 자폐인에게 유리한가?
- 해당 역할이 프로세스 지향적이고 구조화되어 있는가?
- 해당 역할의 성공에 대한 명확한 정의가 있는가?
- 세부 지향적인 특성이 필요한가?
- 독특한 관점이 도움이 되는가?

이 프로그램의 목적은 첫째, 비즈니스에 가치를 더하고 둘째, 자폐가 있는 사람들에게 영향을 미치는 것이다. 또한 프로그램의 지속적인 성공을 보장하는 유일한 방법은 투자수익을 창출하는 것이다.

우리의 경험에 따르면, 자폐가 있는 사람의 성공 가능성이 가장 큰 역할은 정확한 프로세스를 필요로 하는 직무다. 소프트웨어 코딩과 같은 복잡한 프로세스든, 재활용을 위해 전자제품을 해체하는 간단한 프로세스든, 또는 고객을 세차 터널로 들여보내는 안전 관련 프로세스든, 자폐가 있는 사람들은 대개 이런 종류의 역할을 신경전형인 동료보다 훨씬 더 일관되게 수행하고 더욱 긴밀하게 참여한다. 자폐가 있는 대부분의 젊은 성인은 직장 경험이 거의 없기에 초급 직무부터 시작하는 것이 좋다. 그렇게 하면 채용 풀을 크게 넓힐 수 있다. 초급 직무는 급여가 상대적으로 낮기 때문에 위험도는 낮고 잠재적인 성장 가능성은 크다.

역할의 핵심 기능이 극도로
가변적인 사회적 의사소통을 필요로 하는가?

자폐증은 사회적 의사소통 장애로, 자폐가 있는 사람은 신경전형인이 주어진 상황에서 적절한 반응을 결정할 때 사용하는 사회적 단서를 구분하는 데 어려움을 겪는다. 다시 말해, 자폐가 있는 사람은 인간 의사소통의 약 70퍼센트를 차지하는 숨은 의미, 어조 및 몸짓언어를 이해하기 힘들 수 있고, 따라서 일부 역할을 수행하기 어려울 수 있다. 예를 들어, 문제를 해결하기 위해 직원들을 코칭하고, 맥락을 이해하기 위해 말과 몸짓언어를 파악하며, 이에 따라 각자에게 맞는 해결책을 찾아내는 것은 자폐가 있는 대부분의 사람에게 무척 어려운 일이다.

하지만 대본을 작성하거나 구조화할 수 있는 사회적 의사소통이 필요한 역할은 자폐가 있는 사람에게도 매우 적합하다. 가령 대부분의 대화가 정형화되어 있고 고객들의 질문도 거의 항상 유사한("요금은 얼마인가요?" "특별 행사는 언제인가요?" "이 서비스에는 무엇이 포함되어 있나요?" 등), 기본적인 고객 서비스 역할은 자폐를 가진 사람들에게 적합하다.

라이징 타이드 세차장에서는 '고객맞이 직원'이 고객을 맞이하고 고객들의 서비스 선택을 돕는다. 그들은 정해진 대본에 따르고 고객들이 자주 묻는 질문에 대답하도록 훈련받는다. 이처럼 구조화된 체계 덕분에 자폐가 있는 팀원은 최고의 고객맞이 직원이다. 실제로 나는 고객 서비스 역할과 관련된 일부 사회적 상호작용이 자폐가 있는 직원들에게 훨씬 덜 부담스럽다는 사실을 발견했다. 일반적인 직원은 온종일 똑같은 말을 반복하면서 모든 고객에게 미소를 짓는 데 지칠 수 있지만, 자폐가 있는 직원들은 오히려 그런 반복적인 업무에 뛰어나다. 또한 대본화된 답변은 그들이 사회적인 상황에서는 거의 느끼지 못하는 수준의 자신감을 선사한다. 선택한 역할이 고도로 가변적인 의사소통이 필요해서 자폐가 있는 이들에게 적합하지 않을 것 같다는 우려가 든다면, 미리 포기하지 말고 다음 질문들을 던져 보라.

- 그러한 우려가 실제로 타당한지 혹은 단순한 두려움이나 편견에 불과한지 확인할 방법이 있는가?
- 의사소통을 최소한 일부나마 구조화할 방법이 있는가?

- 이러한 문제를 해결할 수 있게 업무를 설계하거나 첨단기술을 활용할 방법이 있는가?

라이징 타이드 세차장의 고객맞이 직원의 사례로 돌아가 보자. 우리는 의사소통의 문제가 있는 직원들도 해당 직무를 수행할 수 있도록 첨단기술을 도입했다. 결제 구역 앞에 주문을 접수하는 터치스크린 기계를 설치한 것이다. 이러한 기계는 고객이 구매를 결정할 수 있도록 돕고 고객맞이 직원이 대화를 구조화하는 데에도 도움이 된다. 즉 자폐가 있는 고객맞이 직원들의 업무 수행 능력을 높일 뿐만 아니라, 고객들이 구매 과정을 더욱 명확히 이해하고 덜 두려워하게 돕는 것이다. 이는 자폐가 있는 이들을 위한 디자인이 실제로 다른 모든 이에게도 도움이 되는 또 다른 사례다.

팀원들 각자가 질문에 대한 답변을 완료하고 역할에 대한 아이디어를 브레인스토밍한 후에는, 집단으로 만나 논의를 나눈다. 나는 직무 역할을 선택할 때 《스프린트》의 저자이자 구글 벤처스의 촉진전문가인 제이크 냅, 존 제라츠키, 브레이든 코위츠가 개발한 의사결정 5단계를 활용하는 것을 좋아한다.

❶ 각 역할을 종이에 적어 벽에 붙인다.
❷ 팀원들이 각자 포스트잇으로 마음에 드는 모든 역할을 표시하여, 선호하는 역할에 대한 시각적 '히트맵'을 만든다.

❸ 각 역할의 장단점을 간단히 분석한다.

❹ 투표를 실시해 스티커나 포스트잇으로 각자 가장 선호하는 역할에 표시하도록 한다.

❺ 의사결정자가 최종 판단을 내려 직원들의 이니셜로 그들의 선택을 표시한다. 의사결정자는 반드시 다수결을 따를 필요가 없으며, 그의 선택이 최종적인 결정이다.

프로토타입으로서의 훈련 프로그램

프로토타입으로 시도할 역할을 선택했다면, 다음은 이를 구축할 차례다. 다만 몇 가지 중요한 이유로 외부에는 이러한 프로토타입을 훈련 프로그램으로 소개하길 권한다. 지원자를 비롯해 다른 사람에게 이를 온전한 채용 프로그램이 아닌 훈련 프로그램으로 안내하면 테스트와 실수 그리고 반복할 수 있는 유연성을 더욱 확보할 수 있다. 또 프로그램을 마치더라도 반드시 채용을 보장할 필요가 없다. 경험상 훈련 프로그램을 시행한 초기에는 훌륭한 잠재성을 지닌 이들을 만나기도 하지만, 조직 생활에 딱히 어울리지 않는 이들과도 함께 일하게 될 수 있다. 이때 채용 프로그램이 아니라 훈련 프로그램으로 시작하면, 나중에 준비가 되었을 때 뛰어난 직원을 채용할 수 있다.

훈련 프로그램 모델은 이미 테스트 및 반복에 적합한 조건을 갖추고 있다. 훈련 프로그램에는 성공에 대한 명확한 기준, 명확한 학습 과정 그리고 분명한 시작과 끝이 있어야 한다. 프로그램을 시작할 때에는 프로토타입화하고자 하는 역할의 가장 중요한 직무 1~3가지를 미리 식별해 두어야 한다. 쉽게 할 수 있는 역할도 있지만, 소프트웨어 엔지니어처럼 보다 복잡하고 훨씬 어려운 역할도 있다. 핵심 직무를 간단히 파악할 수 없다면 현재 회사에서 해당 역할을 수행하거나 관리하는 사람과 이야기를 나눠 보라.

테스트할 역할을 세세한 부분까지 완벽하게 해결할 수 있는 훈련 프로그램을 만드는 것이 목표가 아님을 명심하기 바란다. 여기서 당신의 목표는 가치의 80퍼센트를 창출하는 20퍼센트의 업무를 찾고, 엄정하게 테스트하여 현재만큼 잘 수행하거나 또는 더 잘할 수 있는 자폐인을 찾아 교육하는 것이다.

핵심 직무를 파악했다면 직무의 성공 기준을 결정한다. 이번에도 역시 현재 해당 역할을 수행하고 있거나 그들과 상호작용하고 있는 이들과 이야기를 나눌 수 있는 좋은 기회다. 일반적으로 시간과 품질에 있어서의 성공 기준을 모두 식별해야 한다. 라이징 타이드의 경우에는 업계 전문가와 기존 운영자와의 대화를 통해 기준을 설정한 다음, 자체적인 프로토타이핑 과정을 거쳐 그 기준을 다듬고 개선했다.

다음으로 해야 할 것은 성공 기준을 충족하는 작업 프로세스를 결정하는 것이다. 그 작업을 수행하는 '방법' 말이다. 이는 조직 내에서 이미 정의되어 있을 가능성이 큰데, 그렇지 않은 경우에는 우리가 '장화 신기boots-up'라고 부르는 접근법을 사용해 프로세스를 기록하는 것이 좋다. 간단히 말해 프로토타입 과정에서 사람들을 훈련할 업무를 실제로 해 보는 것이다. 가장 이상적인 것은 현재 해당 프로세스를 완료할 책임을 맡고 있는 관리자나 운영자로부터 직접 그 방법을 배우는 것이다. 작업을 수행하는 방법을 교육받는 동안 각각의 구성 단계를 세부적으로 기록한다. 최대한 꼼꼼하고 상세하게 기록하는 것이 좋다. 우리와 함께 일한 자폐 고용 컨설턴트는 신발 끈을 묶는 과정을 20단계가 넘는 과정으로 쪼개서 설명했다. 흔히 들을 수 있는 '끈을 돌려서, 구멍에 넣고, 당긴다'보다 훨씬 명확하다.

프로세스 중에 판단이 필요한 부분이 있다면, 훈련담당자에게 결정을 내릴 때 사용하는 구체적인 판단 기준을 묻는다. 일을 배우는 동안 이러한 질문을 던지는 것은 매우 중요하다. 처음 일을 배우는 초보자의 사고방식을 활용할 수 있기 때문이다. 이러한 초보자의 사고방식은 훈련생과 똑같은 입장에서 그들과 같은 마음가짐을 가질 수 있게 해 준다. 프로세스에 숙달되기 시작하면 단계 목록을 더욱 다듬고 개선한다. 훈련을 마칠 무렵이면 해당 작업에 대해 아무것도 모르던 사람도 앞서 말한 성공 기준을 달성할 수 있는 포괄적인 프로세스가 완성되어 있을 것이다.

이 책을 읽는 비즈니스 리더들은 자폐 커뮤니티의 피드백과 도움을 받으면 훈련 프로세스를 더욱 풍부하게 만들 수 있다. 내가 만난 최고의 프로세스 작성자는 특수교육 교사와 국제 행동분석 전문가였다. 이 단계에서 이들의 도움을 받으면 나중에 직원들을 모집할 때 도움이 될 것이다. 다만 현재 회사 직원이 아닌 이들에게 이 과정을 맡겨서는 안 된다. 조직의 리더와 팀원들이 하나가 되어 자폐가 있는 훈련생들의 업무 방식을 받아들일 수 있어야 한다. 자폐 고용 프로그램을 회사 구조에 통합하는 일에 당신보다 더 적합한 사람은 없다. 나는 자폐 고용 프로그램이 시험 단계에서 회사 전략의 핵심 축으로 발전하는 데 어려움을 겪는 이유가 기업들이 초기에 외부의 자폐 전문가에게 프로세스에 대한 결정권을 너무 많이 쥐여 주기 때문이라고 생각한다. 그렇게 되면 나중에 프로그램을 성장시켜야 할 때 팀 전체의 동의를 충분히 확보하지 못하게 된다.

프로세스를 명확하고 구체적으로 문서화했다면, 해당 프로세스를 전체적으로 감독하는 관리자와 이를 직접 수행하는 작업자들로부터 피드백을 받아야 한다. 특히 해당 작업이 올바르게 수행되도록 책임져야 하는 의사결정자에게서 수행 방법에 관한 합의를 이끌어 내는 것이 중요하다. 만일 리더가 당신이 만들어 낸 프로세스에 주인의식을 갖고 있고 프로세스를 준수하도록 훈련된 자폐 직원을 채용할 수 있다면, 새로운 직원과 자폐 고용 프로그램을 성공적으로 이끌 수 있다.

세부사항

이제부터가 본격적인 시작이다. 회사에 필요한 역할과 그 역할의 가장 중요한 직무, 해당 직무에서 성공의 의미 그리고 성공적인 결과에 도달하는 방법을 파악했다면 이제는 훈련 그 자체를 정의할 차례다. 먼저 다음 2가지 질문에 답해 보자.

훈련 프로그램은 얼마나 길어야 할까?

훈련생이 업무를 배울 수 있을 만큼 충분히 길되, 여러 번 반복할 수 있을 만큼 짧아야 한다. 이 질문에 대한 대답은 궁극적으로 역할의 복잡성과 프로젝트에 할당된 예산(시간과 비용 모두)에 달려 있다. 프로토타입 훈련 과정은 다양한 방법으로 실행할 수 있으므로 예산이나 시간이 한정되어 있다고 해서 너무 좌절하지 않길 바란다. 프로토타이핑이 늘 그렇듯 너무 깊이 생각할 필요는 없다. 일단 시작한 다음 필요한 만큼 반복할 각오를 하면 된다.

내 경험에 따르면, 일반적인 직원이 해당 업무를 배우는 데 걸리는 시간을 체크하고, 첫 훈련 시에는 여기에 8배를 곱하는 것이 적당하다. 훈련 과정을 개선하면 시간이 크게 줄지만, 일단 처음 시작할 때는 이 정도가 안전하다.

훈련 기간에 급여를 지급해야 할까?

이는 격렬한 논쟁으로 이어질 수 있는 주제다. 다시 말하지만 이 때문에 행동하는 것을 주저해서는 안 된다. 기능적인 관점에서는 훈련생에게 급여를 주든 아니든 필요한 수준의 학습을 성취할 수 있다. 처음에 유급으로 훈련을 제공했다면 시작도 못했을 성공적인 무급 훈련 프로그램이 나중에 고소득 일자리로 이어지는 경우도 많다. 급여를 지급하지 못할 경우 무료 점심이나 교통비, 또는 매력적인 수료증 같은 특전이 잠재적인 위안이 될 수 있다. 라이징 타이드의 개념증명 훈련 프로그램의 경우에는 모든 훈련생에게 시간당 8달러를 지급했는데(당시 최저시급보다 약간 높은 금액), 이는 실제로 우리가 세차장을 구입하기 전에 지출한 비용에서 가장 큰 비중을 차지했다. 금전적 보상이 우리 훈련생들의 수행능력에 큰 영향을 끼쳤다고는 생각하지 않지만, 그들에게 있어 스스로 번 돈이 얼마나 중요한 의미를 지니는지 알 수 있었다. 그들의 노고에 재정적 보상을 제공했다는 사실은 아버지와 내게 커다란 자부심과 영감이 되었다.

다만 반드시 지켜야 할 선이 있다. 훈련생이 비즈니스에 가치를 제공함으로써 실제 수익으로 이어졌다면, 반드시 보상해야 한다. 예를 들어 그들이 당신이 판매하는 상품을 만들거나 다른 유급 직원들과 동일한 업무를 수행한 경우, 시장 수준의 임금을 지급하지 않는 것은 비윤리적이다.

면접 설계하기

자폐가 있는 사람들을 프로토타입 역할에 초청하기 전 마지막 단계는 면접을 설계하는 것이다. 책의 앞부분에서 언급했듯이, 전통적인 방식의 면접은 누구에게도 효과가 없으며 특히 자폐가 있는 사람들에게는 더더욱 그렇다. 이 문제를 해결하려면 실용적인 면접 방식을 설계해야 한다. 면접 그 자체가 프로토타입이 되어 시간이 지날수록 개선되고 다듬어질 것이다. 무엇을 설계하든 반드시 준수해야 할 몇 가지 기본 원칙을 소개한다.

- 해당 역할에서 성공하는 데 필요한 **핵심 행동을 파악한다**. 면접을 통해 지원자가 필요한 직무를 완벽하게 해내리라 기대하진 않아도, 편의 제공 여부와는 상관없이 어떤 능력을 지녔는지 알고 싶을 것이다. 그 능력이란 기본적인 지시를 따르거나 자동차를 진공 청소할 수 있을 정도의 간단한 것일 수도 있고, 어려운 문제를 해결하고 겸손한 태도로 모범을 보이면서 스트레스가 높은 상황을 처리할 정도로 더 복잡한 것일 수도 있다.

- **점수표를 개발한다.** 이것이 면접 절차의 기본이다. 점수표는 판단을 명확하게 하고 편견을 없애는 데 도움이 되며, 시간이 지날수록 반복을 거듭해 보다 정확해질 수 있다. 중요하다고 파악한 핵심 행동을 테스트할 방법을 결정하고, 각각에 대해 명확한 채점 기준을 할당한다. 초기에 생각한 개념이 원하는 대로 구현되지 않아도 괜찮다. 그게 바로 프로토타이핑을 하는 이유니까!

- 가능하다면 **실제 업무 환경에서 면접을 진행한다.** 면접 과정에서 실제 업무 환경을 경험하는 것은 면접관과 면접대상자 모두에게 매우 유용하다. 이로써 지원자가 환경에 적응하는 데 문제가 있는지 파악할 수 있고, 그들이 실제로 여기서 일하고 싶은지 결정하는 데에도 도움이 된다.

- **실패의 존엄성을 존중하는 접근 방식을 채택한다.** 성공할 것 같지 '않은' 사람들을 훈련 프로그램에 참여시키는 것을 고려해 보라. 장담컨대, 몇몇 훈련생은 뛰어난 능력으로 당신을 놀라게 할 것이다. 실패할 기회를 주는 사고방식은 성공을 거두는 지원자와 그렇지 못한 지원자 사이의 경계선을 명확히 판단하는 데에도 도움을 준다. 어려움을 겪는 지원자는 자폐 고용 프로그램의 극단적 사용자로 이해 가능한데, 이들은 어떤 것이 효과적이고 그렇지 않은지 파악하는 데 도움을 줄 것이다. 그렇다고 일부 후보자가 명백히 부적합하다는 뜻은 아니다. 실패의 존엄성은 누구를 포용할지 범위를 넓혀 안전지대를 벗어나는 것이지, 아무나 받아들이라는 의미가 아니다.

행동에 옮길 시간

드디어 때가 됐다! 실제 자폐가 있는 사람들을 당신의 훈련 프로그램에 초대할 시간이다. 사무실 문에 모집공고를 붙여 놓으면 자폐가 있는 사람들이 물결처럼 밀려들지 않을까? 어쨌든 자폐가 있는 사람들의 실업률은 엄청나게 높으니까 일자리를 구하는 사람을 쉽게 찾을 수 있겠지?

흠, 사실 그렇지는 않다. 자폐가 있는 사람들은 상당수가 이미 거절당한 경험이 너무 많고, 다른 장애가 있거나 정부의 지원 혜택이 끊길 수 있기 때문에 적극적으로 일자리를 찾지 않는다. 따라서 평범한 구인란은 그다지 도움이 되지 않는다. 스펙트럼 커리어Spectrum Careers, 신경다양인 커리어 커넥터Neurodiversity Career Connector, 디스어빌리티인닷오알지Disabilityin.org의 자폐 기업 고용주 원탁회의 구인란Autism@Work Employer Roundtable Job Board처럼 신경다양성 인재를 고용하기 위한 구인란이 몇 개 있긴 하지만, 이 글을 쓰는 지금도 실용적인 채용 도구로 활용할 수 있을 만큼 많은 글이 올라오지 않는다.

우리가 개념증명을 했을 때 겨우 자폐를 가진 지원자를 4명 찾는 데만 꼬박 1개월이 걸렸다. 우리는 심지어 면접도 보지 않고, 곧바로 그들을 훈련 프로그램에 합류시켰다. 다른 선택의 여지가 없었기 때문이다. 하지만 다행히도 우리는 자폐가 있는 지원자들의 물꼬를 트는 데 필요한 교훈을 배울 수 있었다. 솔직히 말하면, 일단 공이 굴러가기 시작하니 작은 물꼬가 아니라 거의 댐의 수문 수준이었다. 현재 우리는 플로리다 교외 지역에서 6킬로미터 내에 위치한 세차장 두 곳에서 72명의 자폐가 있는 직원을 고용하고 있으며, 지역사회 내에서 팀 규모를 2배로 늘릴 수 있을 만큼 긴 대기자 명단도 가지고 있다.

그런 걸 어떻게 해냈냐고? 사실은 매우 간단하다. 당신이 사는 지역사회에서 자폐가 있는 사람과 직접적으로 함께 일하는 사람은 누구인가? 우리는 '특수교육 교사, 직업 코치, 생애전환 코디네이터, 지역사회 연락담당자, 학생지원 코디네이터'와 같은 직함을 가진 이들과 협력할 때 가장 큰 성과를 거뒀다. 왜냐하면 이들은 개개인과 밀접하게 일하기 때문이다. 그들은 자폐가 있는 사람들과 친밀한 관계를 유지하고, 그들에게 관심을 가지고 마음을 기울이며, 가족들을 알고, 실직 상태일 가능성이 큰 예전의 학생과 고객 들을 안다. 또 일반적으로 비슷한 일을 하는 친구들이 많기 때문에 때가 되면 기쁘게 그들을 연결해 줄 것이다. 다만 중요한 것이 있다. 이러한 전문가는 자폐가 있는 이들과 그들 가족의 신뢰를 얻고 있기에 그들의 추천이나 권고가 커다란 무게감을 지닌다는 것이다.

이러한 전문가들과 직접 만나서 당신이 운영하는 비즈니스를 소개하고 비전에 대해 이야기하라. 안타깝게도 이들은 자신의 학생이나 고객을 채용하려는 비즈니스 리더를 만날 기회가 극히 드물기 때문에 그런 기회가 생기면 굉장히 진지하게 도우려는 경향이 있다. 이 시점에서 당신의 프로그램에 필요한 것은 함께 일할 소수의 인원이다. 첫 번째 단계에서는 1~4명 정도가 가장 적당하다.

훈련 프로그램 모범 사례

- 프로그램을 처음 시행할 때 훈련담당자와 훈련생의 비율을 1:1로 유지한다. 이렇게 하면 교육생들이 프로세스에 대해 어떻게 느끼는지 세부적으로 파악하고, 훈련 프로그램을 최상으로 끌어올리기 위해 무엇을 어떻게 조정해야 할지에 관한 통찰력을 얻을 수 있다. 이는 당신이 최고의 훈련교사가 될 수 있게 도울 뿐 아니라 훈련생에게도 성공을 거둘 최고의 기회를 제공할 것이다. 첫 훈련 세션을 완료하고 나면 더는 일대일 방식을 고수할 필요가 없고 훈련담당자와 훈련생의 비율을 높여도 동일한 결과를 얻을 수 있겠다는 판단이 설 수도 있다. 라이징 타이드의 경우 이상적인 비율은 훈련담당자 1인당 훈련생 4명이었다. 1:4로 훈련하더라도 훈련생의 성공 비율은 1:1일 때와 동일했으며, 이에 따라 리소스를 최대한 효율적으로 활용할 수 있었다.
- 훈련담당자는 훈련 과정 전반에 걸쳐 명확하고 구체적인 언어를 사용해야 한다. 풍자, 관용어나 은유를 피하라. 이러한 소통 방식은 어

떤 훈련 환경에서도 효과적이지 않지만, 특히 자폐가 있는 사람들은 상대방의 말을 문자 그대로 받아들이고 그 속에 담긴 숨은 의미를 이해하지 못하기 때문에 더욱 비효율적이다. 한번은 훈련생 한 명이 겁에 질려 훈련담당자가 자신을 위협했다고 내게 말한 적이 있다. 어떻게 된 일인지 물었더니 그는 훈련담당자가 훈련 과정을 수료하기 위한 마지막 시험을 앞두고 "다리를 부러뜨려라break a leg"라고 말했다고 했다(break a leg이란 '행운을 빈다'라는 의미의 관용적 표현이다-옮긴이). 훈련생에게나 훈련담당자에게나 커다란 깨달음을 준 순간이었다.

- 훈련담당자에게 훈련생들에게 가르치고 싶은 행동의 모범을 보이도록 요청하라. 여기에는 그들이 가르치는 특정한 프로세스는 물론, 실패 후에도 긍정적 태도를 유지하고, 확신할 수 없을 때는 질문하며, 자신이 틀렸을 때는 인정하는 것과 같은 성격적인 행동도 포함된다. 당연한 일이 아닌가 생각할 수도 있지만, 훈련생에게 담당자는 실수를 하거나 의문을 제기할 수 없는 '다 아는 사람'이나 '전문가'처럼 인식되기 쉽다. 그러한 인식은 필요할 때 도움을 청하거나 자신이 틀렸을 때 이를 인정할 만큼 편안하게 느낄 수 없기 때문에 훈련생의 학습 능력을 심각하게 저해할 수 있다. 내가 함께 일한 최고의 훈련교사들은 겸손하고 호기심이 많았으며 자신이 틀렸을 때 흔쾌히 인정할 만큼 자신감이 넘쳤다.
- 업무 프로세스가 길고 여러 개의 하위작업이 포함되어 있다면 훈련

과정을 여러 묶음으로 분할하여 하위작업을 한 번에 하나씩 가르치는 방법을 고려해 보라. 예를 들어, 라이징 타이드의 조수석 풀서비스 프로세스는 39단계로 구성되어 있다. 여기엔 차량물기 제거, 유리창 청소, 진공 청소, 타이어 광택제 바르기 등 여러 개의 하위작업이 포함되어 있다. 대부분의 훈련생의 경우에는 각 하위작업을 개별적으로 가르친 다음 모든 단계를 익힌 후 하나로 합치는 편이 더욱 효과적이다.

• 훈련 과정 전반에 걸쳐 풍부한 데이터를 수집하라. 데이터를 수집하면 가장 효과적인 훈련 프로그램을 고안하는 데 도움이 될 뿐만 아니라, 프로토타이핑 단계를 마친 후 자폐가 있는 사람들을 고용하자는 주장을 뒷받침할 근거가 될 수 있다. 훌륭한 데이터는 회의주의자들을 침묵시키고, 무엇이 효과적이고 그렇지 않은지에 대한 훌륭한 통찰력으로 이어질 수 있다.

작업분석 데이터시트를 사용해 프로세스의 어떤 부분이 가장 완료하기 어려운지 찾아본다. 작업분석 데이터시트의 왼쪽 열에는 프로세스의 각 단계를 적고, 오른쪽에는 각각의 시도를 의미하는 3~5개의 열을 작성하라. 그러고 나서는 훈련생이 프로세스를 시행할 때마다 훈련담당자의 지도가 필요한 부분을 표시한다. 작업을 완료하는데 필요한 신체적 움직임, 무엇을 해야 할지 알려주는 구두 지시, 어떻게 해야 하는지 조언하는 코칭, 또는 훈련담당자의 시범 등을 예로 들 수 있다. 훈련생이 실수를 반복하는 부분이 있으면, 프로세스를 개선하거나 훈련 시간에 해당 단계를 재교육한다. 이처럼 유독 어려운 단계는 면접 시에 테스트가 필요한 사항에 대한 단서를 주기도 한다.

- 훈련담당자에게 훈련 직후 약 30분 정도 시간을 들여 훈련일지에 의견을 적게 하고, 15~30분 정도 그날 하루에 대한 팀 전체 보고를 한다. 이러한 일일 회고는 하드데이터 수집과 더불어 프로토타입을 더욱 스마트하게 조정하고 그 영향을 측정할 수 있는 최고의 플랫폼을 제공한다. 작업분석 데이터를 기준 데이터로 활용하고, 팀 협업을 기반으로 문제에 대한 개선책을 마련하여 원하는 결과를 얻을 때까지 프로토타입을 반복해 다듬는다.

- 훈련생이 훈련 프로그램에 합격하지 못할 것이 분명한 경우에도, 전체 훈련 과정을 끝까지 완료할 기회를 모두에게 제공해야 한다. 당신은 한정된 시간 동안 누군가를 훈련해 주겠다고 약속했다. 많은 훈련생에게 이 훈련 프로그램은 첫 취업 경험일 수 있고, 그들은 원하는 결과를 얻지 못하더라도 최대한 이 기회를 활용하고 싶을 것이다. 어쩌면 일부 훈련생은 절대로 포기할 생각이 없을 수도 있다. 그들은 앞길에 장애물이 있어도 밀고 나가는 데 매우 익숙하기 때문이다.

최종 단계

성공적인 훈련 프로그램은 다음과 같은 결과로 이어진다.

채용유입 경로 마련

프로토타입을 만드는 동안 채용에 도움이 될 관계와 접점을 쌓고 효과적인 것과 그렇지 않은 것을 파악해야 한다. 궁극적인 목표는 반복 가능한 채용 프로세스를 구축하는 것이다.

실무면접

자폐 채용 프로그램에서 가장 중요한 시스템은 해당 역할에서 성공할 수 있는 잠재력을 객관적으로 측정하는 면접 과정이다. 이는 지원자가 첫 번째로 경험하는 접점이며, 자폐가 있는 사람들을 수많은 일자리에서 배제하는 장애물이다. 좋은 결과를 얻을 때까지 면접 과정을 개발하고 다듬는 것은 모든 자폐인 채용 프로그램의 사명에 중요한 목표이다. 프로토타입이 끝날 때까지 면접 과정이 완벽하지는 않아도 최소한 필요한 기능은 다할 수 있어야 한다.

기능 훈련 프로세스

프로토타입이 끝날 무렵에는 대부분의 훈련생이 합격할 수 있는 효율적이고 효과적인 훈련 과정이 갖춰져야 한다. 그렇게 되기 전까지는 프로토타이핑 과정에서 벗어날 수 없다. 그렇다고 해서 완벽함을 목표로 할 필요는 없다. 훈련생의 절반 이상이 성공을 거둔다면 그것만으로도 훌륭하다. 훈련의 목표는 100퍼센트 성공률을 보장하는 것이 아니라 모든 유능한 훈련생이 성공에 필요한 도구를 갖출 수 있게 하는 것이기 때문이다.

검증되거나 검증되지 않은 지원 요구사항

앞에서 제안한 것처럼, 자폐가 있는 지원자라도 다른 팀원들에게 제공되는 것 이상의 지원은 필요하지 않다는 가정에서 출발해야 한다. 사람은 각자 다르고 당연히 다양한 수준의 지원이 필요할 수 있다. 고용 경험의 측면에서 실제로 추가적인 지원이 '필요한' 경우도 있을 테지만, 아마 교육 프로토타입을 실행하기 전에 생각했던 것과는 상황이 다를 것이다. 지나치게 명확한 행동 규범, 대중교통을 이용한 출퇴근 방법 교육, 또는 업무 환경의 명확하게 설계된 시각적 지원 등이 여기 포함될 수 있다. 지원 시설을 설계할 때 명심할 점은 가정이나 사회에서 자폐에 관해 듣고 읽은 내용을 토대로 추측하는 게 아니라, 업무 경험에서 발생한 실질적인 필요에 맞춰 개발해야 한다는 것이다. 프로토타입을 자폐 팀원들이 겪는 실제 문제를 기능적으로 지원할 기회로 활용해 보라. 이는 자폐가 있는 이들에게 역량을 부여할 뿐만 아니라, 업무 프로세스를 연구 및 테스트함으로써 팀 전체에 도움이 될 가능성이 매우 크다.

자폐인 사회적 기업
시작하기

지난 수년간, 우리와 비슷한 수백 명의 사람들이 자폐가 있는 사랑하는 가족 구성원을 고용할 수 있는 비즈니스를 구축하는 방법에 관해 문의해 왔다. 우리는 마이애미대학교 자폐 및 관련 장애 센터 및 태프트 재단Taft Foundation과 함께 많은 이가 이 여정을 이해할 수 있도록 도왔고, 그 결과 자폐가 있는 사람들을 고용하는 수십 개의 비즈니스가 설립되었다. 이는 분명히 달성 가능한 여정이다. 하지만 우리의 이야기에서 알 수 있듯이 그 길에는 비즈니스가 실제로 추진력을 얻기도 전에 사라져 버릴 수 있는 무수한 지뢰가 깔려 있다.

자폐가 있는 사람들을 장기적으로 고용하고 싶다면, 지속 가능한 비즈니스를 구축해야 한다. 이는 어떤 창업가에게도 쉽지 않은

일이다. 창업 후 15년 이상 유지되는 비즈니스는 전체의 25퍼센트
에 불과하다. 따라서 장기적으로 누군가를 지원하는 일자리를 창
출하려면 비즈니스의 기본 원칙을 진지하게 받아들여야 한다.

자폐인 사회적 기업을 설립하고자 하는 이들에게 보내는 최고
의 조언은 다음과 같다.

- 지속 가능한 비즈니스 모델을 구축하는 데 전념하라. 자폐를 가진
  이들을 고용하는 데 헌신적인 대부분의 창업가는, 돈을 벌기 위해서
  가 아니라 자폐가 있는 사람들의 삶에 영향을 미치기 위해 기업가의
  여정을 시작한다. 자폐인을 위한 기업을 창업하고자 하는 이들은 종
  종 내게 이렇게 말한다. "돈이 되든 말든 상관없어요. 그저 내 자식
  이 성인이 되어 온전한 삶을 살기를 바랍니다." 감동적이긴 하지만,
  사실 이는 무척 위험한 생각이다. 경험이 부족한 창업가는 성공적인
  비즈니스를 구축하는 데 있어 가장 기본적인 원칙을 간과한다. 바로
  현금이 곧 왕이라는 것이다. 간단히 말해, 은행에 현금이 바닥나면
  게임은 끝난다. 비즈니스를 영원히 운영할 수 있을 만큼 부자가 아
  닌 이상, 자폐를 가진 사랑하는 사람이 삶을 영위할 수 있게 돕는다
  는 궁극적인 목표는 지속될 수 없다. 자폐인 고용에 헌신하는 많은
  창업 지망생들이 보조금을 지원받겠다며 재무제표를 무시하는 행
  위를 정당화하지만, 안타깝게도 오랫동안 회사에 불을 밝힐 수 있을
  만큼 충분한 보조금을 조달할 수 있는 사회적 기업은 매우 드물다.

- 실행하기 전에 아이디어를 엄격하게 테스트하라. 최소 기능 제품, 즉 시장에 판매하려는 제품의 가장 간단한 버전을 만드는 것에서부터 시작하라. 간단한 예를 들자면, 파이 가게를 열고 싶다고 해서 무턱대고 상업용 주방부터 임대하면 안 된다. 먼저 시험 삼아 파이를 구워 보고, 동네 직거래 시장 같은 곳에서 소량을 판매해 피드백을 받아야 한다. 비즈니스에 완전히 뛰어들기 전에 제품이나 서비스에 대한 시장 수요를 확실하게 파악하고 충분한 시행착오를 거쳐 자폐가 있는 사람들이 비즈니스를 효과적으로 뒷받침할 수 있는지 확인해야 한다.

- 자녀의 관심사를 중심으로 비즈니스를 구축하지 마라. 자폐가 있는 자녀의 생계를 돕고자 하는 부모는 종종 그들의 자녀가 좋아하는 것과 관련된 비즈니스를 시작하고 싶어 한다. 대부분의 경우 이건 그리 좋은 생각이 아니다. 자녀의 관심사가 이미 검증된 비즈니스 모델과 일치한다면 축하할 일이지만, 그게 아니라면 신중하게 진행해야 한다. 자폐가 있는 많은 이가 유독 관심을 몰두하는 대상이 있지만, 그들 역시 다른 모든 사람과 마찬가지로 살면서 경험에 따라 새로운 것에 관심을 갖게 된다. 이 책에서 논한 것처럼 직장에서의 성취감은 직무 그 자체(예: 세차)보다는 잘 설계된 업무 경험에서 얻는 인간관계와 개인적인 성장 그리고 자율성과 더 큰 연관이 있다.

- 기존의 비즈니스 모델을 이용해 밑그림을 그려라. 이미 입증된 기존의 비즈니스 모델을 선택해 프로세스의 위험을 최대한 최소화한다.

그런 다음 해당 모델 내에서 훌륭한 고용 경험을 만들어 내기 위해 노력하라. 브랜드 차별화가 거의 없고 프로세스에 의존하는 비즈니스 모델을 찾는 것이 좋은 출발점이 될 수 있다.

- 자폐증을 장점으로 인식하라. 자폐증을 보완하는 듯 보이는 비즈니스를 구축하려 들면 안 된다. 아주 어려울 테니까. 대신에 자폐가 있는 개인이 가진 고유한 특성이나 기술을 고려하라. 그들을 지원하는 환경을 조성한다면 오히려 비전통적인 인력이 경쟁 우위가 될 수 있는 비즈니스를 찾을 수 있다.

- 지식의 공백을 메워라. 이 책에서 설명했듯이 자폐가 있는 사람들을 고용하고자 하는 창업가는 그들의 이야기를 들려줌으로써 다른 사람들의 기여를 끌어낼 수 있다. 이는 신생 기업에 커다란 장점으로 작용하는데, 지식의 공백을 메우는 데 도움이 되는 멘토를 찾을 수 있기 때문이다. 소니즈 엔터프라이즈의 폴 파지오와 마이애미 자폐 및 관련 장애 센터의 마이클 알레산드리 소장은 우리의 사회적 사명을 알고 돕기 위해 기꺼이 나섰고 그 과정에서 우리의 성공 가능성도 크게 올라갔다. 이러한 지원을 구하려면 겸허함과 적극적인 노력이 필요하지만 그 대신 엄청난 차이를 가져올 수 있다.

- 새로운 기술을 배워라. 나를 포함한 대다수의 창업가들은 사회에 영향력을 발휘하는 데에만 몰두한다. 그래서 영향력 모델을 연마하는 데에만 지나치게 많은 리소스를 투자하고, 그 결과 진출하고자 하는 업계의 기본을 배우기 위해 필요한 시간과 정신적 에너지를 투자하

는 데에는 실패하고 만다. 가능하다면 앞으로 뛰어들 비즈니스 분야에서 실제로 일해 보고, 가능한 모든 과정을 수강하며, 나아가 전문성을 쌓는 데 도움이 될 코치를 고용하라. 소규모 비즈니스 소유주라면 알겠지만 성공적인 사업가가 되려면 수많은 위태로운 작은 계단들을 올라야 한다. 만약 내가 첫 번째 세차장을 열기 전에 세차업계에서 충분히 일했다면 초기에 성공을 이끌어 낼 수 있었을 것이다.

자폐에 초점을 맞춘 회사를 창업하는 방법에 관해 더 자세히 알아보고 싶다면, 라이징타이드유닷컴RisingTideU.com의 무료 웹 세미나에 참여하거나 더오티즘어드밴티지닷컴TheAutismAdvantage.com의 온라인 커뮤니티에 가입하라.

참고문헌

여는 이야기: 가능성의 힘을 발견하다

---

1   Jon Baio et al, "Prevalence of Autism Spectrum Disorder Among Children Aged 8 Years—Autism and Developmental Disabilities Monitoring Network, 11 Sites, United States, 2014," *Surveillance Studies 67, no. 6* (2018), pp. 1–23, https://www.cdc.gov/mmwr/volumes/67/ss/ss6706a1.htm.

2   Michael Bernick, "Americans with Autism Have Never Had More Support— Except When It Comes to Employment," Politico.com, October 4, 2021, https://www.politico.com/news/agenda/2021/10/04/americans-autism-employment-support-514667.

3   Jon Baio et al, "Prevalence of Autism Spectrum Disorder Among Children Aged 8 Years."

4   https://dschool-old.stanford.edu/wp-content/themes/dschool/method-cards/extreme-users.pdf.

5   Field Guide to Human-Centered Design (IDEO.org), pp. 49–50.

6   Michael Blanding, "Pay Attention to Your 'Extreme Consumers,'" Working Knowledge, Harvard Business School, July 14, 2014, https://hbswk.hbs.edu/item/pay-attention-to-your-extreme-consumers.

1장 면접에 높은 비중을 두는 채용 방식

---

1   "Why New Hires Fail," Leadership IQ, n.d., https://www.leadershipiq.com/

blogs/leadershipiq/35354241-why-new-hires-fail-emotional-intelligence-vs-skills.

2   Patrick Thomas, "Amazon Changes the Way It Recruits M.B.A.s," *Wall Street Journal*, February 18, 2020, https://www.wsj.com/articles/amazon-changes-the-way-it-recruits-m-b-a-s-11582021802.

3   Shira Rubin, "The Israeli Army Unit That Recruits Teens with Autism," *The Atlantic*, January 6, 2016, https://www.leadershipiq.com/blogs/leadershipiq/35354241-why-new-hires-fail-emotional-intelligence-vs-skills.

4   Aswin Mannepalli, "The Founder of Zoho Has a New Strategy to HireTech Talent," *Forbes*, June 14, 2017, https://www.forbes.com/sites/forbestreptalks/2017/06/14/the-founder-of-zoho-has-a-new-strategy-to-hire-tech-talent/?sh=1ddd6fd64e8b.

5   Marcel Schwantes, "The Job Interview Will Soon Be Dead. Here's What the Top Companies Are Replacing It With," *Inc.*, March 6, 2017, https://www.inc.com/marcel-schwantes/science-81-percent-of-people-lie-in-job-interviews-heres-what-top-companies-are-.html.

6   Andrew O'Connell, "Vast Majority of Applicants Lie in Job Interviews," *Harvard Business Review*, June 3, 2013, https://hbr.org/daily-stat/2013/06/vast-majority-of-applicants-li.html.

7   J. T. Prickett, N. Gada-Jain, and F. J. Bernieri, "The Importance of First Impressions in a Job Interview," paper presented at the annual meeting of the Midwestern Psychological Association, Chicago, May 2000.

8 Ron Friedman, *The Best Place to Work*: The Art and Science of Creating an Extraordinary Workplace (TarcherPerigee, 2014), p. 243.

9 John E. Hunter and Frank L. Schmidt, "The Validity and Utility of Selection Methods in Personnel Psychology: Practical and Theoretical Implications of 85 Years of Research Findings," *Psychological Bulletin* 124, no. 2 (1998), pp. 262–274.

10 Madline Laurano, "The True Cost of a Bad Hire," research brief, Brandon Hall Group, August 2015, https://b2b-assets.glassdoor.com/the-true-cost-of-a-bad-hire.pdf.

2장 뛰어난 인재가 성공의 비결이라는 인식

1 Lieke Pijnacker, "HR Analytics: Role Clarity Impacts Performance," Effectory, September 25, 2019, https://www.effectory.com/knowledge/blog/hr-analytics-role-clarity-impacts-performance/.

2 Studies include: Shahidul Hassan, "The Importance of Role Clarification in Workgroups: Effects on Perceived Role Clarity, Work Satisfaction, and Turnover Rates," *Public Administration Review* 73, no. 5 (September–October 2013), pp. 716–725, https://www.jstor.org/stable/42003000; Tammy Erickson, "The Biggest Mistake You (Probably) Make with Teams," *Harvard Business Review*, April 15, 2012, https://hbr.org/2012/04/the-biggest-mistake-you-probab; Barry Z. Posner and D. Anthony Butterfield, "Role

Clarity and Organizational Level," *Journal of Management*, October 1, 1978, https://journals.sagepub.com/doi/abs/10.1177/014920637800400207; and Miguel A. Mañas et al, "Consequences of Team Job Demands: Role Ambiguity Climate, Affective Engagement, and Extra-RolePerformance," *Frontiers in Psychology* 8 (2018), https://www.ncbinlm.nih.gov/pmc/articles/PMC5767326/.

3 Atul Gawande, *The Checklist Manifesto* (Penguin, 2014), p.187.

4 Atul Gawande, *The Checklist Manifesto*, p. 198.

5 Atul Gawande, *The Checklist Manifesto*, p. 94. Roth's trip wire has been widely cited, including by Chip and Dan Heath in *Decisive* (Currency, 2013).

6 James P. Kaletta, Douglas J. Binks, and Richard Robinson, "Creating an Inclusive Workplace: Integrating Employees with Disabilities into a Distribution Center Environment," *Professional Safety: Journal of the American Society of Safety Engineers* (June 2012), pp. 62 – 71, https://aeasseincludes.assp.org/professionalsafety/pastissues/057/06/062_071_F1Ka_0612.pdf.

3장 관리자에 대한 낮은 깃치

1 Robert Rosenthal and Lenore Jacobson, *Pygmalion in the Classroom: Teacher Expectation and Pupils' Intellectual Development*, expanded edition (Crown House, 2003).

2 Chip Conley, *Peak: How Great Companies Get Their Mojo from Maslow* (Jossey-Bass,

2007), pp. 63 – 64.

3 Robert Kegan and Lisa Laskow Lahey, *An Everyone Culture: Becoming a Deliberately Developmental Organization* (Harvard Business Review Press, 2016), p. 177.

4 Robert Kegan and Lisa Laskow Lahey, *An Everyone Culture*, p. 106.

5 Chip Conley, *Peak*, pp. 34 – 35.

6 Robert Kegan and Lisa Laskow Lahey, *An Everyone Culture*.

4장 최악의 직원은 해고 조치하는 규정

1 Laszlo Bock, *Work Rules! Insights from Inside Google That Will Transform How You Work and Lead* (Twelve, 2015), pp. 160 – 162.

5장 모든 직원이 안전하게 느끼는 조직 문화

1 Daniel Coyle, *The Culture Code: The Secrets of Highly Successful Groups* (Bantam, 2018), pp. 22 – 25.

6장 책임감이라는 성장 도구

1 re:Work with Google, https://rework.withgoogle.com/print/

guides/5721312655835136/.

2   Amy C. Edmonson, "The Competitive Imperative of Learning," *Harvard Business Review* 86, nos. 7/8 (July – August 2008), pp. 60 – 67, https://hbr. org/2008/07/the-competitive-imperative-of-learning.

3   Don Norman, *The Design of Everyday Things* (Basic Books, 2013), p. 164.

7장 확고한 목적의식

1   https://www.virgingalactic.com/who-we-are/.

2   Rebecca Henderson and Eric Van den Steen, "Why Do Firms Have 'Purpose'? The Firm's Role as a Carrier of Identity and Reputation," *American Economic Review* 105, no. 5 (2015), pp. 326 – 330.

3   Mihaly Csikszentmihalyi, *Good Business: Leadership, Flow, and the Making of Meaning* (Penguin, 2004), pp. 204 – 205.

4   Claudine Madras Gartenberg, Andrea Prat, and George Serafeim, "Corporate Purpose and Financial Performance," Columbia Business School Research Paper No. 16-69 (2016), https://repository.upenn.edu/mgmt_papers/274/.

5   Brené Brown, *Daring Greatly: How the Courage to Be Vulnerable Transforms the Way We Live, Love, Parent, and Lead* (Penguin, 2013).

6   Katharine Brooks, "Job, Career, Calling: Key to Happiness and Meaning at Work?" *Psychology Today*, June 29, 2012, https://www.psychologytoday.com/ us/blog/career-transitions/201206/job-career-calling-key-happiness-and-

Claudine Madras Gartenberg, Andrea Prat, and George Serafeim, "Corporate Purpose and Financial Performance."

"Tribal Culture," WD-40 Company, n.d., https://wd40company.com/our-tribe/tribal-culture/.

Bill Taylor, "How WD-40 Created a Learning-Obsessed Company Culture," *Harvard Business Review*, September 16, 2016, https://hbr.org/2016/09/how-wd-40-created-a-learning-obsessed-company-culture.

10 Claudine Madras Gartenberg, Andrea Prat, and George Serafeim, "Corporate Purpose and Financial Performance."

8장 만족스러운 고객 경험

1 Chip Conley, *Peak*, p. 201.

2 https://www.ibm.com/blogs/think/2017/11/branding/. Note the full study is no longer available online.

3 Dilip Bhattacharjee, Jesus Moreno, and Francisco Ortega, "The Secret to Delighting Customers: Putting Employees First," McKinsey & Company, March 3, 2016, https://www.mckinsey.com/business-functions/operations/our-insights/the-secret-to-delighting-customers-putting-employees-first.

4 Shuili Du, C.B. Bhattacharya, and Sankar Sen. "Reaping Relational Rewards from Corporate Social Responsibility: The Role of Competitive Positioning,"

International Journal of Research in Marketing 24 (2007), pp.224 – 241, https://doi.org/10.1016/j.ijresmar.2007.01.001.

당신의 비즈니스를 변화시킬 이야기

1판 1쇄 인쇄 2025년 2월 12일
1판 1쇄 발행 2025년 2월 28일

지은이 토머스 디에리
옮긴이 박슬라

발행인 양원석 **편집장** 김건희 **책임편집** 서수빈
디자인 [★]규 **영업마케팅** 조아라, 박소정, 이서우, 김유진, 원하경

펴낸 곳 ㈜알에이치코리아
주소 서울시 금천구 가산디지털2로 53, 20층 (가산동, 한라시그마밸리)
편집문의 02-6443-8903 **구입문의** 02-6443-8800
홈페이지 http://rhk.co.kr **등록** 2004년 1월 15일 제2-3726호

ISBN 978-89-255-7398-4 (03320)